Teoria da Contabilidade

CB043772

O GEN | Grupo Editorial Nacional – maior plataforma editorial brasileira no segmento científico, técnico e profissional – publica conteúdos nas áreas de ciências sociais aplicadas, exatas, humanas, jurídicas e da saúde, além de prover serviços direcionados à educação continuada e à preparação para concursos.

As editoras que integram o GEN, das mais respeitadas no mercado editorial, construíram catálogos inigualáveis, com obras decisivas para a formação acadêmica e o aperfeiçoamento de várias gerações de profissionais e estudantes, tendo se tornado sinônimo de qualidade e seriedade.

A missão do GEN e dos núcleos de conteúdo que o compõem é prover a melhor informação científica e distribuí-la de maneira flexível e conveniente, a preços justos, gerando benefícios e servindo a autores, docentes, livreiros, funcionários, colaboradores e acionistas.

Nosso comportamento ético incondicional e nossa responsabilidade social e ambiental são reforçados pela natureza educacional de nossa atividade e dão sustentabilidade ao crescimento contínuo e à rentabilidade do grupo.

Jorge Katsumi Niyama
César Augusto Tibúrcio Silva

Teoria da Contabilidade

4ª edição

■ Os autores deste livro e a editora empenharam seus melhores esforços para assegurar que as informações e os procedimentos apresentados no texto estejam em acordo com os padrões aceitos à época da publicação, *e todos os dados foram atualizados pelos autores até a data de fechamento do livro.* Entretanto, tendo em conta a evolução das ciências, as atualizações legislativas, as mudanças regulamentares governamentais e o constante fluxo de novas informações sobre os temas que constam do livro, recomendamos enfaticamente que os leitores consultem sempre outras fontes fidedignas, de modo a se certificarem de que as informações contidas no texto estão corretas e de que não houve alterações nas recomendações ou na legislação regulamentadora.

■ Data do fechamento do livro: 12/01/2021

■ Os autores e a editora se empenharam para citar adequadamente e dar o devido crédito a todos os detentores de direitos autorais de qualquer material utilizado neste livro, dispondo-se a possíveis acertos posteriores caso, inadvertida e involuntariamente, a identificação de algum deles tenha sido omitida.

■ **Atendimento ao cliente:** (11) 5080-0751 | faleconosco@grupogen.com.br

■ Direitos exclusivos para a língua portuguesa
Copyright © 2021, 2022 (2ª impressão) by
Editora Atlas Ltda.
Uma editora integrante do GEN | Grupo Editorial Nacional

■ Travessa do Ouvidor, 11
Rio de Janeiro – RJ – 20040-040
www.grupogen.com.br

■ Reservados todos os direitos. É proibida a duplicação ou reprodução deste volume, no todo ou em parte, em quaisquer formas ou por quaisquer meios (eletrônico, mecânico, gravação, fotocópia, distribuição pela Internet ou outros), sem permissão, por escrito, da Editora Atlas Ltda.

■ Capa: Rejane Megale

■ Editoração eletrônica: LBA Design

CIP-BRASIL. CATALOGAÇÃO NA PUBLICAÇÃO
SINDICATO NACIONAL DOS EDITORES DE LIVROS, RJ

N657t
4. ed.

Niyama, Jorge Katsumi
Teoria da contabilidade / Jorge Katsumi Niyama, César Augusto Tibúrcio Silva. – 4. ed. [2ª Reimp.] – São Paulo: Atlas, 2022.

Inclui índice
ISBN 978-85-97-02451-7

1. Contabilidade. I. Silva, César Augusto Tibúrcio. II. Título.

21-68530   CDD: 657
                                                                        CDD: 657

Leandra Felix da Cruz Candido - Bibliotecária - CRB-7/6135

SOBRE OS AUTORES

Jorge Katsumi Niyama

Contador. Doutor em Controladoria e Contabilidade pela Faculdade de Economia, Administração e Contabilidade da Universidade de São Paulo (FEA/USP), com pós-doutorados em Contabilidade Internacional pela Universidade de Otago (Nova Zelândia), pela Universidade de Coimbra (UC) e pelo Instituto Universitário de Lisboa (ISCTE), Portugal. Professor titular do Programa de Pós-Graduação em Ciências Contábeis da Universidade de Brasília (PPGCONT-UnB). Autor/coautor dos livros *Contabilidade internacional, Contabilidade de instituições financeiras e Teoria avançada da contabilidade*, publicados pelo GEN | Atlas.

César Augusto Tibúrcio Silva

Contador e Administrador. Doutor em Controladoria e Contabilidade pela Faculdade de Economia, Administração e Contabilidade da Universidade de São Paulo (FEA/USP). Professor titular do Programa de Pós-Graduação em Ciências Contábeis da Universidade de Brasília (PPGCONT-UnB) e do Programa de Pós-Graduação em Ciências Contábeis da Universidade Federal do Rio Grande do Norte. Autor/coautor dos livros *Contabilidade básica, Administração do capital de giro, Curso prático de contabilidade e Curso de contabilidade básica*, publicados pelo GEN | Atlas.

APRESENTAÇÃO

Estamos observando um momento de transição no estudo da teoria contábil. Essa mudança é refletida na ênfase cada vez maior dada à teoria e às normas contábeis. Isso representa uma revolução na forma como pensamos a teoria contábil. Não se trata, hoje, de um assunto filosófico, longe da realidade, em que a discussão estaria focada em terminologias e correntes de pensamento.

Vivemos uma teoria contábil muito próxima da prática contábil, sendo os problemas reais analisados e discutidos. Além disso, estamos assistindo a uma grande discussão sobre temas como convergências de normas contábeis, padronização, aplicação da Contabilidade em setores específicos, entre outros. Ao mesmo tempo, esse conhecimento tem sido influenciado pela pesquisa realizada na área de Contabilidade, em especial a pesquisa empírica e positiva.

O presente livro é um reflexo disso. Seu surgimento, há mais de dez anos, nasceu da insatisfação dos autores com as obras existentes. O leitor, provavelmente, irá notar que inovamos em vários tópicos em relação aos livros existentes em língua portuguesa.

Em todo capítulo, apresentamos os aspectos conceituais mais relevantes, diversas situações práticas nas quais é possível usar esses aspectos. Também fizemos ligação com as normas contábeis emanadas dos normatizadores. Os exercícios propostos, no final de cada capítulo, são a comprovação de que o melhor teste para uma teoria é a prática.

Essa opção pela utilização de exemplos atuais para discutir a teoria tem duas justificativas. Em primeiro lugar, mostra que a teoria contábil não está separada do dia a dia da Contabilidade; pelo contrário, a teoria influencia e é influenciada pela prática contábil. Em segundo lugar, o uso de exemplos é uma forma didática de atrair o leitor para a importância dos assuntos tratados nesta obra.

Enquanto preparávamos esta nova edição, cerca de cinco anos depois da terceira, muitas coisas aconteceram. O International Accounting Standards Board (Iasb) lançou uma nova estrutura conceitual, ao mesmo tempo em que o Financial Accounting Standards Board (Fasb) fazia alterações na sua estrutura e o Brasil tentava implementar uma contabilidade pública mais avançada. E novos problemas surgiram no mundo, como a criptomoeda e a popularização do celular.

O público-alvo do livro é representado por alunos de Ciências Contábeis. Por esse motivo, em algumas passagens preferimos ser mais didáticos, reduzindo a complexidade de certos assuntos. Entretanto, a obra também pode ser usada em cursos de especialização, principalmente por um público que esteja há muito tempo afastado da sala de aula. Também acreditamos que o livro possa ser um ponto inicial de discussão em cursos de mestrado.

Esta obra, na sua quarta edição, se beneficiou de comentários, críticas e sugestões de inúmeras pessoas. Além daquelas citadas nas edições anteriores, contamos com críticas e sugestões dos amigos Isabel Sales, Jomar Rodrigues, Josimar Pires da Silva, Lúcio Tozetti, Paulo Vitor Souza, Pedro Correia, Polyana Silva, Tiago Mota e Valdemir da Silva, aqui listados em ordem alfabética. E dos alunos do curso de extensão de Teoria da Contabilidade, que, em janeiro de 2018, discutiram a nova estrutura deste livro, além dos leitores, como Camila Christine dos Santos Silva, que alertou para um erro na edição anterior. Gostaríamos de agradecer a colaboração atenciosa da equipe responsável pela produção editorial do GEN, especialmente à Juliane Kaori Matsubayashi, pela leitura atenta dos originais e correções apontadas para melhoria no texto.

Esperamos que os docentes e os alunos que adotarem o livro gostem de sua metodologia e possam ajudar os autores a melhorá-lo. Além desta obra, estamos disponibilizando aos docentes o *Manual do Mestre* e um conjunto de *slides* sugeridos para usar em sala de aula.

Esta quarta edição traz alterações profundas. Já incorporamos aqui os aspectos que sofreram alteração com a nova estrutura conceitual do Iasb, aprovada no início de 2018. Incorporamos também a tradução feita pelo Comitê de Pronunciamentos Contábeis (CPC), no final de 2019. Também alteramos todos os exercícios que concluem cada capítulo, o que representa uma atualização das discussões. A seção sobre pesquisa, que existia no final dos capítulos, foi suprimida. O volume de pesquisas existentes em cada tópico é cada vez maior, tornando difícil para os autores manter esse ponto de forma adequada e justa. Optamos por inserir no final de cada capítulo, quando couber, um tema emergente.

No Capítulo 1, deixamos clara a diferença entre regulação e padronização, optando por usar o primeiro termo. Discutimos também o texto como informação, já que esta é uma área que tem sido objeto de análise e atenção da teoria. E incluímos o princípio da evidenciação plena. No Capítulo 2, fizemos uma atualização abarcando as mudanças recentes na estrutura do Iasb. Em razão dos rumos da convergência internacional das normas contábeis, o Capítulo 3 foi alterado e atualizado. O resultado é um capítulo mais enxuto em relação às edições anteriores. O Capítulo 4 apresenta agora uma breve história da contabilidade brasileira. Esse era um tema que faltava na nossa literatura.

O Capítulo 5 é novo e trabalha a questão da estrutura conceitual. Começa descrevendo as premissas básicas da Contabilidade. O capítulo discute as vantagens e desvantagens de se ter uma estrutura conceitual, assim como as razões que levam a mudanças nessa estrutura. Um aspecto específico da estrutura, a questão da prudência, é objeto de discussão. O capítulo se encerra contemplando o papel do CPC na Contabilidade brasileira.

O Capítulo 6 reúne material novo sobre a teoria da mensuração, além de apresentar, de maneira mais resumida, a questão da inflação. Assim, a discussão sobre mensuração, que constava no capítulo sobre o ativo, passa a compor este capítulo.

O Capítulo 7, que trata do ativo, foi atualizado com as novas definições da estrutura conceitual de 2018 e inclui uma discussão sobre desreconhecimento. Os temas "intangível" e "recuperabilidade" foram agregados a esse capítulo. A discussão sobre a relevância da incerteza e da probabilidade foi expandida nesta nova edição. Também discutimos o problema da primazia conceitual dos termos ativo e passivo. Ao final do capítulo, iniciamos uma discussão sobre ativos virtuais.

O Capítulo 8 é resultado da junção dos antigos capítulos de passivo e patrimônio líquido. A experiência didática revelou que não existia necessidade de um capítulo específico para o patrimônio líquido e, por esse motivo, os autores optaram por tal medida.

No Capítulo 9, incorporamos a discussão sobre reconhecimento da receita de incorporadoras e inserimos um texto sobre a qualidade do lucro.

O Capítulo 10, sobre o setor público, foi reformulado, com a inclusão de uma abordagem histórica e os avanços recentes na área, incluindo a convergência das normas internacionais no Brasil e a abordagem conceitual da International Federation of Accountants (Ifac), baseada na abordagem do Iasb. Também melhoramos a abordagem histórica do capítulo.

No Capítulo 11, que discorre sobre o terceiro setor, fizemos pequenas atualizações. Finalmente, o Capítulo 12, sobre *leasing*, foi reformulado diante das novas normas. A elaboração desse capítulo contou com a participação da pesquisadora Nyalle Barboza Matos.

Tivemos, ao longo desta obra, de tornar o texto o mais didático possível, incluindo a presença de alguns elementos para permitir maior absorção do conteúdo por parte do leitor. Adotamos para isso alguns símbolos que usamos ao longo dos capítulos:

ANTES DE PROSSEGUIR

Antes de Prosseguir: um breve parágrafo que faz uma pausa no texto, permitindo que o leitor possa "respirar" e, em alguns casos, revisar o conteúdo já apresentado.

Objetivo: no início de cada capítulo, apresentamos seu objetivo. Ao longo do texto, conforme iniciamos a apresentação de cada objetivo, fazemos o devido destaque.

Fonte: quando um trecho se baseia fundamentalmente em obra de outros autores, ele é destacado do nosso texto.

SITUAÇÃO REAL

Situação Real: quando apresentamos uma situação da realidade que possui relação com o que está sendo discutido.

Estamos à disposição de todos em nossos endereços de *e-mail*: cesartiburcio@unb.br e jkatsumi@unb.br.

Os Autores

Material Suplementar

Este livro conta com os seguintes materiais suplementares:

- *Slides* (restrito a docentes);
- *Manual do Mestre* (restrito a docentes).

O acesso ao material suplementar é gratuito. Basta que o leitor se cadastre e faça seu *login* em nosso *site* (www.grupogen.com.br), clicando em GEN-IO, no menu superior do lado direito.

O acesso ao material suplementar online fica disponível até seis meses após a edição do livro ser retirada do mercado.

Caso haja alguma mudança no sistema ou dificuldade de acesso, entre em contato conosco (gendigital@grupogen.com.br).

GEN-IO (GEN | Informação Online) é o ambiente virtual de aprendizagem do GEN | Grupo Editorial Nacional

SUMÁRIO

CAPÍTULO 1 – OS USUÁRIOS E A REGULAÇÃO CONTÁBIL, 1

Introdução, 1
Como os usuários influenciam a Contabilidade, 2
    Como os administradores influenciam a Contabilidade, 2
    Como os investidores influenciam a Contabilidade, 4
    Como os auditores influenciam a Contabilidade, 8
    A influência do governo na Contabilidade, 10
Regulação da Contabilidade, 11
    Modelos de regulação, 13
    Vantagens da regulação, 13
    Desvantagens da regulação, 16
    Vitória da regulação, 18
Texto como dado, 19
Referências, 23
Apêndice 1: ramos aplicados da Contabilidade, 24

CAPÍTULO 2 – CONTABILIDADE INTERNACIONAL E NORMAS DO IASB, 27

Introdução, 27
Evolução da Contabilidade, 28
Principais causas das diferenças, 30
Iasb, 32
Estrutura do Iasb, 34
Normas Internacionais de Contabilidade, 35
Principais divergências nas práticas contábeis internacionais, 38
    Gastos com pesquisa e desenvolvimento, 39
    Reavaliação de ativos, 40
    Utilização do Ueps para avaliar estoques, 40
    Leasing financeiro, 41

Planos de benefícios de aposentadoria para empregados, 42

Diferença temporal entre o lucro contábil e o lucro fiscal, 42

Goodwill, 43

Razões para adotar as Normas Internacionais de Contabilidade do Iasb, 43

Referências, 47

CAPÍTULO 3 – PRINCÍPIOS DE CONTABILIDADE GERALMENTE ACEITOS NOS ESTADOS UNIDOS, 49

Introdução, 49

Evolução da Contabilidade norte-americana, 50

Princípios de Contabilidade Geralmente Aceitos norte-americanos (*US GAAP*), 57

Codificação das normas, 58

Referências, 60

CAPÍTULO 4 – A EVOLUÇÃO DA CONTABILIDADE NO BRASIL E O SURGIMENTO DO ARCABOUÇO TEÓRICO, 61

Introdução, 61

Evolução histórica da Contabilidade no Brasil, 61

Primórdios (1500-1850), 63

Do descobrimento à Aula de Comércio e primeira obra (Bonavie) (1500-1758), 63

Da Aula de Comércio à Independência (1759-1822), 64

Brasil Império (1822 a 1850), 65

Estruturação do ambiente de negócios (1851 a 1891), 66

Curso técnico (1892 a 1924), 68

Regulamentação da profissão (1924 a 1945), 71

Era da normatização (1947 a 1972), 72

Período inflacionário (1973 a 1994), 74

Lei nº 6.404/1976, 76

Contabilidade de custos (1995 a 2007), 77

Normas internacionais (2008…), 78

Pesquisas, 78

Inclusão da expressão *princípios contábeis* na normatização contábil brasileira – uma abordagem histórica, 79

Estruturas conceituais, 81

Reconhecimento da receita das incorporadoras, 82

Referências, 85

CAPÍTULO 5 – ESTRUTURA CONCEITUAL, 87

Introdução, 87
Premissas básicas, 88
Necessidade da estrutura conceitual, 90
Controvérsias sobre a estrutura conceitual, 92
Razões para mudar, 94
Conceitos básicos, 95
Prudência, 96
Comitê de Pronunciamentos Contábeis, 97
Referências, 102

CAPÍTULO 6 – MENSURAÇÃO, 103

Introdução, 103
Teoria da mensuração, 104
    Custo histórico, 107
    Custo corrente, 107
Um método ou vários métodos, 108
    Custo histórico e demais métodos, 109
    Custo corrente (e valor atual), 110
    Obsolescência, 110
    Valor justo e valor em uso, 111
Reavaliação, 112
Seleção do método de mensuração, 113
Manutenção do capital, 115
Inflação, 116
Lei nº 6.404/1976, 120
CPC 42, volta da inflação e possíveis impactos nas demonstrações contábeis, 122
Referências, 125

CAPÍTULO 7 – ATIVO, 127

Introdução, 127
Definições, 128
    Definição do CPC em 2019, 129
    Futuro benefício econômico (ou recurso econômico), 129
    Recurso econômico, 131
    Controle, 132
    Resultado de eventos passados, 133

Críticas à definição do ativo, 134
Asset-liability view versus revenue/expense view, 137
Reconhecimento, 138
Desreconhecimento, 141
Avaliação e probabilidades, 141
Ativo intangível, 142
Impairment, 143
Valor, 143
Ativo desvalorizado e reconhecimento, 145
    Processo de estimativa, 148
    Unidades geradoras de caixa (UGC), 151
    Ativos virtuais e ativos digitais, 151
Referências, 153

CAPÍTULO 8 – PASSIVO E PATRIMÔNIO LÍQUIDO, 155

Introdução, 155
Definição de passivo, 155
Reconhecimento, 158
Mensuração, 159
Mensuração do passivo pelo valor justo (*fair value*), 161
Separação do passivo e do patrimônio líquido, 165
Debêntures conversíveis em ações, 166
Serviços como passivos, 167
Essência sobre a forma, 168
Obrigações não formalizadas, 169
Itens "fora do balanço", 170
Patrimônio líquido, 170
Manutenção do capital, 171
Teorias do patrimônio líquido, 173
    Teoria do proprietário, 173
    Teoria da entidade, 174
    Outras teorias do patrimônio, 176
Referências, 180

CAPÍTULO 9 – RECEITAS E DESPESAS, 181

Introdução, 181
Receita, 182

Critérios para o reconhecimento, 185
Reconhecimento da receita nas incorporadoras de imóveis, 188
Tratamento da receita a prazo, 189
Despesa, 190
Reconhecimento da despesa, 191
Maxidesvalorização da moeda, 193
Hedge, 194
Mensuração da despesa, 195
Tipos de demonstração do resultado, 196
Qualidade do lucro, 197
Referências, 199

CAPÍTULO 10 – SETOR PÚBLICO, 201

Introdução, 201
Por que a contabilidade pública é diferente?, 202
Características do governo, 202
Características dos serviços prestados, 203
Características do processo administrativo, 203
Investimento em ativos que não produzem receita, 204
Natureza do processo decisório, 204
Uso da Contabilidade, 204
Usuários da contabilidade pública, 205
Ênfase na teoria do fundo, 205
Teoria do fundo, 206
Evolução da contabilidade pública no Brasil, 207
Lei nº 4.320/1964, 209
Siafi, 210
Lei de Responsabilidade Fiscal (LRF), 210
Normas brasileiras de Contabilidade aplicadas ao setor público, 211
Portaria 184, de 2008, e a convergência às normas internacionais, 212
Elementos, 214
Outras normas recentes, 214
Regime de competência na contabilidade pública, 215
Regime de competência e incentivos, 217
Nova Administração Pública, 218
Referências, 220

CAPÍTULO 11 – CONTABILIDADE PARA O TERCEIRO SETOR, 221

Introdução, 221
Terceiro setor, 221
Doação, 222
    Doação incondicional, 223
    Doação condicional, 224
    Serviços voluntários, 225
    Relação com o doador, 225
Gratuidade, 226
Renúncia fiscal, 227
    Posição do Conselho Federal de Contabilidade, 228
    Iasb, 228
Referências, 231

CAPÍTULO 12 – *LEASING*, 233

Introdução, 233
Contextualização – mudanças introduzidas pela IFRS 16, 234
    Principais motivações para a mudança da IAS 17 para IFRS 16, 234
    Impactos no arrendatário segundo a IFRS 16, 235
    Reconhecimento e mensuração do arrendatário, 235
    Reconhecimento e mensuração do arrendador, 237
US GAAP (Princípios Contábeis Geralmente Aceitos Norte-americanos), 240
Contabilidade da arrendadora, 241
Retrospectiva histórica antes da vigência das Leis nº 11.638/2007 e nº 11.941/2009, 242
    Contabilização segundo a Lei nº 11.638/2007, 244
    Contabilização segundo o CPC 06 (R2), 244
Referências, 245

ÍNDICE ALFABÉTICO, 247

1
OS USUÁRIOS E A REGULAÇÃO CONTÁBIL

> **OBJETIVOS DE APRENDIZADO**
>
> Ao final deste capítulo, você conhecerá:
> 1. A forma como os administradores, os investidores, os auditores e o governo influenciam a Contabilidade.
> 2. As razões da existência de regulação contábil.
> 3. As vantagens e desvantagens da regulação contábil.

INTRODUÇÃO

Quando comentamos sobre os usuários, a tendência geral é imaginar que eles recebem a informação contábil de forma passiva, sem influenciar o conteúdo e a qualidade da mesma. Na verdade, o usuário tem um papel importante, de modo que é impossível ignorar sua participação na determinação das escolhas realizadas pela Contabilidade e nas próprias opções feitas pelo contador. Para tratar desse assunto, optamos por analisar como alguns grupos de usuários têm atuado de maneira decisiva na teoria contábil. Apesar de o usuário da Contabilidade ser o mais diverso possível, focaremos nossa análise em administradores, investidores, auditores e governo.

A presença do usuário no processo contábil traz a necessidade de que as informações evidenciadas sejam comparáveis. O usuário necessita analisar o desempenho da entidade e essa análise é feita pela comparação com o que ocorreu em outras datas na entidade ou com outras entidades. Para que isso seja possível, é necessário que o tratamento contábil tenha coerência entre as entidades. A questão da regulação é discutida na parte final deste capítulo.

No Pronunciamento Conceitual Básico do Comitê de Pronunciamentos Contábeis (CPC) de 2007, são listados os principais usuários das demonstrações contábeis, a saber: os investidores, os empregados, os credores por empréstimos, os fornecedores e outros credores comerciais, os clientes, o governo e suas agências e o público em geral. A revisão desse pronunciamento, CPC 00 (R1), de 2011, optou por priorizar os investidores, denominando-os de *usuários primários*. Esse pronunciamento é claro em afirmar que os relatórios são direcionados para investidores, credores por empréstimos e outros credores. Na sua última versão, de 2019, tal entendimento foi mantido: o termo *usuário* diz respeito a investidores, credores por empréstimos e outros credores (existentes e potenciais) que devem usar os relatórios financeiros para fins gerais. E foi mantida a expressão *usuário primário*.

Mesmo assim, é importante conhecer como esses e outros usuários interferem na Contabilidade.

COMO OS USUÁRIOS INFLUENCIAM A CONTABILIDADE

> **Objetivo 1:** Como os usuários influenciam a Contabilidade

Como os administradores influenciam a Contabilidade

A influência do administrador na Contabilidade pode acontecer de diferentes formas. Em primeiro lugar, os gestores influenciam **a escolha da forma como a organização irá atuar**. Aparentemente, isso não representa um aspecto importante, mas observe que as empresas podem ser constituídas de formas diversas no Brasil. Considere, a título de exemplo, a decisão da administração de uma empresa em abrir seu capital, mudando a forma atual de constituição de companhia fechada para empresa com ações negociadas em bolsa de valores. Essa decisão traz diversas consequências para a Contabilidade, inclusive em relação à forma como os eventos econômicos serão tratados. Representa, pois, uma mudança no processo contábil, provavelmente aumentando sua complexidade.

Em segundo lugar, administradores são uma **importante fonte de informação**. Em certos tipos de evento, talvez seja a mais relevante fonte de informação, sendo o conhecimento deles fundamental para o trabalho do contador. Uma situação em que o papel do gestor interfere na informação ocorre, por exemplo, quando o administrador da empresa decide vender um imóvel classificado atualmente como ativo imobilizado. A decisão de venda leva à necessidade de reclassificação contábil para o ativo circulante; entretanto, tal contabilização somente é possível caso a informação detida pelo gerente seja repassada ao contador.

Em terceiro lugar, os administradores influenciam a Contabilidade na **determinação do momento em que um evento será reconhecido**. Considere o exemplo de uma empresa fechando uma negociação que irá gerar receita de imediato. O instante do reconhecimento (ou seja, o fato gerador) dependerá da informação sobre a conclusão da negociação. O gerente terá condições de determinar quando se poderá considerar a negociação encerrada e, então, passível de ser registrada.

Em quarto lugar, os gestores possuem papel importante na **estimativa de alguns valores** que irão compor as demonstrações contábeis da entidade. Situação desse tipo ocorre quando, numa ação trabalhista, a empresa tem no responsável pelo departamento jurídico a melhor fonte de previsão sobre suas chances de êxito.

Em quinto lugar, em diversas situações a Contabilidade tem flexibilidade para aceitar as diferentes **metodologias de avaliação**. Nessas situações, a posição do administrador pode ser decisiva, em especial quando o contador lhe está subordinado na escala hierárquica da organização. Considere como exemplo uma empresa que pretende divulgar suas demonstrações e encontra-se diante da opção sobre qual método utilizar na avaliação dos seus estoques. A legislação e a própria teoria admitem formas diferentes para essa avaliação, como o preço específico ou a média ponderada. Numa situação hipotética, o contador da empresa está mais inclinado a utilizar o preço específico para avaliação; no entanto, tal opção passa pela necessidade de melhorar o sistema de processamento de dados. Nesse caso, a decisão sobre o método a adotar pode estar sendo feita pelo administrador de sistemas da empresa.

Em sexto lugar, para as empresas que divulgam a informação do seu desempenho de forma periódica nos jornais, o administrador pode ter papel importante na determinação de **quais informações, além daquelas obrigatórias, devem ser divulgadas**. É possível, por exemplo, o administrador utilizar a Contabilidade como instrumento para trabalhar a ideia de que a empresa é inovadora e é moderna, divulgando sua "*última novidade*" na área contábil. Uma situação prática em algumas entidades é divulgar as realizações sociais, enfatizando a sua importância para a sociedade.

Em sétimo lugar, o administrador pode, por meio da sua posição hierárquica, **influenciar a estrutura organizacional**, determinando funções, responsabilidades e competências de cada setor. A definição com respeito às atribuições do setor contábil e da auditoria interna, dentro da estrutura formal da empresa, poderá ter influência na qualidade e nas características da informação produzida. Um setor de Contabilidade prestigiado na hierarquia de uma entidade possui mais condições de executar um trabalho mais inovador.

Em oitavo lugar, os administradores são, juntamente com os auditores e os contadores, **participantes ativos no processo de regulação contábil**. Considere-se, como exemplo, a discussão em torno da contabilização das concessões governamentais. Uma vez que o assunto é polêmico e interfere diretamente no resultado das empresas, seus administradores participam dessa discussão, cuja questão é se deve haver ou não o reconhecimento das concessões do governo por empresas, afetando suas demonstrações contábeis. Nesse caso, a participação e a influência do administrador ocorrem fora da empresa; no caso das concessões governamentais, pelo processo de audiência pública.

Finalmente, em nono lugar, os gerentes geralmente sabem da existência da flexibilidade contábil no tratamento de certos eventos e se aproveitam dela para **influenciar o resultado de acordo com seus interesses**. Administradores têm várias razões para participar das decisões relacionadas à Contabilidade de uma entidade por saberem que ela afeta a empresa e o próprio gestor. Sua posição, no entanto, pode ser contraditória. Por um lado, toda regulação contábil impõe alguma despesa para a empresa; por outro lado, as grandes empresas têm interesse nas normas contábeis e na sua expansão, entre outras razões, por ajudar a reduzir o nível de risco percebido pelos investidores.

Entender os interesses da administração é importante para os outros usuários, dado o grau de influência que ela exerce sobre a Contabilidade. Entretanto, na Estrutura Conceitual de 2019 ou CPC 00 (R2), o documento indicou que a informação contábil é um instrumento de avaliação do desempenho dessa administração, o que deveria conduzir a uma independência maior da Contabilidade. A partir de então, entende-se que as informações conduzidas pela contabilidade financeira não seriam de interesse real dos administradores, já que estes podem obter a informação internamente, por meio da contabilidade gerencial.

Essa exclusão da administração como foco da contabilidade financeira, tendo por base o argumento de que a administração não precisa apoiar-se em relatórios contábil-financeiros de propósito geral, uma vez que é capaz de obter a informação contábil-financeira de que precisa internamente, é simplista. Sabendo dos potenciais efeitos dos relatórios, a administração de uma empresa provavelmente terá interesse em influenciar a Contabilidade para atender seus objetivos.

ANTES DE PROSSEGUIR

Reveja os meios pelos quais o administrador influencia a Contabilidade de uma entidade:

- Escolha da forma de atuação da organização.
- Como fonte de informação.
- Na determinação do momento do registro contábil.
- Na estimativa de valores.
- Na escolha dos métodos que serão adotados.
- Na divulgação das informações.
- Afetando a estrutura do setor responsável pela Contabilidade.
- Participando da regulação contábil.
- Influenciando a escolha contábil.

Como os investidores influenciam a Contabilidade

Em alguns países desenvolvidos, a presença do mercado de capitais é importante como fonte de recursos para a empresa. Desse modo, a figura do investidor passa a ser relevante, até como usuário da Contabilidade.

No Brasil, a influência do investidor talvez não seja tão significativa. Isso ocorre porque, nas nossas empresas, predomina a figura do acionista controlador, inclusive nas entidades com ações negociadas na bolsa de valores. Por causa disso, de maneira geral nas empresas brasileiras, o acionista controlador também é o seu administrador. Apesar dessa característica, existem empresas que contam com uma participação importante no seu capital de investidores e não participam da gestão. Nesses casos, problemas de objetivos divergentes, entre o administrador e o investidor, podem acontecer, com reflexos na Contabilidade.

Nesta seção do capítulo, centra-se a atenção nos investidores que não participam da administração da empresa, seja porque são acionistas minoritários, seja porque são instituições financeiras que participam por meio do capital de terceiros. A principal característica de tais investidores é que, além de não participarem diretamente nas decisões da empresa, não possuem todas as informações detalhadas do desempenho da empresa. A maior preocupação desses investidores é proteger seu investimento na empresa.

Ao longo do tempo, têm ocorrido mudanças importantes no mercado de capitais brasileiro. Existe crescente profissionalização do mercado e de seus agentes, o que representa um aumento na pressão por melhor qualidade das informações para tais usuários. Outro fato importante, que tem influenciado a informação em algumas grandes empresas brasileiras refere-se à necessidade de captação de recursos em mercados financeiros externos. Em tais situações, as empresas terminam por sujeitar-se às normas de outros países, supostamente mais avançadas, mas que podem trazer benefícios para a qualidade da Contabilidade.

Em certas situações, os investidores irão requerer informação adicional da empresa, além daquela que, tradicionalmente, é divulgada para o público. Essas exigências, pois, tornam-se mais imperativas quanto maior for a necessidade de recursos da empresa. Quando o nível de detalhamento não é considerado suficiente para o financiador, ele tende a considerar que o investimento apresenta maior risco, exigindo, então, maior contrapartida em termos do custo do dinheiro. Em outros termos, quanto menos transparentes as informações contábeis da empresa, maior o custo de captação dos recursos.

Neste sentido, usuário "investidor" refere-se não somente ao atual investidor, como também ao investidor potencial, que usará as informações fornecidas pela Contabilidade para decidir se aplica seus recursos na empresa.

Entretanto, à medida que se aumenta a exigência por melhor Contabilidade, visando reduzir o nível de risco do investidor da empresa, as despesas administrativas também ficam mais elevadas. Embora essa melhoria na Contabilidade possa tornar-se pública, por exemplo, mediante os relatórios divulgados pelas companhias abertas, as despesas de produção da informação são pagas, em última instância, pelos investidores.

SITUAÇÃO REAL

A divulgação das demonstrações contábeis num jornal de grande circulação pode representar custo elevado para uma entidade. O balanço de uma grande empresa pode representar desembolso na casa dos milhões de reais. A Lei nº 11.638 tornou obrigatória a publicação das informações contábeis para empresas de grande porte. Entretanto, é possível que esse encargo legal represente, para algumas empresas, um custo elevado de divulgação. Opositores da evidenciação maior afirmam que as informações são de interesse dos sócios apenas, que o custo da divulgação é alto e o texto da lei é dúbio. Uma alternativa é tornar obrigatória somente a publicação na internet.

Assim, os investidores, atuais e potenciais, têm interesse pela Contabilidade na medida em que esta pode auxiliar no processo de tomada de decisão com respeito aos seus investimentos. Mas será que a Contabilidade pode ser relevante para essa função? De modo geral, as pesquisas realizadas nessa área têm centrado foco na reação do mercado acionário à divulgação de informações, sendo que o pressuposto de tais estudos é: se o mercado reage à publicação das demonstrações contábeis, estas são importantes para o processo decisório.

Um estudo típico, que já foi realizado no Brasil e em outros países, é verificar se o mercado de ações apresenta mudança nos preços das ações das empresas logo após a divulgação dos seus resultados. Faz-se uma comparação entre o comportamento dos preços antes e depois da data de divulgação; caso exista uma diferença estatística relevante entre os preços, isso pode ser uma demonstração de que a informação contábil faz diferença e influencia o comportamento dos preços das ações (Figura 1.1).

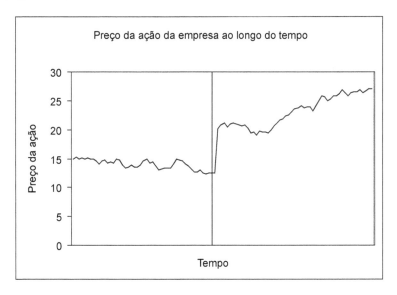

Figura 1.1 Estudo de evento – exemplo.

Alguns estudos têm concluído que a divulgação de demonstrações contábeis não modifica os preços das ações. Apesar dessa conclusão, não se pode inferir que a Contabilidade não seja relevante para o mercado de capitais, por diversos motivos.

Um deles é que o mercado consegue, a partir do ambiente econômico e das perspectivas da empresa, fazer uma projeção dos resultados das empresas. Em tal situação, as demonstrações contábeis exercem papel mais de confirmação de expectativas do que de modificação das crenças dos agentes econômicos.

Outro aspecto importante é que o mercado está mais interessado nas perspectivas futuras da empresa do que no seu desempenho passado; assim, somente quando as informações divulgadas mudam o que se sabe do passado e os reflexos sobre o desempenho futuro é que as demonstrações afetam os preços das ações das empresas. Importante lembrar que o prazo de 120 dias previsto para publicação de demonstrações contábeis também não contribui de forma tempestiva para o comportamento do preço das ações.

É importante salientar que outros estudos têm demonstrado que o mercado acionário reage de alguma forma às mudanças nas políticas contábeis. Em virtude disso, algumas empresas fazem escolhas contábeis de acordo com a reação do mercado. Por exemplo, a falência da Enron, grande empresa norte-americana no ramo de energia, levantou uma série de desconfianças sobre a qualidade das informações relatadas pelas empresas em seus demonstrativos contábeis. Empresas sobre as quais o mercado teve dúvidas a respeito da qualidade dos resultados apresentados tiveram redução no preço de suas ações. Com isso, a postura de algumas empresas foi melhorar a qualidade das suas informações contábeis para reduzir a probabilidade de queda nos preços.

A teoria econômica mostra que, se algumas empresas tiverem benefício em revelar informações, outras também serão induzidas a divulgar alguma informação. Isso pode ocorrer dentro da teoria da sinalização, proposta por Spence (1973) e Akerlof (1970), entre outros autores. Tal situação é chamada de **princípio da evidenciação plena**. Suponha que uma empresa possua "qualidade" quando publica suas demonstrações contábeis em um jornal de grande circulação, com dez páginas de números. As outras empresas serão induzidas a fazerem divulgação. Assim, o grupo de "segundas" melhores empresas também divulga suas demonstrações, talvez um estrato, no mesmo jornal. Fazem isso para não se igualarem às demais empresas, de pior qualidade. Um terceiro grupo talvez divulgue as informações em um jornal local; seu objetivo será afastar-se das empresas de "pior" qualidade. E assim por diante. Outra situação ocorre quando uma empresa divulga um resultado muito bom que obteve no exercício. Pode, assim, levar outras empresas a também divulgarem seus resultados; se não o fizerem, elas estarão sinalizando que seu resultado não foi bom.

Assim, de maneira geral, investidores, ou potenciais investidores, têm grande motivação por mais informações da empresa para melhorar suas análises de investimentos.

A Estrutura Conceitual reconhece como usuários os investidores, credores por empréstimos e outros credores, incluindo aqui os credores comerciais. Cada um dos usuários tem interesse próprio e nem todas as necessidades podem ser satisfeitas.

ANTES DE PROSSEGUIR

Reflita sobre a relação entre a qualidade da informação contábil e o desejo de um investidor em aplicar seus recursos numa empresa. Você concorda com a posição da Estrutura Conceitual, que prioriza o investidor em ações e credores de uma entidade?

Como os auditores influenciam a Contabilidade

A Contabilidade de uma empresa é preparada sob influência e aprovação do acionista controlador, sendo que o acionista minoritário e a instituição financeira precisam dessa informação para o processo de decisão. Nessa situação, a credibilidade da informação dada pela empresa está relacionada com a qualidade da tomada de decisão. No entanto, em diversas situações, é comum existir conflito de interesse entre esse acionista e os outros investidores, conflito esse que possui um custo, denominado **custo de agência**.

A posição do controlador permite-lhe ter informações sobre a empresa que os outros investidores não possuem. Nessa situação, quando uma das partes envolvidas num evento econômico possui uma informação diferente das outras, esta é denominada **informação assimétrica**. Nas situações de assimetria, o conhecimento que uma parte detém pode ser utilizado em seu benefício e em prejuízo da outra parte. Considere, por exemplo, a situação na qual o controlador pode ter conhecimento de que o resultado da empresa foi acima do esperado, antes que esse resultado seja divulgado para os interessados, e pode utilizar-se disso para adquirir mais ações da empresa. De igual modo, por ter uma influência muito forte sobre a Contabilidade, o controlador pode tentar manipular o resultado da empresa e, caso tenha sucesso, fica difícil para os outros investidores determinar até que ponto a informação apresentada pelo controlador pode ser considerada confiável.

A auditoria das demonstrações contábeis tem o papel de proteger o investidor e dar credibilidade à informação contábil da empresa que está sendo divulgada. Em outras palavras, a auditoria tem como função reduzir o custo da agência existente na relação entre investidor e controlador. É importante notar que essa função também é válida para a auditoria interna, interessada na relação da administração com os subordinados.

Uma questão que surge: se a auditoria é contratada pelo acionista controlador, como o investidor pode ter certeza de que não haverá um acordo entre o auditor e o controlador? Acredita-se, nesse caso, que o auditor estará interessado em manter sua reputação no mercado e, portanto, não executará nenhuma função que seja injusta ou ilegal. Optar por uma escolha ilegal pode trazer perda de reputação no mercado e ameaçar a própria sobrevivência da empresa de auditoria. Como qualquer entidade econômica, a auditoria tem algumas decisões financeiras a tomar. Como regra geral, as empresas de auditoria estão propensas a gastar menos recursos no seu trabalho, de modo a maximizar seus retornos com o trabalho. Entretanto, a redução nos seus gastos pode aumentar o risco de não perceberem os eventuais problemas da empresa auditada. O aumento nos gastos traz, também como consequência, a necessidade de aumentar o preço cobrado pelos serviços realizados, induzindo a empresa cliente a buscar outra auditoria que apresente menor custo. Com isso, tem-se em uma balança, de um lado, **a reputação** decorrente da não percepção de problemas com a empresa e, de outro lado, **o maior custo e a competição**.

SITUAÇÃO REAL

A Enron Corporation era uma empresa de energia com sede em Houston, Estados Unidos. Antes dos seus problemas financeiros, a empresa possuía mais de 20 mil empregados e receitas de US$ 100 bilhões. Era uma empresa admirada. No final de 2001, foi revelado que seu desempenho era, em boa parte, fruto de fraude contábil. A empresa de auditoria que emitia pareceres, Arthur Andersen, foi investigada e condenada por obstrução da justiça. Depois disso, a centenária Andersen deixou de existir.

Outro fator que interfere no processo de auditoria refere-se à opinião que a auditoria deve dar sobre a confiabilidade das demonstrações contábeis. Embora o papel da auditoria não seja esse, o público espera que ela detecte fraudes. E, como a auditoria deve avaliar a qualidade das informações, um parecer sem ressalvas pode sugerir, para o usuário da informação, que a auditoria vê nos dados apresentados a representação da realidade econômica da empresa. Por sua vez, o parecer com ressalvas (ou negativo) significa que o usuário não deve ter confiança plena nas informações constantes nas demonstrações contábeis da empresa.

Dessa forma, a auditoria exerce influência sobre a informação contábil em decorrência da possibilidade de emissão de um parecer com ressalvas. E, diante dessa possibilidade, as empresas são induzidas a alterar seu procedimento contábil para satisfazer à auditoria, sob pena de ver colocadas em suspeita suas informações.

Existe, ainda, outra maneira pela qual a auditoria exerce influência sobre a Contabilidade: a **elaboração das normas de Contabilidade**. Essa influência acontece de duas maneiras: mediante quadros técnicos fornecidos pelas empresas para os órgãos reguladores da Contabilidade e por meio de opiniões sobre as novas normas que estão sendo elaboradas.

Mas qual seria a razão para os auditores participarem ativamente da regulação contábil? Os auditores têm um interesse especial em participar da estruturação de novas normas contábeis, pois estas reduzem o nível de risco da auditoria. Considere, por exemplo, uma situação da despesa de depreciação e a imposição de taxas por parte da Receita Federal. Essa participação excessiva do governo na Contabilidade pode ser interessante para o auditor, pois facilita seu trabalho, tornando-o mais objetivo.

Nesse sentido, auditores tendem a se opor às políticas contábeis que aumentam sua área de atuação, em especial àquelas com maior grau de subjetividade. A razão dessa oposição é facilmente explicada pelo aumento no volume de trabalho, com maior risco de a auditoria cometer erros (pois são maiores os volumes de informação a serem auditados), o que aumenta a possibilidade de problemas judiciais. Nesse sentido, os auditores podem ser classificados como avessos ao risco, ou seja, preferem evitar, sempre que possível, o risco de problemas futuros. Acrescente-se, enfim, o fato de que a própria subjetividade de escolhas é, por natureza, menos suscetível à auditoria.

ANTES DE PROSSEGUIR

Algumas regras que são discutidas e aprovadas pelos reguladores afetam diretamente as empresas de auditoria. Uma delas é a discussão do **rodízio de auditoria**. Nesse caso, a entidade teria um tempo máximo para manter o mesmo auditor (ou, dependendo das regras, a mesma empresa de auditoria).

A influência do governo na Contabilidade

O governo tem sido considerado pelos contadores o usuário que exerce maior influência sobre a Contabilidade. O governo tem utilizado a informação contábil para obter parte de suas receitas mediante impostos que incidem sobre as pessoas jurídicas. A Contabilidade é a fonte de dados que permite ao governo determinar o volume de tributo sobre a renda que cada empresa deve recolher aos cofres públicos. Diante dessa função, é natural que o sistema fiscal esteja ligado às demonstrações contábeis, numa influência mútua.

O poder público poderia estabelecer outro sistema para arrecadação fiscal, sem se utilizar da Contabilidade, mas que provavelmente seria muito dispendioso para a sociedade. Desse modo, o governo termina por aceitar certas regras contábeis em razão do custo de coletar impostos de outra forma.

Para a Contabilidade, o governo possui o importante papel de **divulgar as regras contábeis** entre as empresas. A obrigatoriedade imposta sobre as empresas no recolhimento de determinados tributos termina por difundir certos procedimentos que, não fosse isso, ficariam restritos a um conjunto menor de entidades. Considere-se, por exemplo, o caso da depreciação: as empresas são incentivadas a manter controle do ativo permanente para fins de cálculo da despesa de depreciação, pois isso reduz o valor do lucro tributável. Caso não houvesse tributação, o incentivo para manter esse controle sobre os bens depreciáveis seria menor, como nas entidades que não são tributadas pelo Imposto de Renda, cujo uso da depreciação é pouco comum.

Entretanto, o governo pode ter um papel inibidor ao desenvolvimento da Contabilidade, a partir do momento em que cria restrições às alternativas de procedimentos contábeis, com o objetivo de evitar a evasão fiscal. Nesse sentido, e utilizando os exemplos citados, o governo determina as taxas máximas de depreciação para cada ativo permanente.

Em suma, é sempre importante destacar a relevância do governo, incluindo aqui os organismos públicos vinculados a ele (Banco Central, Comissão de Valores Mobiliários etc.), na elaboração de normas regulamentares que interferem diretamente na Contabilidade.

A Estrutura Conceitual subestima o papel do governo no processo contábil. Ou melhor, ignora, já que o termo *governo* ou similar não aparece no seu texto, incluindo a revisão de 2019. De certa forma, essa também é a posição do International Accounting Standards Board (Iasb), que considera que a contabilidade financeira não deve ter como objetivo principal a arrecadação de impostos. O Iasb evita, dessa forma, falar do papel do governo.

ANTES DE PROSSEGUIR

Em sua opinião, e conhecendo a realidade brasileira, qual o grupo de usuários que mais influencia a prática da Contabilidade?

Objetivo 2: As razões da existência de regulação contábil

REGULAÇÃO DA CONTABILIDADE

Nos últimos anos, tem-se observado um crescimento substancial na quantidade de normas contábeis. Os organismos responsáveis pela Contabilidade perante a sociedade estão procurando emitir normas e regulamentos sobre diversos assuntos contábeis, aplicáveis aos mais diferentes setores da economia. Existe uma visão de que a regulação contábil visa atender ao interesse público, sob o enfoque da justiça social. Dessa forma, a autoridade responsável assumiria o papel de juiz dos atores sociais, devendo levar em consideração os melhores interesses da sociedade. Essa justificativa do papel da regulação contábil é, nas palavras de Scott (1997), superficial e não ajuda a explicar o que efetivamente acontece.

Num sistema de livre iniciativa, a presença da regulação contábil pelo interesse público decorre de duas possibilidades, segundo Wolk e Tearney (1997): em primeiro lugar, o sistema de mercado pode ter falhas, que precisam ser corrigidas por uma intervenção; em segundo lugar, mas não menos importante, existe a possibilidade de o mecanismo de mercado adotar uma postura contrária aos objetivos sociais. Smith (2001, p. 6 ss), por exemplo, destaca que a evidenciação começou em 1825 e que, em 1901, 15% da Bolsa de Nova York eram empresas **sem evidenciação**. Assim, somente após a intervenção dos órgãos reguladores a evidenciação das demonstrações tornou-se prática comum.

O ponto focal da discussão é determinar de forma mais ampla as vantagens e desvantagens da regulação na Contabilidade. Pode-se dizer que essa discussão também se refere à regulação contábil: intervencionismo *versus laissez-faire*.

A regulação contábil está relacionada com a harmonização e com a padronização. Entretanto, o termo *harmonização* geralmente é utilizado quando se pretende discutir a adequação de normas de diferentes países, de modo a possibilitar uma comparação. Já a *padronização* se prende à questão geográfica, podendo ocorrer dentro de um país ou entre diferentes países. Em outras palavras, o termo *padronização* adquire um caráter mais amplo do que *harmonização*, ou *convergência*, pelo CPC.[1] Por outro lado, a padronização possui conotação mais impositiva do que a harmonização. As questões referentes à harmonização serão tratadas, de forma mais aprofundada, mais adiante nesta obra.

Tem sido usado também o termo *convergência*. Esse termo apresenta uma ideia de "movimento em direção a", indicando que o processo tende a chegar a uma linguagem comum. Nas edições anteriores deste livro, usamos o termo *padronização*; em razão do seu caráter impositivo, preferimos nesta edição utilizar o termo *regulação*, que é mais amplo e não possui esse aspecto vinculado à obrigatoriedade. Além disto, *regulação* é bem mais abrangente que *normatização*.

Usualmente, a fase da convergência ocorre após a fase da harmonização. No caso das Normas Internacionais de Contabilidade (International Financial Reporting Standards – IFRS), podemos dizer que a fase da harmonização perdurou até 2002, no caso dos Estados Unidos, com o tratado de Norwalk, quando esse país se comprometeu a adotar as normas, o que não ocorreu até agora, e, no âmbito europeu, a partir de 2005, quando a União Europeia estabeleceu diretrizes para que as empresas passassem a divulgar suas demonstrações consolidadas em padrão IFRS.

Nos últimos anos, chegou-se utilizar o termo *condorsement*. Esse termo foi usado pela Securities and Exchange Commission (SEC), dos Estados Unidos, ao tratar do processo de criação, em conjunto com o Iasb, de um corpo único de normas contábeis. Representa a união das palavras *convergência* e *endosso* na língua inglesa. Isso significaria preservar as normas locais existentes, enquanto ocorre a convergência. Cada norma seria aprovada individualmente, tentando-se garantir um "controle de qualidade" das normas.

ANTES DE PROSSEGUIR

Quais as justificativas para a presença da regulação contábil? Você poderia citar outras formas de regulação? Saberia diferenciar regulação de regulamentação?

---

[1] É importante destacar que, no texto da Estrutura Conceitual do CPC, os termos *padronização* e *harmonização* não aparecem. Já *convergência* está presente uma vez.

Modelos de regulação

Fonte: Riahi-Belkaoui, 2004.

Uma questão importante é saber como será feita a regulação. Existem três abordagens possíveis. A primeira supõe que o mercado irá, por si próprio, gerar a evidenciação da informação contábil. Corresponde à abordagem do livre mercado. Nessa abordagem, a Contabilidade é um produto econômico como outro qualquer, estando sujeita a forças de oferta e demanda. Se a informação é necessária, o mercado criará mecanismos para que ela seja evidenciada para os usuários. O principal argumento contra essa abordagem é que existem imperfeições no mercado que impedem que as empresas divulguem as informações aos usuários. Essa abordagem ocorreu nos primórdios da contabilidade financeira, em especial no final do século XIX e início do século XX.

Conforme a segunda abordagem, a regulação deve ser realizada pelo setor privado. Os defensores da regulação pelo setor privado afirmam que as entidades constituídas para essa finalidade podem responder a vários interessados, atrair pessoal capacitado para as atividades técnicas e responder às questões apresentadas. Os que se opõem a esta opção lembram que é necessária a existência de um poder que obrigue as entidades reguladas a seguirem as normas emanadas pelo regulador. Além disso, a experiência tem mostrado que as entidades não são independentes e respondem lentamente às necessidades de regulação. Esta é a abordagem existente nos Estados Unidos e em vários países que adotam as Normas Internacionais de Contabilidade. Nesse caso, é bom notar que tanto o Financial Accounting Standards Board (Fasb) quanto o Iasb são entidades privadas, independentes do governo; mas seu poder de regulação depende da aceitação, por parte de um órgão regulador, das normas contábeis aprovadas pela entidade. É o caso da SEC, nos Estados Unidos, que delegou o processo de elaboração das normas para o Fasb, mas as normas do Fasb só têm poder quando a SEC as aprova.

A Contabilidade, diz a terceira abordagem, poderia ser regulada pelo setor público. A favor da **abordagem do setor público** é seu grau de legitimidade, não sendo passível de questionamento. Os problemas desta opção são consideráveis: politização da regulação, conflito de interesses do governo, o fato de o objetivo de um órgão regulador não corresponder necessariamente ao objetivo do usuário, entre outras questões. O Brasil adota essa abordagem, uma vez que o Comitê de Pronunciamentos Contábeis está subordinado ao Conselho Federal de Contabilidade, que é uma autarquia de caráter corporativo.

> **Objetivo 3:** As vantagens e desvantagens da regulação contábil

Vantagens da regulação

Entre as diversas razões para explicar a busca pela regulação, talvez a mais relevante seja a existência de **assimetria da informação**. Como já mencionado, existe assimetria da informação quando uma das partes possui informação que a outra não tem. Considere, por exemplo, a situação em que o gerente de uma empresa deseja captar um empréstimo bancário. A instituição financeira solicita as demonstrações contábeis; no entanto, a empresa possui um litígio judicial e não fez o seu registro contábil por acreditar existir chance de obter êxito. Essa informação, que não foi registrada pela Contabilidade, é de conhecimento somente do administrador da empresa, mas não da instituição financeira. Nesse caso, passa a existir uma demanda de regulação da Contabilidade para que os litígios judiciais sejam considerados em termos das normas contábeis, no que diz respeito a quando e como reconhecê-los.

A assimetria da informação decorre da característica da informação como um bem econômico. A empresa possui uma quase exclusividade na sua produção e divulgação. Essa situação cria a oportunidade para limitar o acesso à informação caso não exista norma específica para isso. Mais ainda, a forma de contabilização em cada empresa pode variar, impedindo que o usuário possa fazer comparações entre empresas. A regulação pode representar uma solução interessante, principalmente quando o esforço de gerar a informação for pequeno, mas, em situação contrária, quando o esforço para obter e divulgar a informação for elevado, existirá resistência da administração da empresa à regulação.

O Poder Público tem um interesse especial em eliminar a assimetria da informação, pois se acredita que a Contabilidade seja importante para o funcionamento do mercado de capitais. Demonstrações contábeis confiáveis são importantes para criar confiança no "emprestador". No sentido oposto, baixa qualidade da Contabilidade pode criar incerteza para quem está aplicando seus recursos nas empresas, exigindo delas maior taxa de juros. É importante ressaltar que a regulação não tem por finalidade reduzir ou eliminar o **risco** do mercado de capitais, mas pode reduzir ou eliminar a **incerteza**: aquele é inerente à economia, esta decorre da falta de informação suficiente para analisar uma empresa. Desse modo, é errôneo acreditar que a regulação contábil possa eliminar as fraudes e falhas do mercado, muito embora seja possível reduzi-las com tal medida.

A teoria econômica explica que falhas no sistema de mercado podem ocorrer com os denominados **bens públicos**. O oposto ao bem público é o denominado **bem privado**. Um produto alimentício, por exemplo, pode ser considerado bem privado, pois o consumo por parte de uma pessoa exclui o consumo por parte de outra. A característica principal desses bens é que o produtor não consegue determinar com precisão a parcela do consumo por parte de cada cliente. A iluminação pública é um típico bem público, pois não é possível precisar quanto cada pessoa usufrui do serviço. Como a organização que fornece o serviço de iluminação não sabe o usufruto de cada cliente, ela tem dificuldade em apresentar preço justo para cada um.

A Contabilidade também é considerada um bem público. Num sistema de mercado, existe pouco incentivo para produzir os bens públicos, pela própria característica desses bens. Mas isso não significa que as pessoas não queiram consumir esses produtos: algumas pagariam uma taxa pelo bem público, mas outras não. As pessoas que consomem um **bem público** sem pagar por ele são chamadas de *free riders* (caronas). A verdade é que o mecanismo de mercado não funciona de forma adequada para os bens públicos, sendo que sua produção é menor do que a verdadeira demanda (WOLK; TEARNEY, 1997, p. 95).

Algumas soluções possíveis para os problemas da informação contábil, em decorrência de sua característica, foram estudadas por Foster (1980). Esse autor comenta que existe uma filosofia de evidenciação em que:

- o direito de receber a informação financeira é um direito do proprietário;
- nenhum custo adicional deve ser cobrado pelo direito da informação;
- todos os acionistas devem ter acesso igual a essa informação; e
- não acionistas devem poder examinar, a um custo mínimo, a informação.

Essa filosofia termina por enfatizar a informação como um bem público, impedindo alternativas.

É importante salientar, no entanto, que a padronização/harmonização tem sido muito praticada em todo sistema econômico. O teclado do computador, por exemplo, foi resultado de uma padronização/harmonização, apesar de já ter sido comprovado que a disposição das letras não é a mais adequada para um trabalho rápido. O sistema operacional de um computador é outro exemplo de padronização. A grande vantagem da padronização é que reduz custo de transação e pesquisa. Considere, a título de exemplo, uma empresa de auditoria que tem um grande programa de treinamento para seus estagiários: a existência de padronização de procedimentos reduz custos, inclusive de treinamento, pois, com normas contábeis que devem ser seguidas pelas empresas do setor, fica mais fácil para a empresa de auditoria a construção de um conjunto de procedimentos de auditoria a serem observados pelo estagiário. De igual modo, a padronização é interessante para a empresa de auditoria, pois elimina possível alternativa de contabilização por parte da empresa.

Outro fator que induz a regulação da Contabilidade decorre da existência de um conjunto de usuários com diferentes interesses pela informação. Como, na prática, é impossível satisfazer a todos eles com a Contabilidade, a regulação passa a ser bem recebida, pois coloca sob a responsabilidade de uma autoridade central a decisão sobre que padrão seguir.

Em suma, a regulação contábil é importante pelas próprias deficiências do mecanismo de mercado, que impedem um fluxo mais efetivo da informação. Mas, por outro lado, as decisões tomadas por uma autoridade central não garantem necessariamente a melhor solução para os problemas da informação. Wolk e Tearney (1997, p. 99) denominam isso de **paradoxo da regulação**.

Importante consignar que regulação não deve ser confundida com normatização baseada em padrões.

ANTES DE PROSSEGUIR

Lembre que a regulação deveria aparecer para resolver um problema para alguém. Esse é o caso da assimetria da informação. Nessa situação, o regulador impõe regras que tornam obrigatória a divulgação de certas informações, tentando resolver o problema.

Desvantagens da regulação

Diversas críticas têm sido feitas à regulação contábil. Nesta seção, centra-se o foco em sete de tais críticas.

Talvez a principal oposição decorra dos **custos envolvidos** na regulação, diretos ou indiretos. Diretos, por exemplo, são os custos com a burocracia necessária para estabelecer e gerenciar a regulação. Esses custos, quando comparados com os custos indiretos, são relativamente reduzidos. O papel de árbitro realizado pelo regulador pode trazer alguns custos indiretos para as pessoas que serão afetadas. Uma situação típica ocorre quando o regulador não conhece de forma adequada a quantidade de informação que é efetivamente relevante. Por não ter esse conhecimento, o regulador pode solicitar mais informação que o necessário, aumentando os custos da sociedade em produzir a informação.

Pelo fato de a Contabilidade estar vinculada a diferentes agentes econômicos, numa segunda crítica, a regulação pode levar a uma **transferência de riqueza** entre os usuários da informação. Considere, a título de exemplo, uma situação simplificada em que existem dois usuários: o **acionista** e o **não acionista**. Ambos os usuários terão um mesmo benefício com a informação que será colocada à disposição da sociedade; entretanto, a informação impõe custo para ser obtida e divulgada. Assim, enquanto o usuário não acionista tem um benefício sem qualquer custo, o usuário acionista tem o mesmo benefício, assumindo todo o custo de obtenção e divulgação da informação. Nessa situação, o acionista está pagando pelo aumento de riqueza do usuário não acionista.

Um terceiro problema da regulação diz respeito à própria **dificuldade operacional**. Dois ou mais eventos não são exatamente idênticos em sua plenitude; nem são completamente diferentes. A Contabilidade busca uma maneira de classificá-los e agregá-los em um número reduzido de categorias, de modo a facilitar o trabalho do usuário. Assim, por exemplo, toda venda de mercadoria a vista terá um lançamento contábil que conduzirá ao aumento da receita e ao aumento do disponível. Entretanto, cada venda à vista possui características próprias, sendo muito difícil fazer essa normatização no tratamento dos eventos. A busca por maior detalhamento nas normas contábeis não ajuda, pois, quanto maior o volume de normas, maiores as possibilidades de interpretações diferentes. Em alguns casos, a autoridade reguladora chega a estabelecer um plano de contas a ser seguido, como é o caso das instituições financeiras no nosso país. Mesmo com esse nível de detalhamento, não há garantia de regulação efetiva das informações.

A quarta crítica à regulação decorre dos seus **efeitos sobre as escolhas das pessoas**. Numa situação sem regras, existiria, a rigor, uma série infinita de possibilidades. A regra, por sua vez, inibe a criatividade e restringe a escolha dos indivíduos, eliminando outras possibilidades. Assim, sob essa ótica, a regulação afeta a inovação e a criatividade na Contabilidade. Outro aspecto importante da regulação é que o comportamento dos agentes econômicos muda com uma nova regra. Solomons (1994, p. 137) cita uma interessante comparação com o velocímetro: uma forma de reduzir a velocidade média dos automóveis é conseguir com que todos os velocímetros estejam superestimados; desse modo, os motoristas vão pensar que estão indo mais rápido do que realmente estão. Nesse caso, o velocímetro afeta o comportamento do motorista.

O quinto ponto negativo diz respeito à forma como é realizada a regulação. Por um lado, as regulações realizadas em organismos especializados muitas vezes **escapam do controle**, sendo difícil a participação de pessoas interessadas. Esses organismos adotam um processo de agendar, de discutir e de aprovar normas que, muitas vezes, impedem uma participação mais ampla de todos os interessados. Uma abordagem clássica para essa situação, na sociologia, pode ser encontrada na obra de Robert Michels (1982) sobre partidos políticos. Sunder (1997, cap. 10) apresenta críticas ao processo de normatização contábil.

Foster (1980) afirma que **a regulação pode ser injusta**. Os critérios estabelecidos pelas normas devem determinar quem deve segui-las ou não. Por exemplo, a nova proposta de legislação para sociedades anônimas estabelece uma série de obrigações para as empresas de capital fechado, com base no seu porte. Dessa forma, qualquer que seja o critério para classificar as empresas em grande porte, tal critério pode incorrer em injustiça para com as empresas que estão perto desse limite. A injustiça da norma tem sido utilizada como argumento por algumas empresas, principalmente aquelas que competem no mercado internacional. Uma empresa brasileira que segue uma norma mais rígida sobre determinado aspecto (por exemplo, preço de transferência) pode argumentar que o fato de essa norma não existir nos outros países estaria prejudicando seu potencial de competição. Foster (1980, p. 524) cita o interessante exemplo de um jornal, o *Dallas Morning News*, cujo acionista majoritário era contra a proposta de abrir o capital da empresa, com o argumento de que as informações que deveriam vir a público poderiam trazer desvantagem competitiva perante seus competidores. Como o *Dallas Morning News* era membro de um instituto de verificação de circulação, o Audit Bureau of Circulations, as informações que o acionista controlador desse jornal não gostaria de fornecer ao organismo encarregado de fiscalizar as empresas abertas poderiam estar disponíveis, com muito mais detalhes, por alguns centavos de dólar.

ANTES DE PROSSEGUIR

Uma forma pela qual a regulação pode ser injusta é a **captura do regulador**. Nessa situação, o regulador, que deveria atuar para resolver um problema da sociedade, termina por agir em benefício de um grupo de interesse que domina a indústria ou o setor.

Finalmente, mas não menos importante, a regulação contábil é uma **atividade política** por excelência (WOLK; TEARNEY, 1997, p. 101 ss). Assim, para que a norma pudesse ser efetiva, deveria convidar todas as instituições interessadas a participar, mas, na prática, isso é inviável. O organismo regulador – CPC, Conselho Federal de Contabilidade (CFC), Comissão de Valores Mobiliários (CVM), Instituto dos Auditores Independentes do Brasil (Ibracon) etc. – deve tentar obter maior legitimidade para a norma, a fim de que esta possa ser considerada justa e adequada pelas partes interessadas. Em outros termos, as pessoas afetadas pela regulação deveriam ter a oportunidade de apresentar contribuições para o processo de tomada de decisão. Na prática, é o que tem sido feito em alguns desses órgãos por meio da denominada "audiência pública". Nesse caso, a norma é rascunhada por um comitê e, a partir desse rascunho, abre-se a possibilidade de sugestões para o público externo. O problema é que tais sugestões podem ou não ser acatadas na versão final. Devemos reconhecer que existem aspectos políticos na Contabilidade. Nesse caso, é muito difícil para o regulador manter-se independente por causa da legitimidade da norma e do fato de que a sobrevivência do órgão regulador depende, a longo prazo, de como as políticas são aceitas pelo grupo que está sendo regulado.

O caráter político da Contabilidade tornou-se evidente durante a crise financeira de 2008. No final daquele ano, diversas autoridades da Europa e dos Estados Unidos tentaram mudar a forma de mensurar itens como instrumentos financeiros, de modo a tornar os resultados dos balanços favoráveis.

Vitória da regulação

Apresentamos as vantagens e desvantagens da regulação. Tudo leva a crer que as vantagens sejam superiores às desvantagens, já que, na prática contábil, a existência do *laissez-faire* é exceção, predominando o intervencionismo na regulação contábil.

Entretanto, três aspectos devem ser considerados: o teorema de Arrow, a superprodução de normas e o mecanismo de desenho.

Na década de 1950, o economista Kenneth Arrow desenvolveu um modelo sobre a agregação de preferências de indivíduos, o qual ficou conhecido como **Teorema de Arrow** ou **Teorema da Impossibilidade de Arrow**. Arrow (1950) estabeleceu algumas regras básicas para que uma decisão coletiva agregasse as preferências das pessoas. Entretanto, ele mostrou que não existe nenhuma regra de agregação de preferência que tenha as propriedades desejadas e que não seja reflexo de um indivíduo "ditador".

O teorema de Arrow tem sido lembrado na teoria quando se discute a regulação contábil. Nessa situação, um dos usuários exercerá o papel preponderante, impedindo que demandas dos outros usuários sejam consideradas. Isso indicaria um processo de regulação inerentemente injusto. Entretanto, deve-se notar que o teorema de Arrow não é aceito integralmente como verdadeiro nas discussões teóricas sobre o processo de normas contábeis.

O segundo aspecto refere-se à **superprodução** de normas. Decorre de uma proliferação no número de normas além do aumento no detalhamento das mesmas. O fato é agravado pela presença de diferentes reguladores ou pelo fato de alguns reguladores aprovarem parcialmente algumas das normas contábeis promulgadas. A complexidade do ambiente externo também contribui para o número excessivo de normas. O problema é que isso afeta o custo de produção das demonstrações contábeis, além de tornar mais complexa a informação contábil.

Finalmente, a forma como ocorre a regulação pode conduzir a respostas desejadas ou não. Esse é um dos aspectos que têm sido discutidos em um campo relativamente novo da economia denominado **desenho**. Conforme as regras estabelecidas pelo regulador, as empresas poderão preparar sua contabilidade para atender aos incentivos que são colocados, que podem divergir do objetivo inicial da norma. Faccio e Zingales (2017) mostraram que a forma como se estabelecem as regras no setor de telecomunicações pode ter influência sobre a concentração, a competição e os preços. Um governo com conexões políticas mais fortes pode ter regras que distorcem e restringem a competição.

TEXTO COMO DADO

As primeiras pesquisas empíricas na área contábil usavam os números produzidos pela Contabilidade e os preços das ações das empresas. Nos últimos anos, cresceram as pesquisas que extrapolam o conforto de tomar as cotações das ações e fazer relações estatísticas com alguma variável. Pesquisadores começaram a perceber que Contabilidade não significa só número. Quando uma empresa divulga suas demonstrações contábeis, a grande maioria das informações, nos dias de hoje e para grandes empresas, é apresentada em textos. Somente uma pequena parcela são os números das demonstrações contábeis. Mais ainda, a comunicação de desempenho de uma empresa com seus investidores não ocorre somente em quatro datas fixas ao longo do ano; nos dias de hoje, uma empresa está entregando informações sobre seu desempenho cada vez que divulga uma informação na rede social ou um fato relevante ou declaração de um gestor para algum canal de comunicação.

Se o número tem o poder de dar uma informação de forma precisa, o texto pode ser amorfo. Se a coleta do valor do lucro de uma empresa é feita rapidamente por meio da linha desse item na demonstração do resultado, o mesmo não se pode dizer do sentimento da empresa sobre as suas perspectivas futuras, que poderia estar expresso no relatório da administração ou num comentário em sua conta oficial no Twitter.

Assim, não é surpresa nenhuma olhar a história da pesquisa contábil e certificar que a grande maioria dos artigos teve suas informações apoiadas numa base de dados numérica. Além disso, o pesquisador que se aventurou em usar os dados textuais – orais ou escritos – teve que enfrentar dois grandes desafios. O primeiro é a coleta e tratamento dos dados. As narrativas geralmente não estão disponíveis a um clique da base de dados existente na sua universidade; elas precisam ser coletadas, reunidas, convertidas de PDF para um arquivo de texto, criando-se as condições de análise. O trabalho é enorme.

O segundo grande desafio é a subjetividade da informação. Quando o pesquisador coleta um lucro de 134 milhões de reais num exercício social de uma empresa, essa é a informação precisa e clara que ele irá usar. Mas, quando o executivo de uma empresa escreve "outra conquista importante foi encarar e superar um contexto macroeconômico hostil", o que isso significa? (Essa frase pode ser encontrada em um relatório de administração de uma empresa brasileira.) Trata-se de uma afirmação otimista ou pessimista? E, junto com a subjetividade, existe a desconfiança sobre a existência de "erros" na pesquisa.

Mas o aparente esgotamento das pesquisas estritamente numéricas, a exigência dos avaliadores de que uma pesquisa deve trazer algo mais que a aplicação de um método quantitativo para um conjunto de números que estão disponíveis, a expansão da comunicação não numérica entre empresa e usuário, além do surgimento de instrumentos para esse tipo de pesquisa, podem constituir um anúncio de que as pesquisas com textos serão promissoras.

Gentzkow, Kelly e Taddy (2017) destacam a relevância desse tipo de pesquisa, indicam algumas das ferramentas existentes e apresentam alguns exemplos relevantes. Um exemplo é sua utilização para preços das ações. Outro, a determinação de autoria de um texto. Também é possível usar a pesquisa narrativa para determinar o sentimento de um banco central nos seus comunicados. Ou observar o sentimento da imprensa. E assim por diante.

Outras pesquisas vão além da análise textual, observando os comportamentos dos executivos (entonação da voz, número de vezes de usam verbo na primeira pessoa, sinais de mentira nas suas palavras, entre outras informações) e outros dados pouco usuais.

EXERCÍCIOS

1. Um dos problemas mais debatidos na Contabilidade é a concentração do setor de auditoria. As quatro maiores empresas, denominadas *Big Four*, dominam o mercado. Juntas, possuem uma receita total de mais de 100 bilhões de dólares e empregam centenas de milhares de funcionários. Em alguns países, quase 100% das auditorias das maiores empresas com ações negociadas na bolsa são feitos por uma das *Big Four*. O rodízio, comentado no capítulo, seria uma possível solução. Outras soluções: retirar da empresa o poder de escolher quem fará a auditoria; exigir a contratação de duas empresas, sendo

uma delas de menor porte; e quebrar o oligopólio. Discuta essas possíveis soluções, comentando as vantagens e desvantagens de cada uma delas.

2. Ainda sobre o auditor, um dos temas mais polêmicos na Contabilidade é o seu papel. Diversas questões envolvem o auditor: é um detetive ou um cão de guarda? Defende os interesses dos administradores ou dos acionistas? Devem manter-se na empresa ou é importante o rodízio? Uma potencial solução para alguns dos problemas da auditoria é a contratação de um seguro para as informações contábeis. As empresas comprariam esse seguro e as seguradoras seriam responsáveis pelos problemas decorrentes de uma contabilidade ruim. Como essa proposta poderia resolver os problemas de informação assimétrica?

3. Nos dias atuais, é cada vez mais comum que um usuário seja solicitado a dar nota pelo serviço prestado por uma empresa. Isso pode ocorrer mediante um sistema de estrelas ou pela avaliação positivo/negativo. Em alguns casos, a nota não é uma avaliação sincera. Você acha possível que tal tipo de avaliação seja usado na Contabilidade?

4. Qual a diferença entre os termos *regulação* e *regulamentação*?

5. Uma pesquisa realizada na Contabilidade (SILVA; MAGALHÃES; VIEIRA, 2017) mostrou que bajular o usuário pode ter resultado. Em um conjunto de informações contábeis, foi acrescentada uma frase bajulando o investidor; em outro conjunto, não existia essa frase. A avaliação da empresa foi alterada com a presença da frase; ou seja, a bajulação funcionou. Mas, para algumas pessoas (como indivíduos com maior idade), a bajulação não foi suficiente para mudar a percepção da empresa. Você, um leitor inteligente e culto, acha que realmente a bajulação funciona?

6. Ao longo do tempo, tem-se observado crescimento contínuo no tamanho das demonstrações. Isso tem atraído a atenção dos reguladores, que eventualmente procuram alertar as empresas para divulgarem aquilo que seja relevante para o usuário. O que seria relevante para o usuário? Quem seria esse usuário? Discuta a dificuldade da empresa em responder a essas questões e como isso poderia ajudar a explicar tal aumento na quantidade de informação divulgada.

7. Sobre a quantidade de informação, em 2014 a CVM editou uma deliberação, que corresponde à Orientação Técnica OCPC 07, visando reduzir a quantidade de informação divulgada. Em nove páginas, a entidade que regula o mercado de capitais no Brasil afirmou que a empresa deve divulgar somente aquilo que for relevante para o usuário. Como uma empresa poderia saber o que é relevante para o usuário? Quais são os problemas práticos dessa deliberação?

8. Uma pesquisa realizada com 130 bancos em 24 países da Europa mostrou que a sede do banco – e a origem da supervisão bancária – afeta o resultado da instituição financeira (DÖME; KERBL, 2017). Entretanto, os padrões bancários emitidos pelos países são iguais. O que poderia explicar tal situação?

9. Em 2017, o governo da Arábia Saudita decidiu abrir uma pequena parcela do capital da empresa estatal de petróleo, a Aramco. A oferta de ações seria a

maior de todos os tempos, mesmo representando menos de 10% do capital da empresa. A empresa possui uma grande reserva de petróleo de alta qualidade, que pode ser extraído com baixo custo. Uma das questões nesse processo era o local onde se faria a abertura do capital. O mercado da Arábia Saudita é pequeno demais. Outras possibilidades: Londres e Nova York. A escolha do mercado corresponde à decisão por um regulador. Com tal decisão, haverá diferença na relação da empresa com os usuários da Contabilidade? E quais seriam os efeitos da escolha da bolsa de valores?

10. A Magna Carta é considerada uma das constituições mais antigas do mundo. Escrita e promulgada há mais de 800 anos, a "constituição" britânica trazia, em um dos trechos, a seguinte afirmação: "Haverá em todo o Reino uma mesma medida para o vinho e a cerveja, assim como para os cereais (grãos). Esta medida será a que atualmente se emprega em Londres. Todos os panos se ajustarão a uma mesma medida em largura, que será de duas varas. Os pesos serão, também, os mesmos para todo o Reino". Esse seria um típico exemplo de norma visando promover o comércio. Discuta o caso, usando os assuntos abordados no capítulo.

11. No Brasil, os partidos políticos têm sua contabilidade fiscalizada pelo Tribunal Superior Eleitoral. Os partidos encaminham sua contabilidade para o Tribunal, que analisa se as entidades políticas seguiram as normatizações contábeis específicas. Discuta as vantagens e desvantagens da regulação para esse caso. Qual seria o usuário final da informação que está sendo transmitida pelos partidos?

12. Challoner (2014) descreve uma situação na qual a regulação ajudou na resolução de um problema prático: a criação dos fusos horários. Antes da criação dos fusos, cada cidade tinha seu próprio horário. Com o surgimento das ferrovias, isso tornou-se um problema, já que tal divergência levava à situação estranha em que o horário de partida de um trem seria anterior ao horário de chegada. Em 1847, as empresas recomendaram que todos os relógios fossem ajustados usando como referência a hora de Greenwich. Esse exemplo corresponde a que modelo de regulação?

13. Os relatórios da administração são relevantes como fonte de informação aos investidores. Discuta se existe, atualmente, obrigatoriedade de divulgação de certas informações nesses relatórios. Você acha que deveria haver uma norma sobre o conteúdo dos relatórios?

14. Uma pesquisa mostrou que a divulgação complexa pode levar a incentivar a ocultação de informação (JIN; LUCA; MARTIN, 2018). No experimento, os remetentes relatavam informações, mas escolhiam a complexidade. O aumento da complexidade levava os receptores da informação a cometerem mais erros na avaliação. Assim, os remetentes usavam a complexidade para esconder notícias ruins. Como isso se aplica à Contabilidade?

15. Nos últimos anos, as empresas passaram a usar as redes sociais como meio de comunicação. Isso, muitas vezes, inclui informações vinculadas à Contabili-

dade. Essa divulgação pode ser uma oportunidade de reduzir a informação assimétrica, mas também uma chance de induzir a opinião das pessoas. Qual seria o usuário mais relevante dessa informação? Tal assunto seria de interesse do regulador? Como o regulador poderia atuar nessa nova realidade?

16. Baseando-se no que estudou no capítulo, você acha possível existir a captura do regulador na Contabilidade? A Contabilidade não seria uma área muito técnica para sofrer esse problema?

REFERÊNCIAS

AKERLOF, G. The market for lemons: qualitative uncertainty and the market mechanism. *Quarterly Journal of Economics*, v. 84, n. 3, 1970.

ARROW, K. A difficulty in the concept of social welfare. *Journal of Political Economy*, v. 58, n. 4, 1950.

CHALLONER, J. *1001 invenções que mudaram o mundo*. Rio de Janeiro: Sextante, 2014.

DÖME, Z.; KERBL, S. Comparability of Basel risk weights in the EU banking sector. *Financial Stability Report*, Oesterreichische Nationalbank, v. 34, p. 68-89, 2017.

FACCIO, M.; ZINGALES, L. *Political determinants of competition in the mobile telecommunication industry*. Cambridge, MA: National Bureau of Economic Research, 2017.

FOSTER, G. Externalities and financial reporting. *The Journal of Finance*, v. 35, n. 2, p. 521-533, May 1980.

GENTZKOW, M.; KELLY, B. T.; TADDY, M. *Text as data*. Cambridge, MA: National Bureau of Economic Research, 2017.

JIN, G. Z.; LUCA, M.; MARTIN, D. Complex disclosure. *NBER Working Paper*, n. 24675, 2018.

JONES, E.; ZEITZ, A. Regulatory convergence in the financial periphery: how interdependence shapes regulators' decisions. *International Studies Quarterly*, Oxford University Press, v. 63, n.4, p. 908-922, Dec. 2019.

MICHELS, R. *Sociologia dos partidos políticos*. Brasília: UnB, 1982.

RIAHI-BELKAOUI, A. *Accounting theory*. London: Thomson, 2004.

SCOTT, W. *Financial accounting theory*. Upper Saddle River: Prentice Hall, 1997.

SILVA, C. A. T.; MAGALHÃES, I. L. A.; VIEIRA, E. R. F. C. Adulando o usuário da demonstração contábil. *Revista Mineira de Contabilidade*. v. 18, n. 2, 2017.

SMITH, B. M. *Toward rational exuberance*. New York: Farrar, Straus and Giroux, 2001.

SPENCE, M. Job market signalling. *Quartely Journal of Economics*. v. 87, n. 3, p. 355-374, 1973.

SOLOMONS, D. The politicization of accounting. *In*: IBRAHIM, M. (ed.). *Readings in accounting theory*. Dubuque: Kendall, 1994. p. 137.

SUNDER, S. *Theory of accounting and control*. Cincinnati: South-Western, 1997.

WOLK, H.; TEARNEY, M. *Accounting theory*. 4. ed. Cincinnati: South-Western, 1997.

APÊNDICE 1: RAMOS APLICADOS DA CONTABILIDADE

Embora a Contabilidade seja única, ela se divide em ramos e especialidades. Baseando-se no usuário, a Contabilidade pode ser gerencial ou financeira. A contabilidade gerencial está voltada para os usuários internos, em especial os administradores. O objetivo central é disponibilizar para esses usuários um conjunto de informações que seja útil para a tomada de decisão da entidade, assim como confirmar se as decisões realizadas no passado foram acertadas ou não. A contabilidade financeira está voltada para o usuário externo. Em muitos casos, a contabilidade financeira, expressa nas demonstrações contábeis, representa a principal fonte de informação desse usuário. De uma maneira geral, enquanto a contabilidade financeira deve seguir uma série de regras, usualmente oriundas dos reguladores, a gerencial é mais livre nas escolhas. Assim, toda discussão sobre regulação, definições, formas de mensuração e reconhecimento, entre outros assuntos, é feita na contabilidade financeira. Podemos então dizer que este livro está focado na contabilidade financeira. Mas nada impede que alguns conceitos e estudos realizados aqui não possam ser usados na contabilidade gerencial.

Além disso, a Contabilidade possui subdivisões no campo de atuação, em razão do campo de conhecimento ou em decorrência do tipo de entidade onde é aplicada.

No que diz respeito ao campo de conhecimento, a Contabilidade está dividida em:

- **Contabilidade gerencial, de custos e controladoria**: refere-se ao ramo do conhecimento voltado para o usuário interno. A contabilidade de custos está focada na mensuração do esforço originário do processo de produção de um produto ou da prestação de um serviço. Seu foco encontra-se na apuração do custo. A contabilidade gerencial corresponde à utilização da informação originária da contabilidade de custo para fins do processo decisório. A controladoria corresponde à utilização de instrumentos para garantir que as atividades da empresa sejam executadas de maneira adequada.

- **Auditoria**: refere-se ao ramo da contabilidade responsável por garantir que os registros das transações sejam realizados de forma justa e precisa. A auditoria pode ser feita por empregados da própria organização (auditoria interna) ou por uma empresa externa à entidade (auditoria externa).

- **Contabilidade fiscal**: está voltada para a mensuração e o reconhecimento dos fatos, sob o foco do fisco. Em muitos casos, o resultado obtido pela contabilidade financeira corresponde ao valor que seria apresentado à autoridade governamental para ser tributado. Entretanto, a legislação pode permitir alternativas, que podem conduzir a uma tributação menor para a entidade. O exame dessas possibilidades corresponde ao campo da contabilidade fiscal.

- **Perícia**: refere-se à utilização dos conhecimentos contábeis para resolver algum problema específico. A principal perícia é originária de uma demanda

judicial, na qual a Contabilidade é utilizada para dirimir alguma dúvida que esteja sendo discutida na justiça.
- **Contabilidade internacional**: corresponde à aplicação dos conhecimentos contábeis de diferentes jurisdições. Quando uma entidade atua em mais de um país, a Contabilidade internacional é responsável por fazer a conversão das transações em moeda diferente, calcular os efeitos do resultado de uma filial estrangeira no patrimônio da matriz e outras operações.
- **Análise das informações contábeis**: inclui a análise das demonstrações. Nesse campo, o conhecimento contábil é útil para, a partir das demonstrações contábeis e outras informações, ter-se um panorama mais sintético e claro de uma entidade, especialmente em termos comparativos.

A Contabilidade pode ser considerada segundo o tipo de entidade. As aplicações da Contabilidade em alguns setores, como o governo, podem ser tão específicas que podemos usar o termo *contabilidade* associado a esse setor, no exemplo "contabilidade governamental". Isso inclui a contabilidade rural, a do terceiro setor, a de cooperativas, a bancária, entre outras.

2
CONTABILIDADE INTERNACIONAL E NORMAS DO IASB

OBJETIVOS DE APRENDIZADO

Ao final deste capítulo, você conhecerá:
1. Um breve relato da história da Contabilidade.
2. As principais causas de existirem diferenças na Contabilidade internacional.
3. Como surgiu o International Accounting Standards Board (Iasb) e quais são seus objetivos.
4. A estrutura do Iasb.
5. Como os pronunciamentos do Iasb ajudam no entendimento da Contabilidade.
6. As principais divergências na Contabilidade internacional.
7. As vantagens e desvantagens de adotar os padrões de Contabilidade do Iasb.

INTRODUÇÃO

Por ser uma ciência social, a Contabilidade é fortemente influenciada pelo ambiente em que atua. Assim, as diferenças históricas, os valores culturais e as estruturas políticas, legais e econômicas de cada país acabam refletindo-se nas práticas contábeis em vigor. Normalmente, os princípios e as práticas adotados na Contabilidade podem ser diferentes de um país para outro. Em alguns países, como o Brasil, a Contabilidade é influenciada pela exigência legal; em outros, pelo consenso de órgãos profissionais de classe, como é o caso dos Estados Unidos. Nesse sentido, quando ocorrem diferenças contábeis, seja nos critérios de avaliação, seja na classificação ou mesmo na apropriação contábil, não é possível uma comparabilidade adequada das informações. Para o usuário, isso significa que tanto o resultado apurado quanto a estrutura das demonstrações contábeis podem ser significativamente diferentes.

A Contabilidade é a principal linguagem de comunicação dos agentes econômicos na busca de oportunidades de investimento e na avaliação do risco de suas transações. A existência de práticas contábeis distintas tem sido um problema para a melhor compreensão e comparabilidade das informações de natureza econômico-financeira. Por essa razão, procura-se, com a convergência das normas contábeis no mundo, facilitar o processo de comunicação.

Depois de conhecer as causas da existência de diferentes tratamentos contábeis no mundo, o capítulo terá como objetivo fazer uma breve apresentação da Contabilidade internacional, desde os primórdios até o Iasb, o principal órgão que busca reduzir as diferenças na Contabilidade mundial.

> **Objetivo 1:** Breve relato da história da Contabilidade
> Fontes: Soll (2014) e Gleeson-White (2011)

EVOLUÇÃO DA CONTABILIDADE

O início da Contabilidade está associado à escrita, à contagem e ao dinheiro. Diversas civilizações antigas já possuíam um sistema contábil rudimentar. Na Mesopotâmia os pastores usavam objetos rudimentares para proceder à contagem do rebanho. A Contabilidade tinha como unidade de medida o número de animais, e a evolução patrimonial estava associada à relação entre o nascimento e a morte. Também há registros de um sistema de auditoria no Egito antigo. O famoso Código de Hamurabi trazia a frase "olho por olho, dente por dente", assim como algumas regras contábeis rudimentares. O item 105 desse código referia a necessidade de uma pessoa ter o recibo de pagamento a um comerciante.

Os gregos desenvolveram um sistema contábil e de auditoria pública que era um dos pilares do governo (GLEESON-WHITE, 2011). Os atenienses preferiam escravos como auditores e controladores, já que estes poderiam ser torturados. Em Atenas, havia um conceito de *accountability* desenvolvido para a época. Em Roma, tornou-se tradição publicar as informações contábeis dos imperadores. Apesar de existirem anotações financeiras e mesmo auditoria dos gastos, a fraude era esperada e até mesmo tolerada (SOLL, 2014).

Os historiadores já relataram a presença da Contabilidade na Índia, na China, no império muçulmano e em diversas outras civilizações. Mas, provavelmente, o surgimento das partidas dobradas ocorreu nas cidades-estados da atual Itália. Para isso, diversos fatores foram relevantes: (a) a adoção dos números indo-arábicos, que facilitava as operações e anotações matemáticas, e a criação do número zero; (b) a arte da escrita; (c) o uso da moeda como meio de troca; (d) o desenvolvimento do crédito, da acumulação do capital e a institucionalização do conceito de propriedade privada; e (e) a criação de empreendimentos societários, que demandavam capital bancário. Para Harari (2015), apesar de a China ser a maior economia do mundo até o século XVIII, é importante salientar a importância das instituições que promoveram o desenvolvimento do capitalismo na Europa e em algumas nações de colonização europeia.

Em torno de 1300, surgem os primeiros livros contábeis conhecidos, dos mercadores Rinieri Fini e irmãos (entre 1296 e 1305) e de Giovanni Farolfi (entre 1299 e 1300). Em ambos os casos, o lucro já era considerado incremento do patrimônio líquido, sendo apurado para um período de tempo claramente definido. Também nessa época tornou-se comum o ensino contábil, ensinando-se aos filhos dos comerciantes a utilização do ábaco, um tipo de calculadora antiga, o câmbio e o sistema de escrituração. Também já existiam as universidades na Itália, embora o conhecimento matemático estivesse muito associado à astrologia.

Em 1458, aparece a primeira obra que trata da Contabilidade e das partidas dobradas, o manuscrito de Benedetto Cotrugli denominado *Della mercatura e del mercante perfetto*. Essa obra só foi impressa em 1573. Em 1494, aparece em Veneza a obra de matemática *Summa de arithmetica, geometria, proportioni et proportionalità*, de autoria de Luca Pacioli, que incluía o capítulo "Particularis de Computis et Scripturis", sobre as partidas dobradas. Essa obra foi escrita em italiano e usava os números indo-arábicos. Era uma novidade para época, já que os livros usavam o latim e os algarismos romanos, e contribuiu para a popularização do livro. Pacioli também criou símbolos para "mais" e "menos", diferentes daqueles que usamos nos dias de hoje. Com uma tiragem de dois mil exemplares, tendo levado de nove a 12 meses para ser produzido e com 615 páginas, o livro teve grande influência na Contabilidade. Como era comum então, parte do livro era uma reprodução de obra do matemático Fibonacci escrita no século XIII e esquecida na época de Pacioli.

Por um século, a *Summa* foi a obra de matemática mais lida nas cidades italianas, muito usada no ensino da Matemática e da Contabilidade, tendo sido traduzida ou "adaptada" em diversas línguas. Pacioli descreve o sistema de escrituração que era adotado pelos mercadores, que incluía as palavras *per* – que significa "de", e *a*, que indica a conta a ser creditada. Um exemplo de lançamento seria "Per Banco // A Caixa".

Segundo Gleeson-White (2011), todos os livros de Contabilidade publicados no século XVI estavam diretamente baseados no trabalho de Pacioli. Alguns deles eram cópias, sem a devida referência, como é o caso de uma obra de Domenico Manzoni que teve entre seis e sete edições em 40 anos. Por esse motivo, muitas pessoas associam Pacioli à invenção do método das partidas dobradas, o que é incorreto. Mas a divulgação da sua obra contribuiu substancialmente não só para a expansão da Contabilidade, como também para a adoção desta em outras áreas, como a contabilidade pública e as *joint-stock companies* (empresas de capital conjunto, como a Companhia das Índias Orientais).

Vale a pena também destacar que, na época, a escrituração era feita com a utilização de uma caneta de pena de ave e, quando ocorriam eventuais inconsistências nos dados registrados, os livros escriturados eram propositadamente rasurados a fim de não se permitir a nitidez dos números. Segundo os autores Balaciu e Valdu (*apud* SUSMUS; DEMIRHAN, 2013), o comportamento de manipular uma impressão favorável não é fenômeno recente.

A Revolução Industrial fez com que os ativos não circulantes, como as máquinas, tornassem parte relevante das empresas. Nesse momento, o conceito de depreciação torna-se relevante, assim como aumenta a relevância da contabilidade gerencial, com a necessidade de apuração dos custos (JOHNSON; KAPLAN, 1987). Ao mesmo tempo, começa o processo de separação entre o investidor e o gestor da empresa. Finalmente, a necessidade de grandes volumes de investimento nos ativos não circulantes faz com que se busquem poupadores que aloquem seus recursos nas empresas por meio do mercado de capitais.

Em 1854, surge em Glasgow, Escócia, a primeira entidade de profissionais contábeis. Logo a seguir, outras entidades de classe são criadas no mundo. Tais associações possibilitaram que aspectos contábeis pudessem ser discutidos entre os profissionais, ao mesmo tempo que estimulava a expansão de certas técnicas contábeis que foram desenvolvidas dentro das empresas.

Esses dois fatos – a criação de um fórum de debate profissional nas associações e a necessidade de captação externa de recurso –, além do início de expansão do ensino contábil, permitiram que os conhecimentos pudessem ser transmitidos. Entretanto, para Johnson e Kaplan (1987), a partir da década de 1920, a Contabilidade passa a enfatizar excessivamente as informações para fins externos (contabilidade financeira). Durante décadas, segundo esses autores, a contabilidade gerencial ficou relegada a segundo plano.

Com o crescimento do comércio internacional ocorrido após a Segunda Guerra Mundial, aliado à expansão das empresas multinacionais e ao surgimento de grandes blocos econômicos, passou a existir uma demanda pela harmonização da Contabilidade mundial. A primeira proposta nesse sentido surgiu em 1959, por iniciativa do presidente do Instituto de Contadores Licenciados dos Países Baixos, Jacob Kraayenhof (MUELLER; GERNON; MEEK, 1994). Outro fato que merece destaque foi a criação, em 1961, de um grupo de estudos contábeis para assessorar as autoridades da Comunidade Europeia, propiciando maior discussão e renovação de assuntos contábeis. Desde então, o movimento evoluiu com a criação, em junho de 1973, do International Accounting Standards Committee (Iasc). O Iasc foi fundado como resultado de um compromisso assumido por Austrália, Canadá, França, Alemanha, Japão, México, Inglaterra, Irlanda e Estados Unidos, por ocasião do 10º Congresso Mundial de Contadores. Posteriormente, outros países se juntaram ao Iasc, mas nenhum deles da América do Sul. No dia 1º de abril de 2001, o Iasc transformou-se no International Accounting Standards Board (Iasb).

> **Objetivo 2:** Causas das diferenças na Contabilidade internacional

PRINCIPAIS CAUSAS DAS DIFERENÇAS

Quando o contador faz um lançamento, encerra um exercício social ou prepara uma demonstração contábil para ser divulgada para o usuário, os procedimentos de reconhecimento, a mensuração do evento e a evidenciação poderão ser diferentes no mundo. Nesse caso, afirma-se que a Contabilidade não é homogênea. Isso pode ocorrer devido à existência de legislações diferentes em cada país, mas também devido à forma como os profissionais de Contabilidade costumam expressar a realidade econômica.

Geralmente, um país economicamente forte é mais atuante politicamente, além de exercer maior influência sobre um grupo específico de países no que tange aos procedimentos contábeis a serem adotados. Essa característica é observada, por exemplo, em países de influência contábil norte-americana, como Canadá, México, Israel, Filipinas e Japão, que possuem fortes laços políticos e comerciais com os Estados Unidos, o que redunda em práticas contábeis semelhantes. Por outro lado, pode-se dizer que a Inglaterra e a Escócia formam outro grupo com a Austrália, a Nova Zelândia, a Malásia, o Paquistão, a Índia e a África do Sul, em razão das relações históricas e culturais existentes, oriundas do período colonial.

Apesar da existência de diversos modelos contábeis diferentes em termos mundiais, não se pode afirmar que o sistema contábil de um país é melhor ou pior do que o outro. Ou, ainda, que a qualidade da sua informação contábil seja melhor que a de outro. Em tese, a função da Contabilidade é atender às necessidades dos usuários e, quando isso ocorre, ela está cumprindo o seu papel. No entanto, é inegável que diferentes estágios de desenvolvimento econômico e social de um país, além do nível de pesquisas na área, tanto da teoria quanto do aperfeiçoamento técnico de seus profissionais, podem contribuir para o fortalecimento de determinada "corrente" de pensamento contábil e da forma de expressá-lo.

Vários são os fatores que afetam o desenvolvimento dos sistemas contábeis. A lista de tais fatores pode incluir as influências externas, como comércio e investimentos; as influências domésticas e ecológicas, como fatores geográficos e demográficos; a cultura; as instituições políticas, legais, tributárias, financeiras, profissionais, entre outras. Existem diferenças entre os países que afetam diretamente a geração de informação para o usuário: diferenças culturais, de sistemas legais; de formas de captação de recursos, taxação ou tributação; profissão contábil; nível de inflação; tipo de companhia, devido às suas diferenças internas; e a teoria da Contabilidade (ROBERTS; WEETMAN; GORDON, 1998).

Finalmente, o processo de globalização da economia tem sido um dos fatores para a evolução da abordagem do tema Contabilidade internacional. A comparação das diversas práticas levou à constatação de que procedimentos distintos conduzem a resultados distintos. Dessa forma, podem ocorrer situações em que uma empresa sediada em um país, ao levantar suas demonstrações contábeis com base nas normas de outro país (onde se encontra instalada a sua subsidiária), apure resultados contraditórios aos que obteria se as demonstrações contábeis tivessem sido elaboradas conforme as normas do país-sede. É como se, no Brasil, fosse apurado um lucro segundo nossas regras e um prejuízo ao se adotar regra de outro país (NOBES, 1983).

SITUAÇÃO REAL

Um exemplo nesse sentido é o caso da empresa de automóveis Aston Martin. No ano de 2017 a empresa alocou 224 milhões de libras para Pesquisa e Desenvolvimento, o que corresponde a 25% das vendas. Desse total, somente 11 milhões foram para resultado, sendo o restante capitalizado como ativo no balanço da empresa. Se a Aston Martin usasse as normas do Financial Accounting Standards Board (Fasb), órgão padronizador norte-americano, os valores seriam considerados como resultado, o que transformaria o lucro em prejuízo. Mas a empresa possui sede na Inglaterra e usa as normas do Iasb.

Apesar da existência dessas diferenças entre os países, existe grande pressão para que as diferentes nações busquem uma linguagem em comum. O crescimento do comércio, as necessidades de investimento, o acesso fácil e rápido às notícias de outros países são fatores que contribuem para a harmonização da Contabilidade em termos mundiais. Nesse contexto, o Iasb tem papel decisivo e será estudado a seguir.

ANTES DE PROSSEGUIR

Reflita sobre as vantagens e desvantagens da convergência mundial das normas contábeis. Utilize, no seu argumento, os aspectos considerados no Capítulo 1 sobre a padronização contábil.

Objetivo 3: Surgimento e objetivo do Iasb

IASB

A demanda pelo estabelecimento de padrões contábeis internacionais relaciona-se com a evolução e o crescimento do comércio globalizado, das relações internacionais e do avanço tecnológico que facilitou acesso à comunicação. As empresas multinacionais, ao conquistarem novos mercados, influenciaram e foram influenciadas pelas normas contábeis dos países que as acolhiam. A internacionalização da Contabilidade é resultado direto da internacionalização do ambiente político e econômico.

O processo de convergência, descrito anteriormente, levou à transformação do Iasc no Iasb em 2001, a partir do relatório *Recommendations on shaping IASC for the future.*

O Iasb é um órgão independente, do setor privado, para o estudo de padrões contábeis, com sede em Londres e escritório regional em Tóquio. É formado por um Conselho de Membros, constituído por representantes de mais de 140 entidades de classe de todo o mundo, inclusive do Brasil – representado pelo Instituto dos Auditores Independentes do Brasil (Ibracon) e pelo Conselho Federal de Contabilidade.

A missão do Iasb é "desenvolver Padrões de IFRS que tragam transparência, responsabilidade e eficiência para os mercados financeiros em todo o mundo. Nosso trabalho atende ao interesse público promovendo confiança, crescimento e estabilidade financeira de longo prazo na economia global."

De acordo com a constituição do Iasb, seus objetivos são:

- Desenvolver, no interesse público, um único conjunto de normas contábeis globais de alta qualidade, inteligíveis e exequíveis, que exijam informações de alta qualidade, transparentes e comparáveis nas demonstrações contábeis e em outros relatórios financeiros, para ajudar os participantes do mercado de capital e outros usuários em todo o mundo a tomar decisões econômicas.
- Promover o uso e a aplicação rigorosa dessas normas. Promover a convergência entre as normas contábeis locais e as Normas Internacionais de Contabilidade de alta qualidade.

É importante enfatizar que seus pronunciamentos técnicos não são obrigatórios, mas uma referência técnica facultativa para facilitar a interpretação mais harmonizada das informações contábeis por parte dos investidores, de autoridades e de alguns agentes econômicos em geral.

Diferentemente do Fasb, órgão que normatiza a contabilidade nos Estados Unidos com base em regras (como deve ser feito), o Iasb segue a normatização baseada em princípios (como deveria ser feito) e, portanto, exige mais julgamento e subjetividade, atendendo a uma política flexível na elaboração e na publicação de normas. Em alguns casos, as orientações publicadas indicam a adoção de mais de um procedimento contábil válido para uma mesma modalidade operacional. Importantes órgãos, como a Associação Interamericana de Contabilidade (AIC), a International Organization of Securities Commission (Iosco) e a International Standards of Accounting and Reporting/Organização das Nações Unidas (Isar/ONU) têm apoiado e referendado o trabalho desenvolvido pelo Iasb.

ANTES DE PROSSEGUIR

- AIC é uma organização profissional que representa contabilistas de 23 países americanos e tem por objetivo fomentar o desenvolvimento profissional dos contadores no âmbito do continente.
- Iosco é uma entidade que congrega os representantes das entidades que regulam o mercado de capitais em cada país. No Brasil, temos a Comissão de Valores Mobiliários (CVM). Tem como objetivo estabelecer procedimentos mundiais para proteção aos acionistas no âmbito do mercado de capitais, dentre os quais os referentes a divulgação de informações contábeis.
- Isar/ONU é um grupo não governamental de especialistas em padrões mundiais de Contabilidade e relatórios financeiros, com sede em Genebra (Suíça), criado com objetivo inicial de estabelecer critérios e procedimentos contábeis para empresas transnacionais. Com o crescimento do Iasb, o Isar/ONU tem voltado sua atuação mais para questões de educação e habilitação profissional.

Um dos principais benefícios pretendidos pelo Iasb é de que seja possível a comparação das informações contábeis produzidas pelas empresas situadas em países distintos, permitindo, assim, a compreensão e a interpretação dos dados gerados por entidades de diferentes economias e tradições. As críticas ao processo de harmonização conduzido pelo Iasb referem-se às questões de soberania nacional, politização da Contabilidade e sobrecarga de normas.

> **Objetivo 4:** Estrutura do Iasb
> Fonte: *Site* do Iasb: www.ifrs.org/groups/international-accounting-standards-board.

ESTRUTURA DO IASB

O Iasb é uma entidade independente, que faz parte da Fundação IFRS. A estrutura do Iasb obedece aos seguintes requisitos a fim de tornar as decisões da instituição estáveis e legítimas, assegurando representatividade do corpo decisivo, independência dos membros e suas habilidades técnicas. A Figura 2.1 apresenta, de forma ilustrada, a estrutura do Iasb.

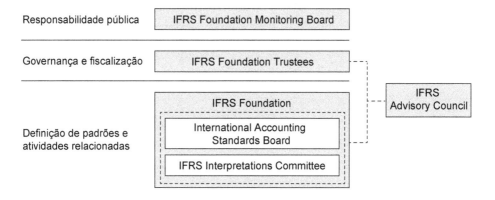

Figura 2.1 Estrutura do Iasb.[1]

A Fundação possui uma estrutura em três níveis de governança, conforme a Figura 2.1.

O Conselho de Monitoramento (*Monitoring Board*) corresponde a um grupo composto por pessoas do mercado de capitais, que reforçam a supervisão da Fundação e dos curadores. Aprova a indicação dos curadores (*trustees*). Seus membros eram, no final de 2020, dois representantes da Iosco e seis de diferentes partes do mundo: Comissão Europeia, Japão, China, Coreia do Sul, Estados Unidos e Brasil.

---

[1] Baseado no relatório anual de 2018 da IFRS Foundation.

O representante brasileiro era Marcelo Barbosa, presidente da CVM. Além destes, atuam três observadores, sendo dois da Iosco e um do Comitê da Basileia.

A seguir na hierarquia, vêm 22 curadores, com diferentes formações e experiências, de várias partes do mundo. São profissionais de auditoria, representantes governamentais, professores de Contabilidade. Seu papel é manter a constituição da Fundação e nomear os membros da diretoria e órgãos consultivos. Além de governança e fiscalização, os curadores têm papel importante no financiamento das atividades, na definição estratégica e no cumprimento do *Due Process Handbook*. A origem é a seguinte: seis das Américas (a ex-presidente da CVM, Maria Helena Santana, faz parte dessa lista), seis da Europa, seis da Ásia-Oceania, um da África e três de outros lugares.

O *Board* é a estrutura que cuida da padronização contábil e outras atividades. Tem 13 membros, sendo que o Brasil era representado, até meados de 2020, por Tadeu Cendon. A formação e experiência do *Board* também é diversificada, incluindo acadêmicos, profissionais contábeis, investidores e reguladores. Em termos técnicos, é a área mais relevante da estrutura.

O Comitê de Interpretação (*Interpretations Committee*) é presidido por um membro do *Board* e possui 14 membros externos que respondem a questões relacionadas com a aplicação das normas. Além disso, o Comitê pode propor alterações nos padrões. Pelo fato de estar lidando com questões de interpretações, esse comitê pode antecipar algumas tendências futuras de estudos a serem desenvolvidos pela entidade.

O Conselho Consultivo (*Advisory Council*) é composto por um grande número de representantes de grupos que são afetados pelo trabalho da Fundação ou que estejam interessados no que a Fundação faz. No final de 2020, eram quase 50 pessoas, representando empresas de auditoria, universidades e associações internacionais, entre outros âmbitos.

ANTES DE PROSSEGUIR

No final de 2018, o Iasb tinha 149 funcionários de 39 nacionalidades. Desse número, as mulheres representavam 58%, mas dos membros do *Board* eram 29%. Dos funcionários, 9% eram do *Board*, 54% da área técnica e 37% da área operacional.

Objetivo 5: Como o Iasb ajuda a entender a Contabilidade

NORMAS INTERNACIONAIS DE CONTABILIDADE

As Normas Internacionais de Contabilidade são editadas desde 1975. Essas normas têm como principal finalidade reduzir as diferenças entre os procedimentos e as normas contábeis adotados nos diferentes países. Conforme afirmamos antes, as normas não são impostas pelo Iasb, mas servem de recomendação para os países as adotarem. Um dos objetivos é a utilização das normas por todos os países como padrão internacional e a sua harmonização com o Fasb.

É importante notar que a criação do Iasb significou a incorporação das normas internacionais aprovadas pelo antigo Iasc. Estas normas recebiam o nome de International Accounting Standards (IAS). A partir de 2001, receberam a denominação de International Financial Reporting Standards (IFRS). Da mesma forma, antes de 2001 existiam as interpretações das normas contábeis, esclarecendo certos aspectos da norma, que recebia a denominação do Standing Interpretations Committee (SIC). Após 2001, as interpretações recebem a denominação do International Financial Reporting Interpretations Committee (Ifric). No início de 2019 estavam em vigor 17 IFRS, 34 IAS, além de 56 interpretações técnicas. Considerando somente as normas promulgadas pelo Iasb, temos 40 normas, mais de duas novas por ano.

Cabe ressaltar que a importância das normas nos dias atuais deve-se a dois fatos: o apoio dado pela Iosco às normas editadas pelo Iasb; e os problemas ocorridos com a Contabilidade das empresas norte-americanas, particularmente a partir de 2001. Por essa razão, a IFRS está sendo utilizada em muitas partes do mundo, como União Europeia, Rússia, África do Sul, Hong Kong, Austrália e Cingapura. A União Europeia determinou a adoção de IFRS para demonstrações consolidadas encerradas em dezembro de 2005.

A partir de uma reunião conjunta realizada em 2002 na cidade de Norwalk, nos Estados Unidos, iniciou-se um processo de convergência das suas normas contábeis, promulgadas pelo Fasb, com as normas do Iasb. Essa aproximação fez com que se firmasse sobremaneira a legitimidade do Iasb como único organismo de emissão de Normas Internacionais de Contabilidade. Entretanto, em 2012, a SEC divulgou um relatório sobre a convergência internacional, intitulado *Work plan for the consideration of incorporating international financial reporting standards into fhe Financial Reporting System for U.S. issuers*. Esse relatório fez críticas à governança da Fundação IFRS, incluindo a forma como é financiada: apesar de adotada em mais de 100 países, menos de 30, na época, faziam alguma contribuição financeira.

Em 2016, a Fundação IFRS fez uma pesquisa com 48 mil empresas de 85 bolsas de valores. Metade dessa amostra estaria adotando as normas internacionais do Iasb – número crescente, já que alguns países estariam adotando as normas após essa data.

Apresentamos, a seguir, algumas informações relevantes de caráter geral sobre os pronunciamentos do Iasb:

- **Alcance das normas:** as Normas Internacionais de Contabilidade são aplicáveis às demonstrações contábeis de qualquer entidade comercial, industrial ou de outra natureza, com fins lucrativos. O mesmo é válido para a estrutura conceitual do Iasb, que pode ser aplicada a todas as entidades, incluindo organizações privadas e públicas. Para o Iasb, a entidade que reporta é aquela cujos usuários se apoiam em suas demonstrações contábeis como fonte principal de informações financeiras sobre a empresa.

> **ANTES DE PROSSEGUIR**
>
> O Brasil já adota as Normas Internacionais de Contabilidade. Oficialmente, o marco da adoção foi a alteração da Lei nº 6.404 ocorrida em 2007.

- **Regime de competência**: as receitas, os custos e as despesas são registrados contabilmente de acordo com o regime de competência, ou seja, são reconhecidos quando auferidos ou incorridos (não quando recebidos ou pagos) e refletidos nas demonstrações contábeis dos períodos a que se referem. Importante enfatizar que o Iasb não caracteriza "competência" como um princípio, mas como um pressuposto básico da Contabilidade.
- **Materialidade**: as informações serão relevantes se a sua omissão ou distorção puder influenciar as decisões econômicas dos usuários, tomadas com base nas demonstrações contábeis. A materialidade depende do tamanho do item ou do erro, julgado nas circunstâncias específicas de sua omissão ou distorção. Assim, a materialidade proporciona um patamar ou ponto de "corte" (*cut-off*), em vez de ser uma característica qualitativa primária de que a informação necessita para ser útil.
- **Divulgação de políticas contábeis**: quando os pressupostos da continuidade e da competência de exercícios forem observados na elaboração de demonstrações contábeis, não será necessário divulgá-los. Porém, se um pressuposto fundamental de Contabilidade não for observado, o fato deve ser divulgado com as razões da inobservância.
- **Exercício social**: as demonstrações contábeis são preparadas e apresentadas pelo menos uma vez por ano e visam atender às necessidades comuns de informações de um número grande de usuários.
- **Demonstrações financeiras**: a expressão *demonstrações financeiras* abrange o balanço patrimonial, a demonstração do resultado, a demonstração dos fluxos de caixa, das mutações do patrimônio líquido com formatos diferenciados, as notas explicativas e outras demonstrações e dados explicativos. As demonstrações financeiras poderão, por exemplo, conter informações adicionais que sejam relevantes às necessidades de usuários sobre itens constantes do balanço patrimonial e da demonstração do resultado. Exemplo disso seriam as divulgações sobre os riscos e as incertezas que afetam a empresa e quaisquer recursos e obrigações não reconhecidos no balanço, como é o caso das reservas minerais.
- **Relatórios intermediários**: uma empresa deve aplicar nas suas demonstrações financeiras intermediárias as mesmas políticas contábeis aplicadas em suas demonstrações financeiras anuais.
- **Segregação de ativos e passivos em corrente e não corrente**: o Iasb não propõe obrigatoriedade de segregação de ativos e passivos em corrente e

não corrente. Cada empresa deve decidir se a segregação é significativa para seus usuários. Caso uma entidade escolha classificar os ativos e passivos em corrente e não corrente ou opte por não segregar conforme essa classificação, ela deve evidenciar os valores que se espera sejam realizados ou compensados em prazos superiores e inferiores a 12 meses.

A segregação de ativos como correntes deve obedecer a um dos seguintes critérios:

- o ativo deve ser realizado, disponibilizado para venda ou consumido no ciclo operacional normal da empresa; ou
- ser mantido com o propósito de comercialização ou por curto período de tempo, e ser esperado que se realize até 12 meses após a data de encerramento do balanço; ou
- constituir-se em caixa ou equivalente de caixa sem restrição de uso.
- Quanto aos passivos, podem ser classificados como correntes quando se espera que sejam liquidados no ciclo operacional normal da empresa; ou que devam ser liquidados até 12 meses após a data de encerramento do balanço. Todos os outros itens do passivo devem ser classificados como não correntes.

ANTES DE PROSSEGUIR

O ciclo operacional refere-se ao prazo que uma entidade leva entre a compra de um insumo, a produção da mercadoria, sua venda e o recebimento pelo cliente. Esse ciclo operacional poderá variar ao longo do tempo, com as características administrativas da empresa e com cada setor de operação. Apesar de ser considerado um critério para classificação dos ativos, inclusive no Brasil, o ciclo operacional apresenta problemas sérios para ser utilizado: dificuldade de determinar seu valor e possibilidade de sofrer alteração no tempo – o que dificulta a comparação das demonstrações. Uma empresa que atua em diversos setores terá sérios problemas em determinar seu ciclo operacional como um todo.

Objetivo 6: Principais divergências nas práticas contábeis internacionais

PRINCIPAIS DIVERGÊNCIAS NAS PRÁTICAS CONTÁBEIS INTERNACIONAIS

Uma vez que sabemos da existência de diferenças na Contabilidade de diferentes países, iremos agora destacar as práticas em que essas diferenças são mais relevantes. Para cada um dos itens, são apresentadas as divergências, além da lista de alguns dos países que adotam uma ou outra posição. A seguir, algumas das principais divergências:

Gastos com pesquisa e desenvolvimento

Como regra geral, uma empresa gasta dinheiro com pesquisa para tentar descobrir algo que possa ajudar na criação de um novo produto, serviço, processo ou técnica ou no aperfeiçoamento de um já existente. Por outro lado, desenvolvimento implica usualmente formulação de um plano ou projeto para aperfeiçoamento de um produto, serviço, processo ou técnica já existente. Conforme será visto mais adiante, a distinção entre pesquisa e desenvolvimento é relevante para fins contábeis.

Quando uma entidade gasta recursos em pesquisa e desenvolvimento, a Contabilidade pode ter dois tratamentos. No primeiro, os gastos incorridos são tratados como ativos, ou seja, são capitalizados para futura amortização, obedecendo-se à competência. Nesse caso, a contrapartida do lançamento contábil da saída de caixa será uma conta do ativo. Com o usufruto da pesquisa e do desenvolvimento, esse ativo é amortizado com o tempo. A segunda alternativa é considerar que o lançamento deverá ser realizado diretamente como despesa do período quando incorrido. O Quadro 2.1 apresenta a diferença entre as duas alternativas. Observe que a primeira opção não afeta o resultado de imediato, mas ao longo dos anos da amortização. Já na segunda opção, tem-se uma despesa associada ao momento do gasto e por essa razão ela é considerada uma alternativa mais conservadora, devido à incerteza na obtenção dos benefícios futuros.

Quadro 2.1 Exemplo da contabilização de gastos e pesquisas

Gasto em pesquisa e desenvolvimento =	R$ 1.000,00	
Período de amortização (anos) =	5	
1ª opção		
No momento do gasto		
Pesquisa e desenvolvimento (Ativo)	R$ 1.000,00	
Caixa		R$ 1.000,00
Equação contábil (Ativo = Passivo + Patrimônio Líquido)		
– R$ 1.000,00 + R$ 1.000,00 = 0 + 0		
A cada período por teste de imparidade		
Despesa com pesquisa e desenvolvimento (resultado)	R$ 200,00	
Pesquisa e desenvolvimento (Ativo)		R$ 200,00
Equação contábil (Ativo = Passivo + Patrimônio Líquido)		
– R$ 200,00 = 0 – R$ 200,00		
2ª opção		
No momento do gasto		
Despesa com pesquisa e desenvolvimento (resultado)	R$ 1.000,00	
Caixa		R$ 1.000,00
Equação contábil (Ativo = Passivo + Patrimônio Líquido)		
– R$ 1.000,00 = 0 – R$ 1.000,00		

Entre os países que adotam a primeira opção, permitindo a capitalização dos gastos sob certas circunstâncias, temos o Canadá, a França, a Holanda, a Suíça e a Inglaterra. Já a Alemanha e os Estados Unidos adotam a segunda alternativa. A título de comparação, as normas brasileiras preconizavam a capitalização dos gastos em conta de Ativo Permanente Diferido para amortização em até dez anos até a vigência da Lei nº 11.638/2007. O Iasb tem como norma a capitalização dos gastos com desenvolvimento (primeira opção do quadro) e o reconhecimento dos gastos com pesquisa em resultado (segunda alternativa). O problema da posição conciliatória do Iasb é diferenciar, na prática, esses dois tipos de gastos.

Reavaliação de ativos

A reavaliação de ativos aplica-se, de forma geral, a bens do imobilizado com a finalidade de ajustar seus valores históricos a preços correntes de mercado. Geralmente, a reavaliação ocorre quando existe uma diferença significativa entre o valor de aquisição e o valor de mercado, como é comum em imóveis que a entidade comprou no passado e estão valendo mais nos dias de hoje. Em certas situações, a adoção de procedimentos de reavaliação pode ser importante no resultado de uma entidade.

Entretanto, a reavaliação fere a regra do custo como base de valor, já que um novo valor (*fair value* ou *market value*) substitui o custo histórico nas demonstrações financeiras. Entre os países que não permitem esse procedimento, encontramos os Estados Unidos, o Japão, a Alemanha e o Canadá. A Holanda permite a reavaliação sob certas circunstâncias.

Embora anteriormente admitida pela Lei nº 6.404/1976, a Lei nº 11.638, de 28/12/2007, preconiza que "os saldos existentes nas reservas de reavaliação deverão ser mantidos até a data de sua efetiva realização ou estornados", estabelecendo que a reavaliação não mais será permitida. O Iasb tem como regra geral não permitir a reavaliação de ativos, prevalecendo o conceito de custo histórico como base de valor. Entretanto, permite-se a reavaliação como procedimento alternativo, devidamente evidenciado em notas explicativas.

Utilização do Ueps para avaliar estoques

Três métodos são frequentemente adotados para avaliação dos estoques: Primeiro que Entra, Primeiro que Sai (Peps, ou *First In, First Out* – Fifo), média (Custo Médio Ponderado das Compras) e Último que Entra, Primeiro que Sai (Ueps, ou *Last In, First Out* – Lifo), todos eles sujeitos à comparação "custo ou mercado", dos dois o menor.

Quando adotado o Ueps, o estoque no Balanço Patrimonial reflete as compras mais antigas. Isso é considerado de forma geral como procedimento conservador já que, existindo aumento nos preços da mercadoria, o custo de mercadorias vendidas é maior e o lucro é menor. Por outro lado, a maioria dos contadores argumenta que o Ueps não é aceito por não refletir valor economicamente adequado dos estoques sob a ótica da teoria contábil. Estados Unidos, Japão, França, Holanda, Suíça, Canadá e Itália são alguns dos países que aceitam a adoção do Ueps. Já a Alemanha e a Inglaterra só permitem a adoção do Ueps em certas situações.

Em termos comparativos, as regras contábeis brasileiras, que sofrem forte influência da legislação fiscal, proíbem a adoção do Ueps, pois isso tende a reduzir o pagamento do Imposto de Renda. O Iasb tem como norma não permitir a adoção do Ueps para fins de avaliação dos estoques.

Leasing financeiro

As características do *leasing* financeiro serão extensamente discutidas no Capítulo 12. Entretanto, neste ponto, é importante dizer que existem duas possibilidades de tratamento do *leasing*. A primeira é capitalizar como ativo permanente, ou seja, reconhecer os valores que serão pagos como compra financiada. Isso implicaria aumento do ativo da entidade. A segunda alternativa é considerar os valores pagos como despesa do exercício. Este tratamento reduz a lucratividade da entidade no momento em que ocorre o pagamento. O Quadro 2.2 apresenta um exemplo das opções.

Os países que exigem a primeira alternativa – ou seja, a capitalização do *leasing* – são os Estados Unidos, a Inglaterra, a Holanda e o Canadá. Outros países permitem essa capitalização em certas situações, como é o caso da França, da Suíça, do Japão e da Alemanha. A Itália é um país que não permite a capitalização, devendo os valores pagos ser levados ao resultado.

Quadro 2.2 Exemplo de contabilização de *leasing*

Valor do bem objeto de *leasing*		350.000,00
Valor do contrato de *leasing*		435.000,00
Pagamento realizado para uma empresa de *leasing*		43.500,00
Receitas do período		180.000,00
Despesas do período		136.000,00
1ª opção		
Como Despesa		
D Despesa de *leasing*	43.500,00	
C Bancos		43.500,00
Neste caso o lucro será de 180 mil – 136 mil – 43.500		500,00
2ª opção		
Como Ativo		
Na assinatura do contrato		
D Máquinas e equipamentos	350.000,00	
D Despesas financeiras a apropriar	85.000,00	
C Financiamentos		435.000,00
No pagamento		
D Financiamentos	43.500,00	
C Bancos		43.500,00

Pelo IFRS 16, em vigor desde 2019, não mais se exige a segregação do *leasing* como financeiro ou operacional, devendo ser capitalizado como "direitos de uso do bem arrendado" na empresa arrendatária.

Planos de benefícios de aposentadoria para empregados

Normalmente, benefícios de aposentadoria patrocinados por governos não têm proporcionado rendimentos suficientes para o bem-estar do aposentado. Como consequência, ao longo do tempo, acordos ou dissídios coletivos de trabalho, bem como negociações conduzidas por sindicatos, têm levado as empresas a implementar planos de benefícios de aposentadoria para seus empregados, em complemento à previdência oficial.

A questão contábil que se origina é se os encargos e a respectiva obrigação devem ser reconhecidos no período contábil em que o serviço é prestado pelo empregado ou se os encargos deveriam ser reconhecidos quando os pagamentos dos respectivos benefícios fossem efetuados (mesmo após a aposentadoria, quando o empregado não mais presta seus serviços à empresa). Em muitos países, o princípio adotado é de que a obrigação pode ser razoavelmente estimada (com base em critérios atuariais). Ocorrendo isso, a parcela deveria ser distribuída ao longo do período contábil em que o serviço é prestado pelo empregado, sendo esse procedimento tido como adequado para atendimento do regime de competência.

Um procedimento contábil alternativo é o de reconhecer tais encargos à medida que os pagamentos são realizados, sob argumentação de que existem inúmeras variáveis envolvidas e dificuldades para sua estimativa, tais como: tempo de serviço, restante do valor futuro dos salários, taxa de crescimento de rendimentos salariais do empregado na empresa e a taxa de desconto.

A primeira opção é adotada nos Estados Unidos, na Inglaterra, na Alemanha, na Holanda e no Canadá. Japão, França, Suíça e Itália não exigem a adoção do regime de competência. No Brasil, exige-se a adoção do regime de competência para reconhecimento dos encargos de aposentadoria apenas para as companhias abertas subordinadas à CVM. As demais sociedades por ações não estão sujeitas a tal obrigatoriedade.

O Iasb exige a adoção do regime de competência, ou seja, do reconhecimento dos encargos durante o período contábil em que os serviços são prestados pelo empregado.

Diferença temporal entre o lucro contábil e o lucro fiscal

Na maior parte dos países, o lucro tributável para finalidades de Imposto de Renda diverge do lucro contábil apurado para fins societários. Em alguns casos, essa divergência decorre de diferenças temporais no reconhecimento de receitas e despesas.

O problema contábil que se origina é se os efeitos dessas diferenças temporais decorrentes devem ser reconhecidos no período contábil em que tais receitas e despesas são efetivamente registradas e incluídas na Demonstração de Resultado (fazendo surgir, portanto, a figura do Imposto de Renda Diferido – crédito tributário de provisão exigível) ou se deveriam ser apenas controlados "extrabalanço" nos registros auxiliares destinados à apuração do Imposto de Renda. O Japão e a Alemanha não exigem tal reconhecimento. Estados Unidos, França, Inglaterra, Holanda, Canadá e Itália exigem o reconhecimento das diferenças temporais, total ou sob certas circunstâncias.

As normas brasileiras exigem a contabilização como crédito tributário ou como provisão para Imposto de Renda diferido das diferenças temporais no reconhecimento das receitas e despesas. Já o Iasb "permite", mas não "exige" o reconhecimento das diferenças temporais no lucro contábil e fiscal nas demonstrações financeiras.

Goodwill

Quando uma companhia adquire outra, ou realiza transações de compra e venda de empresas, os valores pagos normalmente são superiores aos valores contábeis escriturados, fazendo surgir o *goodwill*. A questão contábil que se origina é como deve ser tratado o *goodwill*: capitalizado como ativo e amortizado ao longo do tempo – e, nesse caso, em quanto tempo? – ou baixado diretamente contra lucros e reservas no patrimônio líquido.

As divergências entre os países dizem respeito à existência de capitalização e, no caso, em quanto tempo deverá existir a amortização. Adotam a posição de capitalização a Austrália, o Canadá, o Japão e a Nova Zelândia, com prazos máximos de 20, 40, 5 e 20 anos, nessa ordem. A França e os Estados Unidos também optaram pela capitalização, mas sem definição de prazo. A Alemanha e a Inglaterra permitem a capitalização ou o lançamento a débito diretamente contra o patrimônio líquido.

No Brasil, apenas o *goodwill* na forma de "ágio" na aquisição de investimentos é objeto de normatização, devendo ser capitalizado como Ativo Intangível. Entretanto, mesmo nessa operação existe controvérsia se representa, efetivamente, *goodwill*. O Iasb utiliza a capitalização do *goodwill* para amortização em até 20 anos, desde que sujeito ao teste de *impairment*.

Objetivo 7: Vantagens e desvantagens de adotar os IFRS

RAZÕES PARA ADOTAR AS NORMAS INTERNACIONAIS DE CONTABILIDADE DO IASB

Podemos elencar como principais razões para que o Brasil adote as Normas Internacionais de Contabilidade do Iasb:

- Primeiramente, a adoção das Normas Internacionais de Contabilidade fortalece a transparência das informações numa linguagem com significativa redução das incertezas sobre a situação econômico-financeira das empresas.

Determinados critérios de reconhecimento e mensuração (por exemplo, *goodwill*, *leasing*, pesquisa e desenvolvimento, entre outros) podem levar à apuração de lucros conceitualmente diferentes e incomparáveis entre si.

Essa diminuição das incertezas contribuiu para uma redução nas taxas de juros cobradas por instituições financeiras.

- Contribui para redução de cláusulas restritivas em contratos de financiamento junto a bancos e demais instituições financeiras, ou ainda órgãos de fomento público e privado que exigem determinados níveis de indicadores econômico-financeiros como liquidez, endividamento etc.

    Como tais indicadores são calculados com base em números do balanço, a adoção das IFRs tende a mitigar riscos de interpretações "enganosas" sobre a posição econômico-financeira das empresas.

- Melhora a oportunidade para empresas brasileiras se candidatarem a lançar valores mobiliários em Bolsas de Valores no exterior.

    Oportuno lembrar que os investidores estão cada vez mais cautelosos e reticentes em aplicar seus recursos em outros países, tendo em vista o grau de risco que envolve tais negócios. As demonstrações contábeis elaboradas com base nos IFRS tendem a minimizar o risco no julgamento e decisão pelos investidores.

- Tem órgão "avalista" e "garantidor" de última instância, como o Banco Central do Brasil, que já publica suas demonstrações contábeis desde 2004 no padrão IFRS, por exigência do Fundo Monetário Internacional (FMI). O Banco Central do Brasil atua em nome do governo brasileiro como interlocutor em financiamentos de organismos mundiais a países emergentes e só esse fato contribui já para facilitar a linha de acesso a créditos.

Por outro lado, quais seriam as principais dificuldades na efetiva implementação das Normas Internacionais de Contabilidade no Brasil? Em nosso entendimento, as principais dificuldades podem ser assim resumidas:

- O maior mercado de capitais do mundo, e provavelmente o mais desenvolvido e com o qual temos um grande vínculo de interesses econômicos e comerciais, está longe de adotar os padrões do Iasb. Pelo fato de o Fasb (órgão normatizador norte-americano) ser um órgão padronizador "quase internacional" pela sua relevância e robustez, seus padrões acabam exercendo forte influência mundial.

- Faltam treinamento e capacitação dos docentes e, consequentemente, preparação dos nossos alunos. A velocidade com que as alterações vêm sendo introduzidas, aliada à complexidade de suas normas, tem dificultado o processo de ensino-aprendizagem.

- A normatização do Iasb é fortemente baseada em princípios gerais ("filosofia" de como fazer) em vez de regras (detalhamento dos procedimentos

de como fazer). Como a nossa cultura é legalista (*code-law*), com forte detalhamento das regras, conta a ser debitada, a ser creditada etc., a mudança é comportamental e de difícil adaptação a curto prazo.
- Novos conceitos introduzidos nem sempre são fáceis de ser absorvidos, como, *impairment, fair value* (valor justo), ajustes de avaliação patrimonial, entre outros.

ANTES DE PROSSEGUIR

1. Construa um exemplo numérico que explique as diferenças nos tratamentos dos planos de benefícios.
2. Considere que uma empresa faça reavaliação anual de seus ativos. É possível dizer que essa empresa adota o custo como base de valor?
3. Na sua opinião, o que pode contribuir para a existência de diferença temporal entre o lucro contábil e o lucro fiscal?

EXERCÍCIOS

1. A história da Contabilidade apresentada neste capítulo está voltada para a informação destinada ao usuário externo. Você saberia explicar a razão desse viés?
2. O Iasc foi constituído em 1973 por um acordo de nove países. Nos anos seguintes, diversas outras nações se associaram. Mas nenhum país da América do Sul ou da América Central teve representação na entidade, muito embora o Iasc fosse constituído por 140 membros de 104 países. Você saberia explicar os motivos para esse fato?
3. O Brexit é um movimento de saída do Reino Unido da comunidade europeia. A distribuição de assentos nas diferentes estruturas do Iasb é feita seguindo uma distribuição geográfica. Da mesma forma, com a ascensão de Donald Trump à presidência dos Estados Unidos, uma eventual convergência das normas Fasb e Iasb foi postergada para um futuro incerto. Cite mais exemplo de como fatores externos afetam o trabalho do Iasb.
4. Ainda sobre o Brexit, na demonstração contábil do Iasb de 2018, a entidade afirma que a decisão do Reino Unido em sair da União Europeia aumentou a incerteza em fazer negócios na área. Segundo o Iasb, não existe conclusão com respeito às mudanças que ocorrerão nas práticas negociais, e a entidade estaria monitorando os eventos. Qual seria o objetivo desse monitoramento?
5. O ex-presidente da SEC Christopher Cox afirmou que o processo de convergência das normas do Iasb e do Fasb não foi adiante pela falta de interesse dos investidores e das empresas dos Estados Unidos e pela insensibilidade dos membros do Iasb em escutar as críticas do Fasb para as propostas que estavam sendo produzidas em conjunto (KATZ, 2014). No mesmo ano dessa

declaração, a International Federation of Accountants (Ifac) lançou um apelo pela convergência contábil no mundo. Faça uma pesquisa sobre a Ifac. Qual a razão do interesse da Ifac na convergência internacional?

6. Você deve ter notado que o Iasb funciona como colegiado. Liste algumas vantagens desse tipo de estrutura.

7. No relatório anual de 2018, o Iasb listou quatro riscos: (a) de marca – a entidade falhar em proteger a reputação como regulador contábil mundial; (b) geopolítico – referente à decisão do Reino Unido em deixar a União Europeia; (c) de produto – falhar em desenvolver padrões de qualidade; e (d) de infraestrutura tecnológica – que inclui ataques cibernéticos, *phishing*, falha de sistema e de erro humano. Na sua opinião, qual o risco mais importante?

8. A fonte de financiamento para que o Iasb desenvolva suas atividades são as contribuições. Regularmente, o Brasil tem feito doações, via Conselho Federal de Contabilidade (via Fundação de Apoio ao Comitê de Pronunciamentos Contábeis), Banco Central, Petrobras e outras entidades. É o único país da América Latina que tem feito essas doações. Em 2018, das doações recebidas pelo Iasb, 44% tiveram origem nas *Big Four* (25% do total) e na Comunidade Europeia. Quais seriam as possíveis desvantagens dessa concentração de receita?

9. Durante a fase de adoção das Normas Internacionais de Contabilidade no Brasil, os valores pagos em honorários de auditoria pelas 100 maiores empresas brasileiras apresentaram aumento médio de 9% (CUNHA; MELLO; ARAUJO, 2018). O que justificaria esse aumento?

10. Em 2011, o Canadá adotou as IFRS, que preveem o uso do valor justo para ativos biológicos. Ou seja, uma empresa agrícola deve estimar o valor das plantas enquanto elas estão crescendo. Naquele país, existem empresas que produzem *Cannabis sativa*. Uma empresa, a Canopy Growth, registrou margem bruta[2] de 164% em determinado trimestre (OWRAM, 2018). Esse número deve-se ao fato de que o mercado legal do produto ainda não está estabilizado e a norma contábil exige estimativas, como o custo de crescimento, colheita e venda, as receitas projetadas, entre outras. É possível que uma empresa tenha lucro sem ter realizado nenhuma venda do seu produto? Explique como é possível uma margem bruta acima de 100%.

11. Durante a fase de adoção das Normas Internacionais de Contabilidade pelo Brasil, muitos textos, inclusive artigos acadêmicos, indicaram que a adoção das normas internacionais representava um progresso em relação ao sistema contábil existente no Brasil. Tal atitude pode ser considerada uma tentativa de legitimar a adoção da IFRS, assim como sugere um elemento de "complexo de vira-lata" (HOMERO JR., 2017). Discuta a decisão de adoção por parte do Brasil sob esta ótica.

12. Apesar de ter sede em Londres, a Fundação IFRS foi constituída no estado de Delaware, Estados Unidos. Quais seriam as razões dessa escolha?

---

[2] Relação entre lucro bruto e receita da empresa.

REFERÊNCIAS

CUNHA, M. G. F. da; MELLO, L. C. O.; ARAUJO, P. G. L. O impacto das normas internacionais de contabilidade nos honorários dos auditores independentes das companhias brasileiras. *RAGC*, v. 6, n. 22, 2018.

GLEESON-WHITE, J. *Double entry*: how the merchants of Venice shaped the modern world-and how their invention could make or break the planet. Crows Nest: Allen & Unwin, 2011.

HARARI, Y. *Sapiens*. Porto Alegre: L&PM, 2015.

HOMERO JR., P. F. O complexo de vira-latas no discurso acadêmico brasileiro sobre as IFRS. *Sociedade, Contabilidade e Gestão*, v. 12, n. 2, 2017.

JOHNSON, T. H.; KAPLAN, R. S. *Relevance lost:* the rise and fall of management accounting. Boston: Harvard Business Review Press, 1987.

KATZ, D. The slipt over convergence. *CFO*, 17 Oct. 2014. Disponível em: https://www.cfo.com/gaap-ifrs/2014/10/split-convergence/.

MUELLER, G. G.; GERNON, H.; MEEK, G. *Accounting*: an international perspective. Chicago: Richard D. Irwin, 1994.

NOBES, C. A judgmental international classification of financial reporting practices. *Journal of Business Finance and Accounting*, London, Spring 1983.

OWRAM, K. Por Secto gets "audited hallucinations" amid accounting quirks. *Bloomberg*, 24 Jan. 2018. Disponível em: https://www.bloomberg.com/news/articles/2018-01-24/pot-sector-gets-audited-hallucinations-amid-accounting-quirks.

ROBERTS, C.; WEETMAN, P.; GORDON, P. *International financial accounting*: a comparative approach. London: Financial Times: Prentice Hall, 1998.

SOLL, J. *The reckoning*: financial accountability and the rise and fall of nations. New York: Basic Books, 2014.

SUSMUS, T.; DEMIRHAN, D. Creative accounting: brief history and conceptual framework. *In*: Balkans and Middle East Countries Conference on Accounting and Accounting History, 2013. Proceedings…, p. 1-20, 2013.

3
PRINCÍPIOS DE CONTABILIDADE GERALMENTE ACEITOS NOS ESTADOS UNIDOS

OBJETIVOS DE APRENDIZADO

Ao final deste capítulo, você conhecerá:
1. A importância de estudar as normas dos Estados Unidos.
2. Como evoluiu a Contabilidade nos Estados Unidos.
3. O que são os princípios de Contabilidade norte-americanos.

INTRODUÇÃO

Objetivo 1: A importância de estudar a contabilidade dos Estados Unidos

Estudamos, nos dois capítulos anteriores, a importância da padronização contábil e das Normas Internacionais de Contabilidade. Neste capítulo discutiremos os princípios de Contabilidade geralmente aceitos nos Estados Unidos, também conhecidos como *United States' Generally Accepted Accounting Principles* (US GAAP).

Inicialmente, é importante entender a necessidade de conhecer esses princípios, uma vez que existe tendência da adoção das regras do International Accounting Standards Board (Iasb). Apesar da perspectiva de convergência nesse sentido, é importante estudarmos as regras norte-americanas por três motivos. Em primeiro lugar, a economia dos Estados Unidos tem um peso considerável nas transações comerciais e financeiras, o que faz com que o impacto do mercado financeiro seja importante, refletindo-se também na influência das normas contábeis daquele país sobre as demais nações. Em segundo lugar, grandes empresas brasileiras possuem títulos negociados nas bolsas de valores dos Estados Unidos e, como consequência, também devem publicar suas demonstrações contábeis segundo as normas contábeis norte-americanas, o que termina por influenciar as normas brasileiras. Finalmente, o nível elevado de discussão das normas contábeis nos Estados Unidos faz com que seja importante acompanhar as decisões de regulação, por representar uma tendência mundial na Contabilidade. Muitas inovações que hoje são adotadas em vários países ocorreram inicialmente naquele país.

Por esse conjunto de razões, é muito comum, ao se comentar a Contabilidade internacional, fazer referência especial às normas dos Estados Unidos.

> **Objetivo 2:** Conhecer a evolução da Contabilidade dos Estados Unidos

EVOLUÇÃO DA CONTABILIDADE NORTE-AMERICANA

A história da teoria contábil norte-americana tem sua origem no início do século XIX, com a segunda Revolução Industrial, em que a Contabilidade deixou de representar um instrumento de controle da riqueza patrimonial do proprietário para se constituir importante instrumento de prestação de informações para a decisão de diversos usuários.

Essa mudança no enfoque da Contabilidade pode ser explicada por diversos fatores relacionados às mudanças ocorridas na economia dos Estados Unidos: o aparecimento de grandes corporações, que passam a dominar o crescimento e o investimento; o desenvolvimento do mercado de ações; a criação de leis referentes a impostos sobre lucros; o fortalecimento do sistema de crédito bancário; entre outras razões.

O marco inicial da normatização contábil nos Estados Unidos ocorreu com a criação, em 1887, pelo Congresso norte-americano, da Interstate Commerce Commission (ICC). A ICC foi a primeira agência independente que funcionou e seu propósito inicial era regular as ferrovias para assegurar tarifas justas, eliminar a discriminação e outros aspectos da regulação. Sua criação foi resultado do poder das empresas do setor ferroviário naquela época e de uma crença em que as mesmas agiam de maneira descontrolada, abusando do seu poder para impor tarifas injustas. A história dessa comissão é rica nos ensinamentos sobre os esforços do governo em regular um setor da economia.

Para a Contabilidade, a criação do ICC foi importante no sentido de se procurar estabelecer um sistema contábil padronizado. É importante notar que a atuação do ICC, no final do século XIX, decorreu de um problema de distribuição enganosa de dividendos num setor muito relevante, à época, para a Economia. Os administradores das ferrovias distribuíam dividendos enormes, levando os investidores a acreditar que isso seria um sinal dos bons lucros futuros das empresas ferroviárias. Assim, os preços das ações aumentaram de forma especulativa, colocando em risco as operações do setor e causando prejuízo aos investidores.

Junto com a regulamentação pelo ICC, já no início do século XX, ocorreu um aumento nas exigências da Bolsa de Valores de Nova York no que diz respeito à necessidade de entrega e arquivamento das demonstrações financeiras das companhias para proteção dos investidores. Naquele período, a economia dos Estados Unidos apresentava crescimento nas atividades industriais (petróleo, equipamentos agrícolas, metalurgia, borracha, açúcar, entre outras) exigindo cada vez mais atenção do governo com respeito ao surgimento de monopólio em determinadas atividades. Para controlar tal problema, o Congresso aprovou a Lei Antitruste Sherman, em 1890, que recebeu esse nome por ter sido proposta pelo senador John Sherman. A principal aplicação da lei foi contra a Standard Oil, organização controlada pelo milionário John Rockefeller. Apesar de ser inovadora no sentido de inibir a formação de monopólios, essa legislação apresentava uma série de problemas e por tal razão foi substituída pela Lei Antitruste Clayton (do deputado Henry Clayton), em 1914. Tanto a Sherman quanto a Clayton tinham a finalidade de regular a contabilidade societária, bem como proteger os investidores e os consumidores de maneira geral. Neste mesmo sentido, foi criada em 1914 a Federal Trade Commission (FTC) com o objetivo de proteger o consumidor e eliminar práticas de negócios anticompetitivas.

Em virtude de uma crise de confiança no mercado financeiro ocorrida no início do século XX, o Congresso aprovou em 1913 o Federal Reserve Act, e, posteriormente, o Federal Reserve Board (FRB, também conhecido como Fed), que corresponde ao Banco Central norte-americano.

As transformações que relatamos revelam o desenvolvimento institucional norte-americano, com a criação das primeiras entidades voltadas para o estabelecimento de regras societárias. No que diz respeito às entidades profissionais, o marco inicial foi o ano de 1886, quando se contituiu a primeira associação profissional americana de contadores, a Associação Norte-Americana de Contadores Públicos (*American Association of Public Accountants*, AAPA). A AAPA tinha como objetivo a formulação de definições de termos técnicos visando uniformizar a Contabilidade.

A AAPA exerceu forte influência sobre os padrões de Contabilidade norte-americanos. Em 1894, essa associação recomendou que a divulgação do balanço respeitasse a ordem de apresentação dos itens mais líquidos. Em 1910, um comitê foi formado para estabelecer definições uniformes de termos contábeis técnicos e normas do Imposto de Renda.

A legislação do Imposto de Renda exerceu forte influência na evolução dos padrões de Contabilidade. As normas do fisco foram denominadas *Revenue Acts* e receberam numeração de acordo com o ano de aprovação. Geralmente, essas normas estabeleciam as alíquotas de tributação e ajudaram a consolidar o conceito de que o imposto nas empresas deve ser cobrado pela diferença entre receitas e despesas, ou seja, sobre o lucro. Tal conceito foi adotado durante a Guerra Civil, mas só foi usado após a ratificação de uma emenda à Constituição norte-americana, em 1913.

A utilização do lucro como base para a taxação das empresas é importante no desenvolvimento da Contabilidade norte-americana. Entretanto, para que isso fosse possível, era necessário que os procedimentos contábeis fossem mais padronizados. Na época, tanto o FRB quanto a Federal Trade Commission perceberam tal necessidade. Em 1917, o FRB emitiu um documento denominado *Uniform Accounting* (Contabilidade Uniforme), que, apesar do título, era na sua essência um documento de auditoria. Um ano mais tarde, esse documento teve seu título alterado para *Approved Methods for the Preparation of Balance-Sheet Statements* (Métodos Aprovados para a Preparação do Balanço Patrimonial). O documento é relevante, uma vez que marca o início da contribuição da associação entre os contadores e os responsáveis pela regulamentação governamental. Anos depois, em 1929, foi reeditado com a denominação de *Verification of Financial Statements* (Verificação das Demonstrações Financeiras). Seu objetivo principal era ser um guia oficial para o desenvolvimento de trabalhos de auditoria nas empresas que tinham ações negociadas na Bolsa de Valores de Nova York, a partir de 1933.

É importante destacar que, nessa época, surge o livro *Accounting theory*, de autoria de William Andrew Paton, da Universidade de Michigan, que marcou época. Esse mesmo autor produziu, mais tarde, e em conjunto com Ananias Charles Littleton, uma monografia sobre padrões contábeis em que defendem que a Contabilidade deve ser compreendida não somente pelos proprietários, mas também pelos usuários que tenham de tomar decisões baseadas nas demonstrações financeiras.

Um fato econômico crucial foi a quebra da Bolsa de Valores de Nova York em 1929. Para a Contabilidade, esse fato foi importante porque a profissão contábil foi criticada pela falta de uniformidade das práticas contábeis, que propiciavam a adoção de procedimentos flexíveis e, por vezes, contraditórios no mesmo setor empresarial. Isso permitia que empresas apresentassem valores mais convenientes na divulgação de demonstrações financeiras. Os auditores também foram criticados, já que tinham a responsabilidade de expressar sua opinião sobre a adequação das demonstrações financeiras baseada na observância de práticas contábeis aceitas pela profissão. Isso era contraditório, pois não existia então uniformidade de práticas contábeis, sendo incoerente emitir um parecer manifestando a opinião. Nessa linha de raciocínio, cada vez mais se impunha a necessidade da padronização de práticas contábeis, principalmente pela reação dos usuários (investidores, acionistas e credores, em especial) interessados na busca de informações acerca do desempenho das empresas e não das demonstrações financeiras voltadas para atendimento das necessidades internas da administração.

A crise da Bolsa em 1929 abalou a confiança da sociedade com o mercado de capitais. Para ajudar a restabelecer essa confiança, o Congresso norte-americano criou, em 1934, a Securities and Exchange Commission (SEC), órgão equivalente à nossa Comissão de Valores Mobiliários (CVM). Até aquela data, os investidores estavam protegidos por leis estaduais que regulavam a oferta e a venda de títulos para protegê-los de fraudes. Essas leis são conhecidas coloquialmente como *blue sky laws*. No mesmo ano, surge o *Securities Exchange Act*, que regulava o mercado secundário de títulos. É interessante notar que tal legislação considerava obrigação da empresa apurar, de forma precisa, sua Contabilidade e manter um sistema de controle interno suficiente, de acordo com os Princípios de Contabilidade Geralmente Aceitos.

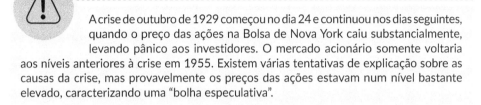

ANTES DE PROSSEGUIR

A crise de outubro de 1929 começou no dia 24 e continuou nos dias seguintes, quando o preço das ações na Bolsa de Nova York caiu substancialmente, levando pânico aos investidores. O mercado acionário somente voltaria aos níveis anteriores à crise em 1955. Existem várias tentativas de explicação sobre as causas da crise, mas provavelmente os preços das ações estavam num nível bastante elevado, caracterizando uma "bolha especulativa".

Por intermédio da *Accounting Series Release* (ASR) nº 4, decidiu-se que a própria profissão seria responsável pela formulação dos princípios contábeis. Esse documento preconizava que a SEC só aceitaria demonstrações financeiras elaboradas de acordo com princípios e práticas contábeis aprovados e aceitos pela profissão contábil.

Percebe-se, portanto, um grande esforço do governo norte-americano de criar instituições capazes de evitar um novo problema no mercado de capitais. Entretanto, esse esforço institucional necessitava também da criação de regras contábeis. Para tal, foram delegados à SEC poderes para desenvolvimento de práticas e princípios de Contabilidade. Em 1936, constituiu-se pelo American Institute of Accounting (AIA) o Comitê de Procedimentos Contábeis – *Committee on Accounting Procedures* (CAP).[1]

Nos primeiros 15 anos de existência, o CAP emitiu 42 boletins de pesquisa contábil – *Accounting Research Bulletins* (ARB), sendo que a maioria dos ARBs foi consolidada no ARB 43. Entre 1953 e 1959, o CAP publicou mais oito ARBs, perfazendo um total de 51 boletins, além de publicar quatro trabalhos referentes à terminologia, denominados *Accounting Terminology Bulletins* (ATB).

Os ARBs tiveram grande importância na prática contábil norte-americana, pois foram as primeiras séries documentais de princípios contábeis dos Estados Unidos. No entanto, foram criticados por não abordarem assuntos contábeis contemporâneos, como *leasing* e combinação de empresas (aquisição e fusão). Outra crítica aos ARBs mencionava o fato de não terem eles força coercitiva.

Apesar disso, alguns ARBs ainda estão em vigor e integrando o conjunto dos princípios contábeis norte-americanos. Representam, em suma, a primeira série de documentos voltados para definição de Princípios de Contabilidade Geralmente Aceitos.

---

[1] Lembrando, por oportuno, que a SEC delegou responsabilidade à profissão contábil, sem prejuízo da própria competência para regulamentação, se assim fosse entendido. Na prática, procedimentos de reconhecimento e mensuração ficam a cargo da profissão contábil enquanto a SEC atua mais na evidenciação (divulgação) ao mercado.

Em 1959, o American Institute of Certified Public Accountants (AICPA) criou o Accounting Principles Board (APB). Esse comitê publicou, de 1962 até 1973, manifestações sobre a Contabilidade denominadas *opinions*. O APB tinha como missão desenvolver uma abordagem conceitual para os princípios contábeis norte-americanos. Nesse sentido, as 31 opiniões emitidas pelo APB, apesar de não terem caráter obrigatório, foram importantes para a construção da estrutura conceitual da Contabilidade daquele país.

O APB foi criticado por algumas inconsistências em seus pronunciamentos – por exemplo, a contabilização de algumas operações de *leasing* em que o bem arrendado poderia ser contabilizado como ativo tanto na arrendatária como na arrendadora simultaneamente. Além disso, o APB sofreu um desgaste muito grande em sua autoridade quando o Congresso, em 1961, aprovou crédito tributário sobre investimentos (*investment tax credit*), permitindo a redução do custo do investimento de uma só vez, ao passo que o APB entendia que tal redução deveria ser feita ao longo da vida útil do investimento. Outro problema com o APB ocorreu quando a Accounting Research Division (Divisão de Pesquisas Contábeis) da própria AICPA passou a figurar como "concorrente", emitindo os *Accounting Research Studies* (ARS). Entre os ARS, o mais polêmico foi o de número 4, de autoria de John H. Myers, que ditava regras contábeis sobre *leasing* com critérios diferentes daqueles considerados pelo APB.

Em 1964, o AICPA decidiu que, a partir do ano de 1965, as diferenças nas demonstrações financeiras em virtude da existência de divergências dos procedimentos contábeis entre a APB e o ARS deveriam ser objeto de evidenciação em notas explicativas ou no próprio parecer dos auditores. Essa posição da AICPA enfraqueceu o processo de evolução da Contabilidade nos Estados Unidos.

Apesar de tais problemas, é importante lembrar a contribuição do APB para a evolução e o desenvolvimento do pensamento contábil. Em especial, merece destaque o APB Statement nº 4, intitulado *Basic concepts and accounting principles underlying financial statement of bussiness enterprises*. O referencial teórico e conceitual desse trabalho contempla, entre outros, diversos aspectos e princípios que estão consagrados até hoje na literatura contábil:

- **Objetivos qualitativos da Contabilidade**: relevância, compreensibilidade, verificabilidade, neutralidade, oportunidade, comparabilidade, inteireza.
- **Aspectos básicos**: entidade contábil; empresa em funcionamento; mensuração de recursos e obrigações econômicos; períodos de tempo; mensuração em termos monetários; regime de competência; preço de troca; aproximação; julgamento; informação financeira para uso genérico; demonstrações financeiras relacionadas; substância acima da forma; e materialidade.

Em 1971, como resposta às críticas ao APB pela falta de trabalho conceitual e ao crescimento da demanda de normas contábeis pelas instituições financeiras, o AICPA formou dois grupos de estudos. Esses grupos ficaram conhecidos pelo nome de seus presidentes: Trueblood Committee, que tratou dos objetivos das demonstrações financeiras, e Wheat Committee.

O Wheat Committee publicou, em 1972, seu parecer propondo nova estrutura para o estabelecimento de normas e padrões contábeis, com a extinção do APB e a criação do Financial Accounting Standards Board (Fasb) para sucedê-lo. Propôs, também, a formação da Financial Accounting Foundation (FAF) e do Financial Accounting Standards Advisory Council (Fasac). A sugestão da comissão foi aceita e em 1973 criou-se o Fasb.

O Fasb é uma entidade privada, sem fins lucrativos, com a finalidade de desenvolver os *Generally Accepted Accounting Principles* (Princípios de Contabilidade Geralmente Aceitos) nos Estados Unidos.

A criação do Fasb significa, na prática, que o AICPA deixa de ter o monopólio na fixação dos padrões de Contabilidade e transfere a responsabilidade pela determinação dos Princípios de Contabilidade Geralmente Aceitos para o Fasb, mas mantém a função de determinar os padrões em áreas como ética profissional e controle de qualidade dos trabalhos dos contadores, entre outras.

O Fasb, embora opere sob supervisão do FAF, segue, mesmo que de forma independente, as orientações de oito organizações: American Accounting Association (AAA); American Institute of Certified Public Accountants (AICPA); Association of Investment Management and Research; Financial Executives Institute; Institute of Management Accounting; Securities Industry Association; Government Finance Officers Association; e National Association of State Auditors, Controllers, and Treasurers.

É muito comum pensar que o Fasb é o órgão que emite normas contábeis para as empresas dos Estados Unidos. Na realidade, o Fasb emite normas que são acatadas pela SEC para as companhias com ações negociadas na bolsa de valores. No caso da SEC, que regula o mercado de capitais dos Estados Unidos, deve-se destacar o papel o *chief accountant*, que é responsável pelas questões de contabilidade e auditoria, sendo o principal conselheiro da comissão sobre esses assuntos.

Com a crise da bolha da internet, o escândalo da falência da Enron e o envolvimento da empresa de auditoria Arthur Andersen, em 2002 o Congresso dos Estados Unidos promulgou a *Sarbanes-Oxley Act* ou *Sarbox*. Entre diversos aspectos inovadores dessa legislação está a criação do Public Company Accounting Oversight Board (PCAOB), que corresponde a uma entidade destinada a supervisionar o trabalho das empresas de auditoria, visando proteger os investidores. Pela primeira vez, os auditores dos Estados Unidos passaram a ter uma supervisão externa e independente. Antes disso, o trabalho do auditor era autorregulado pelo AICPA.[2]

Em 2012, a Financial Accounting Foundation (FAF) aprovou a criação do Private Company Council (PCC). Esta entidade tem como função identificar quais normas do Fasb serão usadas para as empresas de capital fechado. O PCC corres-

---

[2] Não temos no Brasil um órgão similar ao PCAOB.

ponde a um grupo consultivo, vinculado ao Fasb. Além do PCC, ainda existem os grupos consultivos relacionados com entidades sem fins lucrativos (Not-for-profit Advisory Committee – NAC, que será comentado no Capítulo 11 deste livro), com pequenas empresas (Small Business Advocacy Council – SBAC), com o investidor (Investor Advisory Committee – IAC), com temas emergentes (Emerging Issues Task Force – EITF) e um conselho consultivo de normas (Fasac), todos vinculados ao Fasb.[3]

ANTES DE PROSSEGUIR

O American Institute of Certified Public Accountants (AICPA) possui mais de 350 mil membros, sendo responsável pela certificação do contador nos Estados Unidos. Essa certificação é conhecida como *Certified Public Accountants* (CPAs). Além disso, o AICPA também atua na contabilidade pública.

Nos últimos anos, um dos grandes temas da Contabilidade dos Estados Unidos diz respeito à convergência contábil com as normas internacionais de contabilidade emanadas pelo Iasb. De um lado, existem declarações de que as empresas daquele país irão adotar no futuro as International Financial Reporting Standards (IFRS) e diversos estudos conjuntos estão sendo realizados hoje entre o Fasb e o Iasb. Isso significa que o maior mercado acionário do mundo faria a convergência contábil. Por outro lado, o processo de convergência tem enfrentado resistências.[4] Entre os aspectos apresentados para não se fazer a convergência, destacam-se os seguintes:

- **Aspecto político**: a adoção das normas do Iasb representa delegar para uma entidade estrangeira as normas contábeis. Mesmo com a elevada participação dos representantes dos Estados Unidos no Iasb, conforme mostrado no capítulo anterior.
- **Questão de qualidade**: argumenta-se que as IFRS possuem qualidade inferior às normas dos Estados Unidos. Uma das razões para que isso ocorra diz respeito à longa experiência regulatória desse país.
- **Aspectos jurídicos**: existe uma cultura litigiosa nos Estados Unidos. Nesse sentido, normas detalhadas ajudam nos processos judiciais. Já as IFRS, por estarem baseadas em "princípios", poderiam aumentar a complexidade das questões legais vinculadas à Contabilidade.

---

[3] Um aspecto importante é que, além do Fasb, está vinculado ao FAF o Governmental Accounting Standards Board (GASB), que trata dos padrões na área pública. Assim, o escopo do FAF pode ser considerado maior que o da Fundação IFRS.

[4] A resistência à adoção das normas internacionais tem sido discutida principalmente nos jornais e em algumas páginas da internet. Alguns desses aspectos são apresentados na página www.contabilidadefinanceira.blogspot.com, que recomendamos.

- **Interesses específicos**: alguns interesses específicos, potencialmente prejudicados com as IFRS, influenciam as discussões. É o caso da adoção do método último a entrar, primeiro a sair (UEPS) na avaliação dos estoques, adotado nos Estados Unidos, mas não permitido nas IFRS. A convergência poderia aumentar a carga tributária de algumas empresas que usam o UEPS como avaliação dos seus estoques.

Essas mudanças poderão provocar alterações significativas na educação e nas atividades de pesquisa, conforme destaca Barth (2008). Apesar de, no passado, a SEC ter estabelecido 2014 como data para adoção dos padrões IFRS para as empresas dos Estados Unidos, documento da SEC divulgado em meados de 2012 não faz nenhum comentário sobre a existência de prazo para convergência. Isso é um sinal de que, pelo menos por enquanto, não existe projeto firme de convergência por parte da SEC.

O Quadro 3.1 apresenta um resumo das fases históricas da Contabilidade norte-americana.

Quadro 3.1 Fases históricas da Contabilidade norte-americana

Data	Denominação	Comentários
1492-1775	Da descoberta à Revolução	Encerra-se como período colonial
1776-1826	Formação da economia nacional	Início da contabilidade de custo
1827-1865	Início da corporação norte-americana	Primeiros relatórios
1866-1896	*Gilded age*	2ª Revolução Industrial
1897-1918	A formação da profissão contábil	Taylorismo
1919-1945	Período das guerras	Determinação do lucro
1946-1972	Expansão e controvérsia: idade da incerteza	Processo de padronização
1973-2002	Contabilidade e mercado global	Fasb
2002-	Sarbox	

Objetivo 3: Os Princípios de Contabilidade Geralmente Aceitos nos Estados Unidos

PRINCÍPIOS DE CONTABILIDADE GERALMENTE ACEITOS NORTE-AMERICANOS (*US GAAP*)

A evolução histórica apresentada anteriormente mostrou a existência de um desenvolvimento contínuo e progressivo na busca de princípios contábeis norte-americanos (US GAAP). Os US GAAPs são regras, práticas e procedimentos contábeis utilizados para elaborar as demonstrações financeiras. Nos Estados Unidos, assim como em outros países que praticam o sistema *common law*, o governo não interfere nessas regras, pois acredita-se que o setor privado tem mais competência e recursos para tal. Em outras palavras, o US GAAP não corresponde a uma **lei**, muito embora a SEC os exija para as empresas abertas.

> **ANTES DE PROSSEGUIR**
>
> O sistema *common law* deve ser visto como oposto ao *regulatory law*. Este último sofreu influência do Direito Romano, do estudo nas universidades europeias e do Código Napoleônico. O Brasil é um exemplo de país que segue o *regulatory law*. Já o *common law* reflete a experiência de julgamentos em casos reais. Os Estados Unidos e outros países que foram colônias britânicas utilizam o *common law*.

Os Princípios de Contabilidade norte-americanos incorporam convenções, regras e procedimentos necessários para definir práticas contábeis aceitas, não se limitando a serem guias de aplicação genérica, mas partindo para o detalhamento.

Codificação das normas

Em 2009, o Fasb modificou o sistema de codificação das normas emitidas. Anteriormente, as normas eram numeradas em ordem de emissão, critério seguido pelo Iasb nos dias atuais. Já tendo emitido 168 *Statements*, o Fasb instituiu o *Accounting Standards Codification* e o *Hierarchy of Generally Accepted Accounting Principles*, incluindo toda normatização contábil e reorganizando os pronunciamentos em cerca de 90 tópicos, em uma estrutura única. A codificação não alterou as normas, mas deu nova organização, mais acessível para a pesquisa, reduzindo o tempo e o esforço exigido na pesquisa.

As normas foram separadas em nove áreas (princípios gerais, apresentação, ativos, passivos, patrimônio líquido, receitas, despesas, transações amplas e indústria[5]), codificadas com três dígitos. Desse modo, a área princípios gerais recebeu a numeração "100" e assim por diante. Dentro de cada área, estão 16 seções: condição ou *status*, visão geral e experiência, objetivos, escopo e exceção do escopo, glossário, reconhecimento, mensuração inicial, mensuração subsequente, desreconhecimento, outros assuntos de apresentação, evidenciação, guia de implementação e ilustração, relacionamentos, transição e data de efetivação, orientação e elementos da linguagem XBRL. Assim, ao se pesquisar a área de ativo (número 300), o item 20 corresponderá ao glossário associado à área do ativo. A norma de receita de contrato, por exemplo, recebeu a numeração 606, sendo 600 a área de receita.

A sistematização das normas por tal sistema é muito mais racional que a numeração sequencial adotada no Brasil pelo Comitê de Pronunciamentos Contábeis (CPC) e pelo Iasb. Nessas duas entidades, a numeração segue a ordem de emissão, o

---

[5] Os dois últimos termos são *broad transactions* e *industry*.

que, com o passar do tempo, perde o sentido para quem está estudando as normas. Por exemplo, a norma IFRS 9, de instrumentos financeiros (ou CPC 48 no Brasil), é precedida, em numeração, da IFRS 8, que trata de informação por segmento.

EXERCÍCIOS

1. Uma busca pelos padrões instituídos pelo Fasb desde sua criação revela que o primeiro foi sobre transações com moeda estrangeira, em dezembro de 1973. Até 2009 foram 4,6 padrões por ano, sendo o último, de número 168, emitido em 2009. Os anos mais produtivos foram entre 1979 e 1982, quando se emitiram 47 padrões. Seria possível tirar algumas conclusões sobre estas informações?

2. Algumas das mudanças que ocorreram na Contabilidade dos Estados Unidos foram originárias de uma crise de confiança. Cite pelo menos dois eventos nos quais isso ocorreu.

3. XBRL (*eXtensible Business Reporting Language*) é uma linguagem baseada em XML e tem sido usada como padrão de entrega das demonstrações contábeis para a SEC, mas ainda não é regra em muitos outros mercados. Discuta a importância da XBRL para a Teoria da Contabilidade.

4. A Contabilidade adota as normas dos reguladores. Nos Estados Unidos, essas normas seriam emitidas pelo Fasb. Mas a empresa pode divulgar outras medidas de desempenho. Muitas empresas aproveitam essa possibilidade para divulgarem medidas não GAAP ou medidas que estão fora dos princípios contábeis geralmente aceitos. Diversos estudos mostraram que tais medidas apresentam resultados melhores que o apurado segundo a norma do Fasb. Executivos que divulgam essas medidas não GAAP recebem mais do que os valores usando os princípios contábeis. Discuta os incentivos para divulgação de medidas não GAAP.

5. Desde o acordo de Norwalk, Fasb e Iasb trabalharam juntos em alguns projetos contábeis: estrutura conceitual, instrumento financeiros, *leasing*, reconhecimento da receita e seguros. Entretanto, recentemente os dois reguladores não fizeram mais nenhum trabalho conjunto. No ano de 2018, o Fasb começou a estudar a possibilidade de se ter um capítulo adicional na estrutura sobre notas às demonstrações. Ademais, essa entidade também está trabalhando na definição de materialidade. Como isso pode afetar a convergência contábil internacional?

6. No capítulo anterior, mostramos que a principal fonte de receita do Iasb eram as doações (veja o exercício 8 do capítulo). Em 2018, a principal fonte de receita foram *support fees* (67%) e publicações (33%). O volume de receitas foi de 55,7 milhões de dólares (*versus* 31 milhões de libras do Iasb). Discuta a diferença de captação de recursos e, se for o caso, a influência sobre as normas. Use também as informações do Capítulo 2.

7. Ainda sobre a comparação do Fasb com o Iasb, você pode notar que o Fasb possui grupos consultivos para tratar de assuntos específicos como pequena

empresa ou terceiro setor. Já a Fundação IFRS funciona com o *Board*, um conselho consultivo e o comitê de interpretação. Na sua opinião, essa diferença na estrutura altera a forma de atuar do Fasb? Não deixe de levar em consideração a diferença de escopo entre as duas entidades.

8. Desde 1992, o cargo de contador-chefe da SEC tem sido ocupado por pessoas originárias de uma das grandes empresas de auditoria (*Big Four*) (LEVINSON, 2015). Além disso, muitos presidentes da SEC também são originários das *Big Four* ou tiveram relação com essas empresas de auditoria. Quais seriam as vantagens e desvantagens de tal escolha?

9. Durante a crise de 2008, o Fasb e o Iasb criaram o Financial Crisis Advisory Group para tentar responder sobre o futuro contábil diante da crise financeira de 2007 a 2010. Esse órgão era composto por líderes em finanças. Em 2009, o grupo publicou um relatório indicando que o Fasb e a SEC tinham sido pressionados para proteger as instituições financeiras. Havia também a pressão do G20, grupo de países criado para promover a estabilidade financeira internacional, no sentido de mudar as regras contábeis. Algumas pessoas acreditam que, ao se divulgar resultado ruim durante uma crise financeira global, pode-se exacerbar ainda mais esta crise. Como isso poderia ocorrer? Você concorda?

10. O acordo de Norwalk permitiu que Fasb e Iasb fizessem alguns projetos conjuntos. Com o término desses projetos, o Fasb tem participado somente do Accounting Standards Advisory Forum (Asaf), que é um fórum consultivo. Apesar de reunirem-se com regularidade, no relatório anual em que divulga o que foi feito pela entidade e os planos futuros, o Iasb citou o Asaf somente uma vez. Já o Fasb, também no seu relatório anual de 2018, sequer citou sua participação. Isso seria um bom ou mau sinal para a convergência internacional?

11. O PCC seria responsável por emitir normas contábeis para empresas de capital fechado. O seu trabalho é principalmente verificar se as normas emitidas pelo Fasb são apropriadas, ajudando a reduzir o custo da informação e a sua complexidade, sem prejudicar a qualidade. Imagine uma entidade similar no Brasil, atuando nos pronunciamentos do CPC. Você poderia exemplificar como ocorreria?

REFERÊNCIAS

BARTH, M. Global financial reporting: implications for US Academics. *The Accounting Review*, v. 83, n. 5, 2008.

LEVINSON, C. Accounting industry and SEC hobble America's audit watchdog. *Reuters Investigates*, 2015. Disponível em: https://www.reuters.com/investigates/special-report/usa-accounting-PCAOB/.

PREVITS, G.; MERINO, B. *A history of accounting in the United States*. Columbus: Ohio State University Press, 1998.

4

A EVOLUÇÃO DA CONTABILIDADE NO BRASIL E O SURGIMENTO DO ARCABOUÇO TEÓRICO

OBJETIVOS DE APRENDIZADO

Ao final deste capítulo, você conhecerá:
1. A história da Contabilidade no Brasil.
2. Quando o termo *princípios contábeis* surgiu na história da Contabilidade brasileira.
3. As duas estruturas conceituais que influenciaram a Contabilidade recente.
4. A questão do reconhecimento da receita das incorporadoras.

Objetivo 1: Conhecer a história da Contabilidade no Brasil

INTRODUÇÃO

Evolução histórica da Contabilidade no Brasil

Apesar da existência de pesquisas históricas pontuais, ainda se carece de um levantamento mais abrangente sobre a história da Contabilidade brasileira. Esta seção é uma tentativa de apresentação didática dos principais fatos que ocorreram, do período da descoberta até os dias de hoje. Conforme destacado por Peleias *et al.* (2007), a pesquisa histórica identifica, resgata e analisa fatos relevantes da evolução da sociedade. Percebe-se uma ausência de pesquisas mais aprofundadas sobre o tema no Brasil.

Para expor esse tema, os autores resolveram dividir a história em oito grandes períodos. Tal divisão é muito mais para exposição didática do tema. Para fazer a divisão, optou-se por escolher alguns fatos marcantes que pudessem fazer a segregação em cada uma das fases.

O primeiro período é denominado aqui de primórdios, que compreende o período do descobrimento, a colonização, a chegada da Família Real em 1808, a Independência, o Primeiro Reinado, as regências e parte do Segundo Reinado. O período termina em 1850, quando foi promulgado o Código Comercial. O segundo período corresponde à estruturação de um ambiente de negócios, advinda da aprovação do Código Comercial, e aos primeiros passos no reconhecimento profissional. Durante esse período, o país teve importantes avanços na estrutura legal. O terceiro período foi marcado pelo surgimento dos cursos técnicos, além de avanços expressivos em áreas específicas, como auditoria e contabilidade pública. Começa quase que simultaneamente ao início da república, em 1891, terminando com o primeiro congresso da área. O período seguinte, denominado de busca da regulamentação profissional, corresponde ao fim da república velha e ao governo ditatorial de Getúlio Vargas. Nesse período, ocorre um amadurecimento da profissão, que inclui a discussão sobre seu papel e culmina com a criação do Conselho Federal de Contabilidade (CFC). O quinto período começa com a normalização democrática do governo Dutra (1946) e finaliza com a edição de diversas normas em 1972. Nessa etapa, diversas normas tentaram melhorar a padronização das informações contábeis em diversos setores. A crise da bolsa de valores de 1971 fez com que o governo militar editasse uma série de normas, o que dá início ao sexto período. Apesar de a Lei nº 6.404/1976 ser a norma mais conhecida, a pesquisa histórica mostra que esta foi antecedida por uma série de medidas do Conselho Monetário Nacional e do Banco Central do Brasil. O período é marcado, no entanto, por um aumento generalizado de preços, que irá demandar soluções importantes por parte da Contabilidade nacional. O sétimo período inicia-se com o Plano Real e a proibição de correção monetária das demonstrações contábeis. É também um momento da retomada do uso da contabilidade de custos. Finalmente, o oitavo período começa com a criação do Comitê de Pronunciamentos Contábeis e a posterior decisão de adoção das normas internacionais de Contabilidade. O Quadro 4.1 apresenta o resumo dessas fases históricas.

Quadro 4.1 Resumo das fases históricas

Período	Data	Fato que marcou o término	Características
Primórdios	de 1500 a 1850	Aprovação do Código Comercial	Lentidão na adoção das técnicas contábeis; educação contábil não estruturada; contabilidade para o gestor; predomínio das partidas simples
Estruturação do ambiente de negócios	1851 a 1891	Criação do curso técnico	Primeiros escândalos; primeiras obras nacionais; primeira lei das sociedades por ações; primeira associação de classe; Contabilidade ensinada logo após a alfabetização

Período	Data	Fato que marcou o término	Características
Curso técnico	1892 a 1924	Primeiro congresso científico nacional	Adoção das partidas dobradas no setor público; início dos trabalhos de auditoria
Busca da regulamentação da profissão	1924 a 1945	Criação do Conselho Federal de Contabilidade	Congressos científicos; imposto sobre o lucro; organização do ensino contábil
Normatização	1946 a 1971	Resoluções do CFC, CMN; Banco Central antecipa a mudança na Lei das S.A.	Começa o debate sobre padronização (inclusive internacional); troca de experiências com o exterior; criação da pós-graduação
Inflacionário	1972 a 1994	Redução drástica da inflação com o Plano Real	Ambiente econômico confuso, com reflexo na Contabilidade; expansão do ensino superior; discussão sobre a estrutura conceitual
Contabilidade de custos	1995 a 2007	Criação do Comitê de Pronunciamentos Contábeis	Retomada do uso da contabilidade de custos; expansão da pós-graduação; (re)aproximação com outros países
Normas internacionais	2008 até o presente		Adoção das normas internacionais de contabilidade; fortalecimento das pesquisas empíricas relacionadas com o mercado acionário; institucionalização do CPC

A seguir descreve-se, com mais detalhes, cada um dos períodos.

Primórdios (1500-1850)

Por ser o período mais longo de tempo, subdividiu o mesmo em três subperíodos. O primeiro vai do descobrimento até a criação das Aulas de Comércio em Portugal, com a publicação da primeira obra sobre Contabilidade em língua portuguesa; o segundo inclui a chegada da Família Real ao Brasil, a primeira evidenciação contábil para o público externo no nosso país, terminando com a Independência do Brasil; e o último é marcado pelas discussões que resultaram no Código Comercial de 1850.

Do descobrimento à Aula de Comércio e primeira obra (Bonavie) (1500-1758)

Conforme comentamos no Capítulo 2, a obra de Luca Pacioli, a *Summa*, representa um marco importante na história da Contabilidade. A obra foi traduzida, copiada e adaptada em diversas línguas. Talvez por uma fatalidade histórica, a obra de Pacioli, com o método das partidas dobradas, só foi traduzido para o português no século XVIII. Na época do descobrimento do Brasil, as obras publicadas em língua portuguesa eram geralmente de cunho religioso ou patriótico. Em 1519, Gaspar Nicolas faz uma "tradução" do livro de Pacioli, numa obra denominada

Tratado da prática d'arismetica. Esta foi a primeira obra de matemática publicada em língua portuguesa, muito usada na época, com mais de dez impressões, sendo a última em 1716. Entretanto, Nicolas não traduziu o capítulo sobre o método das partidas dobradas existente no livro de Pacioli.

No século XVI, Simon Stevin (1548-1620) tem conhecimento do livro de Pacioli e torna-se um entusiasta do mesmo. Stevin divulgou o método das partidas dobradas, em um livro com perguntas e respostas, e publicou na Holanda o primeiro livro de contabilidade pública do mundo. Por instigação de Stevin, o príncipe Maurício de Nassau adotou o método na administração do governo dos territórios (GLEESO--WHITE, 2012). Como Nassau governou parte do Brasil durante a invasão holandesa no Nordeste, é provável que a adoção das partidas dobradas tenha ocorrido no Brasil durante esse período, no século XVII. Entretanto, com a expulsão holandesa, a influência de Pacioli e seu discípulo desapareceu com o tempo.

Na língua portuguesa, o método das partidas dobradas aparece somente em 1758, ou seja, 264 anos após a publicação da *Summa* de Pacioli. Esse grande atraso pode ser justificado pela excessiva centralização na publicação de livros existente em Portugal, onde eram necessárias licenças do Santo Ofício e do Rei. Assim, uma pesquisa no catálogo da Biblioteca Nacional de Portugal mostra a presença de mais de mil títulos no século XVI e o dobro no século seguinte, mas nenhum deles referente à Contabilidade. Somente com as reformas conduzidas pelo Marquês de Pombal, em meados do século XVIII, incluindo a criação da Aula de Comércio em 1759 – uma escola que incluía ensinamentos de Contabilidade e comércio –, é que foi possível a publicação da primeira obra sobre as partidas dobradas: *Mercado Exacto nos seus livros de contas ou Methodo Facil para qualquer mercador, e outros arrumarem as fuas contas com a clareza neceffaria, com feu Diario, pelos princípios das Partidas dobradas, fegundo a determinação de Sua Mageftade*. Essa obra é de 1758 e de autoria de João Baptista Bonavie. O livro possui cerca de 150 páginas, muito menos que a obra de Pacioli, mas trata somente das partidas dobradas.

Ainda sobre a Aula do Comércio, é importante notar que foi um estabelecimento de ensino técnico e seu um curso tinha duração de três anos. Durante o período que antecede a chegada da Família Real ao Brasil, é importante salientar a existência de situações isoladas nas quais a Contabilidade era adotada. Caldeira (2009) relata o ensino particular da Contabilidade para a filha de um rico comerciante paulista. Álvaro (2013) mostra o caso da Companhia Geral de Comércio de Pernambuco e Paraíba, entre os anos de 1760 e 1775, e a influência da Aula de Comércio na qualificação dos comerciantes portugueses no método das partidas dobradas, não sendo a regra geral de um momento histórico marcado pela estagnação contábil, mas casos isolados.

Da Aula de Comércio à Independência (1759-1822)

No início do século XIX o imperador francês Napoleão Bonaparte invadiu Portugal, provocando a vinda da Família Real para o Brasil. Com a chegada da corte portuguesa, não somente ocorreu um grande desenvolvimento econômico como também aumentou o fluxo de conhecimento contábil na colônia.

Antes disso, o rei português tinha adotado uma série de medidas, que incluía a criação do Erário em Portugal, numa tentativa de melhor organizar as finanças públicas. No ano da chegada da corte ao Brasil, assinou uma medida incluindo o método das partidas dobradas na contabilidade pública. Apesar da existência legal de tal obrigação, é importante salientar que essa foi mais uma norma que não saiu do papel. Nos anos posteriores, outras normas também tratam da adoção do método de Veneza na Contabilidade, mas o que se observa é que sua adoção prática somente ocorreu um século depois, inicialmente no Paraná. Assim, a obrigatoriedade da adoção das partidas dobradas na contabilidade pública quando da chegada do rei D. João VI ao Brasil é muito mais uma curiosidade histórica, não influenciando em nada a prática contábil nessa área.

A chegada da Família Real, no entanto, aumentou a atividade econômica da colônia. Por consequência, aumentou a procura por profissionais com conhecimento de escrituração. Os jornais da época publicaram anúncios solicitando (ou ofertando) profissionais com boa caligrafia e conhecimento de partidas dobradas ou simples e de línguas estrangeiras. A caligrafia era relevante já que, na época, toda a escrituração era manual. Da mesma forma, o método das partidas dobradas era uma novidade, sendo comum encontrar a Contabilidade realizada pelas partidas simples ou singelas.

Outro aspecto importante decorrente da presença da Família Real no Brasil foi a chegada de exemplares de obras publicadas em Portugal. Essas obras foram, durante muitos anos, uma forma relevante de difusão do conhecimento da área.

Também naquela época apareceram as primeiras evidenciações contábeis. Em março de 1812, a Livraria Publica apresentou as informações de receitas e despesas, tendo uma linha com os doadores e três itens de despesas: salários, compras e despesas diversas. Também se divulgou, em 1813, a prestação de contas do Theatro São João. Esse teatro estava localizado em Salvador, onde hoje é a Praça Castro Alves. Para sua construção, foram realizados sorteios de loteria. Em 1815, o seu tesoureiro publicou em jornal a conta de "Receitas e Despesas" referente ao ano anterior, onde é possível notar que os sorteios da loteria representavam a principal fonte de recursos para a entidade. Nos dois casos, eram entidades do terceiro setor, tendo como responsável pela Contabilidade Manoel José de Mello.

Brasil Império (1822 a 1850)

A Independência não trouxe alterações profundas na Contabilidade brasileira. Em 1831, o governo imperial publicou uma lei que tentava organizar o tesouro. O termo *escrituração* e seus derivados foram citados 22 vezes nos 118 artigos da lei. Essa norma incluía a menção ao Livro Diário e ao Livro Mestre. Também obrigava o uso do "método mercantil" para escrituração, que correspondia ao método das partidas dobradas. Foi a primeira norma do Brasil independente sobre a Contabilidade.

Entretanto, como se afirmou anteriormente, as partidas dobradas na contabilidade pública somente foram adotadas no século XX.

Em 1835, um relatório do Ministério do Império destacava a necessidade de se fazer um conjunto de leis que garantisse o desenvolvimento do país. Esse relatório provocou discussão sobre a necessidade de um Código Comercial, fato que ocorreu 15 anos depois, baseado na legislação de países europeus. O Código é o primeiro reconhecimento legal da existência de um profissional responsável pela Contabilidade nas empresas. Dispunha que os lançamentos nos livros realizados pelo guarda-livros ou caixeiros encarregados da escrituração e Contabilidade teriam o mesmo efeito como se fossem escriturados pelos preponentes.

Além disso, trazia detalhes sobre a constituição de diferentes tipos de sociedade, com grande destaque e detalhamento para a atividade marítima. O Código trazia detalhes de como seria a Contabilidade das empresas, obrigava a manutenção da escrituração, de um balanço geral, com ativo e passivo. A norma apresentava uma das primeiras definições de ativo, que compreenderia "todos os bens de raiz, móveis e semoventes, mercadorias, dinheiros, papéis de crédito e outra qualquer espécie de valores, e bem assim todas as dívidas e obrigações passivas; e será datado e assinado pelo comerciante a quem pertencer". A nova norma obrigava a manutenção do diário e do copiador de cartas, no qual se copiavam as correspondências, além de contas e faturas. É interessante notar que a obrigatoriedade desse "copiador de cartas" só foi abolida mais de 100 anos depois.

Estruturação do ambiente de negócios (1851 a 1891)

A existência do Código Comercial permitiu uma melhora no ambiente de negócios no Brasil e incentivou um conjunto adicional de normas, com influência sobre a Contabilidade brasileira. Além disto, surgiu em 1858 um primeiro esboço de uma norma sobre sociedade por ações, mediante o Decreto nº 2.484. Tal norma obrigou as empresas de navegação a vapor entre Rio de Janeiro e Niterói a divulgar anualmente o balanço da receita e da despesa, tendo um profissional para escrituração. Mas essa não foi a única norma que antecedeu a legislação societária e que tratou de questão contábil. Um ano depois, a contabilidade dos defuntos e ausentes ganhava norma própria, com a citação de quatro livros: de registro dos inventários, dos termos de leilão, do razão e de receita e despesa. Nesse mesmo ano de 1859, o Decreto nº 2.457 tratou da evidenciação contábil dos bancos e sociedades anônimas. Era uma norma bem rigorosa, com a exigência de que no primeiro dia da semana os bancos, incluindo suas filiais e agências, deveriam encaminhar uma série de informações ao governo, tais como o capital e reserva, o fundo disponível, o movimento das contas-correntes, entre outras informações. As sociedades anônimas deveriam encaminhar informações mensalmente ao governo.

A Lei nº 1.083, de 1860, é considerada por alguns autores como a primeira lei das sociedades por ações (Iudícibus; Ricardino Filho, 2002). Mas isso talvez seja um exagero, já que a norma possuía somente oito artigos e mostrava mais preocupação com o sistema financeiro do que com as sociedades anônimas. A lei obrigava que a entidade tivesse aprovação do governo para funcionar e a evidenciação das informações contábeis. A principal consequência dessa lei foi um conjunto extenso de regulamentações que incluía a obrigação de entrega ao governo de balanços e outros documentos (Decreto nº 2.679), a fiscalização dos bancos (2.680), o funcionamento dos bancos (2.685), a aprovação dos estatutos dos bancos e outras sociedades anônimas (2.686), a falência (2.691), a atividade de penhores (2.692), a emissão de bilhetes e outros títulos ao portador (2.694) e a criação e organização dos bancos, sociedades anônimas e outras empresas (2.711). Todas estas normas eram de 1860, mesmo ano da Lei nº 1.083. Isso mostra que tal grupo de normas, em conjunto com o Código Comercial e a Lei nº 1.083, poderia ser considerado uma primeira tentativa de se ter um arcabouço legal para o funcionamento das empresas no país.

Um conjunto de normas, porém, não surge ao acaso. Com efeito, esse arcabouço jurídico é decorrência não somente dos avanços da economia brasileira do período como também dos escândalos que estiveram presentes naquele momento. Ao mesmo tempo, num *efeito demonstração*, em outros países também se observava um esforço no sentido de criar mecanismos legais que oferecessem proteção ao investidor contra os abusos dos desonestos e a tirania dos governantes.

Dentre as diversas normas do período, destacamos o Decreto nº 2.679, de 1860. Apesar de estar focado nas atividades bancárias, essa norma foi muito relevante para a Contabilidade, pois é a primeira norma mais detalhada sobre Contabilidade no Brasil. No primeiro artigo, determinou que o prazo para os bancos (filiais e agências) publicarem o balanço mensal iria até o dia 8 do mês seguinte. Uma cópia deveria ser encaminhada para o presidente da província e para o Ministério da Fazenda. O texto do artigo 1º tratava do relatório de administração e das comissões de exame das contas. O artigo 2º indicava que, para as sociedades anônimas, a publicação seria semestral ou no prazo previsto nos estatutos. Além disso, deveriam encaminhar cópia às secretarias de estado. Não estavam abrangidas na obrigatoriedade de publicação as associações religiosas e "corporações de mão morta".

Ao mesmo tempo em que esse período observou grande desenvolvimento do arcabouço legal, uma série de transformações também ocorria na educação contábil, com a sua expansão. Uma característica importante da época é que as noções básicas de Contabilidade eram ensinadas na instrução primária: juntamente com a leitura e a escrita, ensinava-se Contabilidade. Também era possível notar uma descentralização desse ensino, com desenvolvimentos interessantes nas províncias. Um exemplo ocorreu com a Lei Provincial nº 414, de 1857, que criou o *Curso Commercial Pernambucano*. Esse curso possuía três disciplinas, sendo uma delas Contabilidade, Escrituração e Prática de Operações Comerciais.

Isso, de certa forma, divergia do que tinha ocorrido um século antes em Portugal, onde se criou a Aula de Comércio. No Brasil, o ensino da Contabilidade esteve mais associado à iniciativa de alguns professores e estabelecimentos de ensino. No período de 1851 a 1891, ocorreu uma forte expansão da oferta de livros de Contabilidade, vários deles importados de Portugal, como é o caso do *Curso commercial* de Rodrigo Affonso Paquito, com mais de 500 páginas. Mas também merecem destaque obras nacionais, como o *Compendio mercantil brasileiro*, que prometia que em um mês o leitor poderia ser um profissional contábil.

Essa expansão teve reflexo na organização da classe. Em 1860, foi criado o Club dos Guarda-livros, a primeira associação brasileira dos profissionais que trabalhavam com Contabilidade. Trata-se de um fato extraordinário já que no mundo a primeira associação de profissionais de que se tem notícia foi a Society of Accountants da Escócia, criada seis anos antes. Logo após sua criação, em 1862, o Club passa a denominar-se Circulo Commercial. Entre os seus objetivos estavam estudar os "usos e costumes das diversas praças mercantis" e adotar o que houver de "melhor nas praças estrangeiras". Também procurava uniformizar a escrituração contábil. Assim, o Club dos Guarda-livros representou um grande avanço para época, antecipando entidades como o Comitê de Pronunciamentos Contábeis (CPC). Em 1874, surge a *Revista da Associação dos Guarda-livros*, com periodicidade mensal, que durou pouco mais de dois anos.

É importante notar que o profissional da Contabilidade era denominado "guarda-livros", que corresponderia ao técnico em Contabilidade ou o *bookkeeper* da língua inglesa. A denominação de "contador", existente desde a descoberta do Brasil, não correspondia a uma profissão, mas a uma função da administração pública. Existiam outros profissionais também associados à função contábil, como o escriturário, aquele que fazia a "escrita" ou os lançamentos contábeis, o amanuense, responsável pela cópia de textos à mão, e o conferente. Ao final do século XIX, uma empresa grande, como a Central do Brasil, possuía mais de 100 empregados na área contábil entre as diversas funções.

Finalmente, é importante salientar que, apesar de não existir um curso técnico ou superior de Contabilidade, a profissão representava uma oportunidade de ascensão social durante o Império. Em outras palavras, adquiria-se *status* social trabalhando na área. Um fato que comprova o reconhecimento social do profissional é que o guarda-livros era um dos profissionais aptos a votar no Império, conforme está expresso no Decreto nº 6.097, de 1876. Outro fato é a existência do profissional juramentado na metade do século XIX, condição que permitia atuação em processos judiciais.

Curso técnico (1892 a 1924)

O terceiro período é caracterizado pelo surgimento e consolidação dos cursos técnicos em diversas regiões do país. O pioneirismo coube à Academia de Commercio, da cidade de Juiz de Fora, em 1891, sob o patrocínio do mecenas Francisco Batista de Oliveira. Logo a seguir aparece o Instituto Commercial, no Rio de Janeiro, seguido da Escola Pratica de Commercio, do Pará, em 1899.

Em 1902, surge uma escola técnica na cidade de São Paulo, dirigida pelo senador Lacerda Franco, tendo como presidente honorário Antonio Álvares Penteado. Penteado doou o terreno e financiou a construção do prédio existente no Largo de São Francisco, hoje com o seu nome. Essa escola teve, além do apoio de Penteado, incentivos do governo paulista, como isenção de pagamentos de água e esgoto e do imposto de transmissão, além de garantir aos alunos a nomeação, sem concurso público, para cargo na área naquele estado.

Também em 1902 surge outra escola técnica no Rio de Janeiro. Durante a fase de criação, cogitou-se num curso superior. É importante salientar que o ensino de Contabilidade no Brasil, naquele momento, já estava bastante difundido. Mas era realizado durante os primeiros anos da alfabetização ou em pequenos cursos profissionais, ou por meio da aprendizagem dentro das empresas. A criação de diversos cursos técnicos representou um avanço importante para a área, permitindo a formação de quadros com conhecimentos mais aprofundados.

Algumas escolas de comércio da época passaram a conceder o título de "guarda-livros" aos alunos que fizessem um ano de estudo e de "contador" para os que completassem dois anos. A própria Lei nº 2.024, de 1908, reconhece esse termo no seu artigo 65. Entretanto, tal confusão só foi resolvida duas décadas depois.

Como consequência da criação do curso técnico, a Contabilidade no Brasil deixa de ser algo mecânico, mero lançamento contábil, para se tornar um corpo de conhecimento científico. Surge um grupo de pessoas com perfil técnico para ensino e discussão da Contabilidade no Brasil. Essas pessoas começam a ser reconhecidas como especialistas na área, como é o caso de Carlos de Carvalho. Carvalho escreveu diversos livros, publicou artigos, foi secretário do Tesouro do Estado de São Paulo, ajudou a implantar as partidas dobradas na contabilidade pública e foi professor de algumas escolas técnicas.

O estabelecimento da Contabilidade como ciência não ocorreu abruptamente, mas maturou ao longo dos anos. Nesse período, dois aspectos chamam a atenção e podem ser decorrentes da melhoria da área. O primeiro foi a criação da *Revista Brasileira de Contabilidade*. Apesar de não ser o primeiro periódico sobre o assunto publicado no Brasil, a criação da *Revista* representou um fato relevante. Sua periodicidade inicial era mensal e contava com artigos técnicos escritos pelos maiores nomes da Contabilidade brasileira do período. Em segundo lugar, o período é marcado por maior aproximação dos profissionais. Nessa época, passam a acontecer encontros entre profissionais. Destacamos especialmente a criação do **Instituto Brasileiro de Contadores Fiscaes**, precursor do Ibracon, e as reuniões entre os contadores das estradas de ferro, que ocorriam com certa regularidade no período. Em 1919, aparece o Instituto Paulista de Contabilidade, que tem grande atuação, inclusive política. Três anos antes, tinha sido criado o Instituto Brasileiro de Contabilidade, que organizou mais tarde o Congresso de Contabilidade e editava o *Mensário Brasileiro de Contabilidade*.

O crescimento da Contabilidade teve reflexos em duas áreas de atuação do profissional: a auditoria e a contabilidade pública.

Com respeito à auditoria, é certo que essa atividade já era praticada desde a época do Segundo Império, no conselho fiscal das maiores empresas. Com o nome de auditor, o primeiro profissional de que se tem notícia no Brasil foi Edward Albeury, que trabalhava na ferrovia Leopoldina nos anos 1880. Em 1911, já estava estabelecida no Brasil a Ball, Baker, Cornish & Co., empresa londrina de contadores certificados, com sede na rua da Quitanda, em São Paulo. Essa empresa abriu filial no Rio de Janeiro e em Santos. A presença de tais empresas é o prenúncio de que a Contabilidade brasileira passaria, nos anos seguintes, a sofrer influência da escola anglo-saxônica, em lugar da escola lusitana prevalecente após a Independência brasileira. Também nesse período surge o primeiro parecer publicado; a primazia cabe à Companhia Agricola Fazenda Dumont, em 1915. Atuando no setor de café, a Dumont representava o setor da economia e tinha intenso contato com o exterior, particularmente os mercados inglês e dos Estados Unidos.

Já na contabilidade pública, apesar ser obrigatória a adoção do método das partidas dobradas no setor público desde 1808, isso tornou-se realidade somente no início do século XX. Com a implantação da República, o novo governo decidiu reorganizar as finanças públicas mediante o Decreto nº 1.166, de 1892. Esta norma possuía mais de 100 artigos e incluía a adoção do regime de caixa, a divisão dos créditos em ordinários, suplementares e extraordinários e a escrituração contábil. Logo a seguir, tem-se a primeira adoção conhecida das partidas dobradas na área pública, que ocorreu no estado do Paraná em 1906, por iniciativa do secretário de Finanças Chichorro Junior. Mas a experiência foi descontinuada logo a seguir. Pouco depois, o estado de São Paulo passa a adotar o método, através de Carlos de Carvalho, Levy Magano e Francisco D'Aurea. Posteriormente Minas, Rio de Janeiro e Pernambuco também começaram a usar o método. Em 1914, Rivadavia Correa interessa-se em usar as partidas dobradas no governo central. A partir daí, a expansão do seu uso foi rápida na área pública. Em 1922, surge o Código de Contabilidade, por meio do Decreto nº 15.783. A origem do Código é de 1903, quando foi encaminhado ao Congresso um projeto. Com 140 páginas e 925 artigos, a norma trata desde a organização do serviço de Contabilidade até sobre o empenho da despesa. Essa norma marcou a contabilidade pública e só quase 70 anos depois, em 1991, foi revogada.

O terceiro período encerra-se com dois eventos. O primeiro, a criação do imposto sobre o lucro. A ideia de instituir um imposto sobre o lucro começa em 1892, com a cobrança de imposto sobre os dividendos. Em 1921, o governo passa a cobrar imposto sobre o lucro das profissões liberais. No dia 31 de dezembro de 1922, a Lei nº 4.625 institui a cobrança do imposto sobre a renda. A cobrança desse imposto faz com que a apuração do resultado ganhe relevância. Entretanto, o Código Comercial de 1850 proibia que o governo examinasse a Contabilidade das empresas. Assim, inicialmente o imposto não teve repercussão expressiva. Somente mais tarde é que tal obstáculo foi suplantado pelo governo, revogando a proibição de fiscalização da Contabilidade do século anterior.

O segundo evento é decisivo para inaugurar um novo período na história da Contabilidade brasileira: a organização do primeiro congresso científico, em 1924. O primeiro encontro científico da área contábil de abrangência nacional ocorreu durante 11 dias do mês agosto daquele ano no Rio de Janeiro. Esse congresso permitia que o interessado apresentasse um artigo, denominado "these", que era discutido e votado (aprovado) pelos presentes. Existia também um relator. Tal processo contribuiu para que os assuntos aprovados tivessem legitimidade. Estiveram presentes representantes de Alagoas, Maranhão, Mato Grosso, Pará, Paraíba, Pernambuco, Santa Catarina e São Paulo, além da então capital do país. Os discursos de abertura foram publicados, sendo notícia de primeira página dos jornais da época.

Regulamentação da profissão (1924 a 1945)

Conforme já comentamos, a organização de grupo de profissionais começou no século XIX com o Club dos Guarda-livros. No início do século XX, surgem outras entidades como o Instituto Brasileiro de Contadores Fiscaes e o Instituto Brasileiro de Contabilidade. No período da regulamentação da profissão, começou a reivindicação de algumas demandas, inclusive com participação política.

O reconhecimento da profissão teve início em 1920, quando o senador Raymundo de Miranda apresentou um projeto sobre a profissão de guarda-livros. O assunto voltou a ser discutido em 1927. Em 1928, no estado de São Paulo, o deputado Orlando Prado anunciou um projeto de lei estadual sobre a profissão de contador e guarda-livros. No mesmo ano, o deputado federal Pacheco de Oliveira apresentou um projeto de lei criando o registro de contadores e guarda-livros. No final daquele ano, foi aprovado na Câmara dos Deputados um parecer que regulava a profissão de contadores. A proposta não foi adiante, mas nos anos seguintes os profissionais começaram a se mobilizar de diversas formas. Em 1931, ocorreu uma greve dos alunos na Academia de Commercio; no ano seguinte, o Instituto Paulista de Contabilidade trabalhou ativamente na revolução constitucionalista, que opôs a província de São Paulo ao governo do ditador Getúlio Vargas. Nesse ano, durante o congresso brasileiro de Contabilidade, aprovou-se uma moção contra as mudanças na contabilidade pública. Três anos depois, a classe reconciliou-se com o governo, aclamando o ditador Vargas patrono do V Congresso Brasileiro de Contabilidade.

Em 1931, com a edição do Decreto nº 20.158, Lei Francisco Campos, organizava-se o ensino comercial e regulamentava-se a profissão de contador. Esse decreto contava com 82 artigos e o ponto polêmico era o texto que tratava da "profissão do contador e suas regalias": criava-se a necessidade de registro obrigatório, determinando que o contador fosse portador de diplomas emitidos por institutos de ensino comerciais reconhecidos oficialmente. O dispositivo também criou um exame de habilitação e tratou da revalidação do diploma. A Lei Francisco Campos provocou ampla reação, em especial contra o artigo 55, que obrigava os práticos a passarem por um exame. Em fevereiro de 1932, o governo editou o Decreto nº 21.033, mostrando que a pressão teve efeito.

Com respeito ao registro profissional, em 1925 criou-se o Registro Geral dos Contabilistas Brasileiros, que exigia a prova do exercício da profissão. O Instituto Brasileiro de Contabilidade instituiu um concurso para habilitação do exercício da profissão contábil, conferindo o diploma de guarda-livros. Nesse período, também se criou o Dia do Contabilista, numa data escolhida pelo senador João Lyra em razão da sua posse do cargo de primeiro presidente da "Classe dos Contabilistas Brasileiros".

Também ocorreu a primeira tentativa de criação de um curso superior de Contabilidade. Foi logo após o I Congresso de Contabilidade, em 1925, organizado pelo Instituto Brasileiro de Contabilidade. No primeiro ano, ensinava-se contabilidade comercial, bancária, matemática comercial e economia política. O segundo ano tinha contabilidade industrial, agrícola, matemática financeira e ciência das finanças. O curso terminava com contabilidade pública, das sociedades civis, direito comercial, legislação fiscal e perícia contábil. Se no período do Império as partidas dobradas eram ensinadas juntamente com as primeiras noções de matemática, com o passar do tempo criou-se uma necessidade de um ensino mais aprofundado, inicialmente suprido pelos cursos técnicos, que tiveram início no final do século XIX. Mas foi com o Decreto-lei nº 7988, de 22 de setembro de 1945, que o governo criou oficialmente curso de Ciências Contábeis e Atuariais.

Finalmente, durante a I Convenção Nacional dos Contabilistas, realizada no Rio de Janeiro em 1945, defendeu-se a criação do curso superior e do Conselho Nacional de Contabilidade. Esse conselho teria como objetivo a fiscalização do exercício da profissão. Pouco mais de seis meses depois, em maio de 1946, mediante o Decreto-lei nº 9.295, criou-se o Conselho Federal de Contabilidade. O projeto de criação ficou mais de um ano parado no Ministério do Trabalho. O primeiro presidente do CFC, Paulo de Lira Tavares, foi nomeado representante do governo. Realmente, Tavares era muito mais o representante do governo do que dos profissionais, já que era subchefe da Casa Civil da Presidência da República e funcionário do Ministério da Fazenda. O CFC foi inicialmente instalado numa sala do edifício do Ministério do Trabalho.

Era da normatização (1947 a 1972)

O período compreendido entre 1947 e 1972 corresponde à era da normatização. Durante os anos 1950, a preocupação era com a "padronização" das demonstrações; a seguir, houve a criação de um arcabouço institucional e legal para o funcionamento das empresas; finalizando, a aprovação de uma série de normas que antecederam a aprovação da Lei nº 6.404.

A III Conferência Intercontinental de Bolsas, em 1950, representou uma tentativa de uniformizar a Contabilidade no continente. O encontro apresentou nas suas conclusões diversos aspectos que somente no século seguinte seriam contemplados, como a harmonização contábil. Na década de 1950, diversos setores começaram a discutir padronização: hotéis (V Congresso Nacional Hoteleiro, em 1952); empresas de propaganda (I Congresso de Propaganda, 1957); as ferrovias (Primeiro Congresso Pan-americano de Engenharia, 1949); as cooperativas (Segundo Congresso Brasileiro de Cooperativismo Ervateiro, 1957). Em alguns casos, a padronização contábil aparece a partir de uma demanda do setor público: o município do Rio de Janeiro estabeleceu em 1958 um código de Contabilidade para empresas de ônibus e lotações (Decreto Municipal nº 13.884); o Conselho Nacional de Petróleo constituiu um grupo de trabalho em 1957 para elaborar a contabilização do custo industrial dos derivados de petróleo produzidos no Brasil; em outubro de 1950, o TSE apresentou instruções sobre a contabilidade dos partidos políticos; em 1952, o presidente da República aprovou a padronização das usinas de açúcar; o Ministério da Aeronáutica aprovou, em 1951, a Portaria nº 398, que instituiu o Plano de Padronização da Contabilidade das Empresas de Transporte Aéreo; e outras experiências.

No final da década, em 1958, o Instituto Nacional de Tecnologia fixou os critérios para a estimativa da vida útil de máquinas e equipamentos. A depreciação já incidia sobre o valor corrigido do bem. Outro movimento no sentido da padronização contábil no Brasil, a Lei de remessa de lucros, promulgada em 1962, teve vários artigos expurgados após março de 1964, com a destituição do presidente João Goulart. Mas permaneceu a parte contábil, em especial o artigo 20, sobre plano de contas e normas contábeis padronizadas. Dois anos depois, o governo aprovou a Lei nº 4.320, inovadora norma na área pública que tinha começado a ser discutida na década de 1950. Apesar de prever a apuração de custos no setor público, essa ainda não é uma realidade nos dias atuais.

Na década de 1960, diversas normas foram emitidas na área de Contabilidade para instituições financeiras. Tais regras antecedem a mudança na lei societária. Uma das reformas promovidas pelo governo militar foi a criação do Banco Central. Em 1967, foi aprovada a Circular 93, da Inspetoria de Bancos, que substituiu as normas da extinta Superintendência da Moeda e do Crédito (Sumoc) e promoveu a padronização da Contabilidade. É importante salientar que o Banco Central era o órgão regulador do mercado de capitais, já que a Comissão de Valores Mobiliários (CVM) só seria criada em 1976.

Em 1971, a bolsa de valores no Brasil, que tinha chegado a quarto lugar no mundo em negociação, teve uma queda brusca. O pequeno investidor, que começava a comprar ações das empresas, sofreu grandes perdas. Para contornar a situação e evitar que tais fatos se repetissem, o governo adotaria nos anos seguintes uma série de medidas que afetaria a Contabilidade brasileira, incluindo a reforma da lei das sociedades anônimas. Nesse sentido, o CFC emitiu em 1972 a Resolução nº 317, que criou o Cadastro Especial de Auditores Independentes. Logo a seguir, aprovou também a Resolução nº 321, com "normas e procedimentos de auditoria" que foram elaboradas pelo Instituto dos Auditores Independentes do Brasil. Também no mesmo ano, a principal bolsa de valores brasileira de então, a do Rio de Janeiro, aprovou uma série de exigências para registro, incluindo a exigência de auditoria externa. O Conselho Monetário Nacional, por meio da Resolução nº 220, tratou também da auditoria das empresas registradas no Banco Central e do registro de auditores independentes. Essa norma trouxe uma série de inovações contábeis, como a obrigação da auditoria, a previsão da Demonstração do Resultado do Exercício e notas explicativas, a observância das normas gerais de auditoria e dos "princípios e normas de Contabilidade", a exigência de que os auditores fossem bacharéis em Ciências Contábeis e independentes, a punição para auditoria inepta ou fraudulenta e obrigação de que todas as empresas com ações na bolsa ficassem subordinadas aos "princípios e normas". As Circulares 178 e 179 do Banco Central complementam a Resolução nº 220 do CMN e, juntamente com esta, tornou-se uma antecipação da Lei nº 6.404, modificando em muitos aspectos o Decreto-lei nº 2.627 de 1940.

Dois outros fatos importantes ocorreram no período analisado. Um foi a III Conferência Interamericana de Contabilidade. Esse evento aconteceu durante a comemoração dos 400 anos da cidade de São Paulo. Apesar de o país já ter sediado anteriormente congressos relevantes, este talvez tenha sido o primeiro evento internacional no Brasil. Estiveram no nosso país mais de 200 delegados de diversos países do continente. Na delegação dos Estados Unidos constavam os nomes de Arthur Foye e Maurice Stans, ambos do Accounting Hall of Fame; Louis Goldenberg, autor de monografia 7 da AAA; Maurice Pelaubet, famoso pesquisador e defensor do método UEPS, e David Himmelblau. O segundo fato é a criação da pós-graduação. Com o Decreto nº 36.361/1960, o governador Carvalho Pinto reorganizou o ensino na Faculdade de Ciências Econômicas e Administrativas (FCEA), da Universidade de São Paulo, com seus diversos cursos. Essa mudança permitiu, mais tarde, a criação da pós-graduação na Universidade de São Paulo, que teria o primeiro mestrado e o primeiro doutorado na área do país.

Período inflacionário (1973 a 1994)

A rigor, a convivência da Contabilidade com a inflação começou bem antes dos anos 1970. Na década de 1940, já existia uma preocupação com o efeito da inflação na subavaliação dos ativos. O problema não era bem compreendido, conforme é possível notar na aprovação, em 1947, de um imposto sobre a reavaliação do imobilizado das empresas referente aos ativos adquiridos antes de 1942. Em 1951, a Lei nº 1.474 permitiu a isenção da tributação para certos casos. Ademais, a própria correção do imobilizado ficou, em diversos anos, abaixo da inflação do período, a exemplo do que ocorreu a partir de 1976. Assim, no período de 1939 a 1964, o índice usado para corrigir o imobilizado ficou abaixo da inflação medida pela Fundação Instituto de Pesquisas Econômicas (Fipe) em dois terços dos casos: correção do imobilizado de 192% no período *versus* uma inflação de 280%.

A Lei nº 3.470, de 1958, tratava da correção do imobilizado e do Imposto de Renda. Apesar de permitir a correção, a norma era bastante restritiva. Em 1963, com a Lei nº 4.239, aprova-se a correção para as empresas localizadas na área de atuação da antiga Superintendência do Desenvolvimento do Nordeste (Sudene), ou seja, basicamente no Nordeste. Essa lei foi regulamentada pelo Decreto nº 52.779/1963. A tributação ensejou a Lei nº 4357/1964 e o Decreto-lei nº 1338/1974, com reflexos na correção.

A aprovação da Lei nº 6.404 permitiu um mecanismo mais adequado de tratamento da inflação. O aumento excessivo da inflação trouxe algumas consequências para a Contabilidade brasileira nesse período. Em primeiro lugar, cada tentativa de combate ao aumento de preços por meio de planos econômicos trazia, no seu bojo, um conjunto amplo de medidas de adaptação da Contabilidade das empresas. Isso incluía normas sobre a transformação dos valores das contas, da moeda antiga para a nova moeda. Tais transformações criavam um cenário no qual o setor contábil das empresas precisava fazer ajustes rapidamente, muitas vezes específicos para cada conta ou cada transação.

Um facilitador foi que, nesse período, a Contabilidade assistiu à popularização dos computadores. Introduzidos na Contabilidade brasileira no início do século, com a importação das máquinas Hollerith, que ajudavam na folha de pagamento, ainda estavam, até o final da década de 1970, restritos a grandes empresas e a algumas tarefas. Mas na época surgiram os primeiros computadores pessoais, que substituiriam os *mainframes*. Mas, em 1977, o Brasil aprovou a reserva de mercado para as empresas brasileiras. Isso, naturalmente, retardou a utilização mais intensa dos computadores na Contabilidade, mas em 1982 já era possível encontrar computadores pessoais fazendo serviços diversos, como folha de pagamento, controle de estoques, mala direta, emissão de etiquetas. Seu preço variava entre 4 mil e 6 mil dólares, câmbio da época.

Os elevados níveis de preços trouxeram quatro consequências para a Contabilidade brasileira nesse período. Primeiro, a contabilidade de custos ficou relegada aos livros. Poucas empresas tinham fôlego para apurar custos no período, apesar de já termos uma experiência no assunto.

Segundo, ao mesmo tempo em que se desenvolvia uma sistemática para fazer com que as demonstrações contábeis continuassem relevantes para o usuário, a pesquisa científica da área foi centrada neste assunto. A consolidação da pós-graduação no Brasil trouxe a possibilidade de um debate mais científico a respeito. Nascia uma profícua discussão sobre o assunto, centrada no Departamento de Contabilidade e Atuária da Universidade de São Paulo.

A terceira consequência da inflação para a Contabilidade brasileira foi a necessidade de lidar com normas que se alteravam a cada plano econômico. A complexidade de tais normas também aumentava na medida em que os níveis de inflação tornavam-se mais elevados e que as novas pesquisas para aperfeiçoamento da Contabilidade para esses ambientes incorporaram conceitos como ajuste a valor presente, receita financeira comercial etc. Uma discussão importante sobre os efeitos da subestimação do indexador, originado dos trabalhos acadêmicos, culminou na Lei nº 8.200, que determinou o refazimento dos balanços já que o indexador oficial do governo para fins de correção monetária tinha sido manipulado. Também é bom lembrar que, em razão da inflação, o CFC acolheu o princípio da atualização monetária entre os Princípios Fundamentais de Contabilidade.

A quarta consequência foi o atraso na contabilidade pública, que ficou focada nos aspectos orçamentários. Mesmo assim, é necessário registrar o Decreto nº 84.362, que dá início à centralização no governo central da gestão financeira pública. O mesmo decreto transforma as antigas Inspetorias-Gerais de Finanças em Secretarias de Controle Interno. Em 1982, a Secretaria Central de Controle Interno (Secin) considerou a possibilidade de implantar o Sistema de Contabilidade de Custos, que abrangeria tanto a administração direta quanto a indireta, o que não ocorreu por diversas razões. Em 1986, cria-se a Secretaria do Tesouro Nacional, com atribuição de controlar as finanças públicas, incluindo as dos estados, municípios e empresas. Na mesma norma, criou-se o Sistema Integrado de Administração Financeira do Governo (Siafi), que pretendia eliminar 3.700 contas bancárias e 8,5 milhões de documentos emitidos pelo governo. Isso permitiu a criação de um caixa único do Tesouro Nacional. No seu início, o Siafi trabalhava com 3.500 unidades gestoras, sendo 2 mil *on-line* e 1.500 *off-line*, com mil terminais de computadores e 150 microcomputadores. Até então, não se sabia quantos funcionários existiam no governo, os salários e as gratificações pagas. A consolidação do Siafi permitiu aumento no controle dos gastos públicos, com foco no orçamento.

Lei nº 6.404/1976

Ao longo da nossa história, tivemos três legislações para as sociedades anônimas. Apesar de existir uma série de normatizações em meados do século XIX, incluindo o Código Comercial, somente com o fim do Império é que foi promulgada a primeira legislação para as empresas sociedades anônimas. Em 1891, tem-se o Decreto nº 434, oficialmente a primeira lei das S.A. O presidente era o Marechal Deodoro da Fonseca. Com 231 artigos, o Decreto nº 434 trata de diversos temas, como constituição, dissolução, assembleia geral. Mas a parte contábil é praticamente inexistente. Por exemplo, não existia nenhuma norma sobre os balanços, incluindo aqui a estrutura patrimonial. Um ano depois, o governo adota a cobrança de imposto sobre dividendos recebidos, sendo esse o primeiro passo para usar a Contabilidade para fins de arrecadação.

A segunda norma sobre as S.A. foi o Decreto-lei nº 2.627, de 1940. Esta norma realmente avançou em termos contábeis; passamos a ter uma legislação societária, com normas de avaliação de ativos e apuração e distribuição do resultado. Com 180 artigos, continha um capítulo específico que tratava da Contabilidade. Incluía assuntos como depreciação, criação de fundos de amortização, mensuração patrimonial, incluindo o uso do preço corrente, a possibilidade de constituir a provisão para devedores duvidosos, a ativação de despesas de instalação e a divisão do ativo e do passivo. Além do balanço, as entidades deveriam divulgar uma demonstração denominada conta de lucros e perdas.

Finalmente, a terceira norma das sociedades anônimas é a Lei nº 6.404, de 1976. Aprovada durante o governo Geisel, esta é a atual normatização existente, embora a parte contábil tenha sido alterada pela Lei nº 11.638, de 2007.

Foram 49 anos entre a primeira norma e o Decreto-lei nº 2627, de 1940. Trinta e seis anos se passaram para a reforma dessa norma, em 1976. Entre 1976 e os dias atuais, são 40 anos. Ou seja, as mudanças nas normas societárias demoram a ocorrer no Brasil. Um aspecto interessante é que todas as três legislações foram aprovadas em ambiente pouco democrático: a presidência do marechal Deodoro, a ditadura de Vargas e o regime militar de Geisel. Em todos os três casos ocorreram após uma ruptura democrática: a tomada do poder dos militares e a proclamação da República, o golpe de Vargas em 1937 e a deposição de Jango, em 1964.

Contabilidade de custos (1995 a 2007)

Com o Plano Real, inicia-se um novo ciclo na Contabilidade brasileira. A redução da inflação direcionou os esforços de pesquisa para outras áreas, em especial a contabilidade de custos e a pesquisa vinculada ao mercado acionário, além de permitir uma aproximação com a Contabilidade de outros países. Também nesse período observa-se uma expansão do ensino de Contabilidade, seja na graduação, seja também na pós-graduação.

Conforme comentado, o ambiente inflacionário era um grande inibidor da adoção da contabilidade de custos nas empresas brasileiras. As possibilidades de utilização dos custos indexados esbarravam nas variações específicas de preços; já a utilização do custo corrente corrigido era dispendiosa para as empresas. Juntamente com o fim da inflação, ocorreu uma abertura do mercado brasileiro de certos setores. Os dois fatores foram decisivos para despertar o interesse por essa área. Ao mesmo tempo, um intenso debate na academia incentivou as pesquisas científicas, contrapondo diferentes maneiras de determinação do custo dos produtos. O desenvolvimento da Gestão Econômica, na Universidade de São Paulo, e da Unidade de Esforço de Produção (UEP), no sul do país, foi contraposto pelo surgimento do custeamento por atividades, o ABC.

O interesse nos custos tornou-se mais acentuado com a abertura de certos setores da economia brasileira à concorrência internacional. Algumas empresas passaram a utilizar a contabilidade de custos para tornarem-se mais competitivas.

Também nesse período começam as pesquisas acadêmicas associando a Contabilidade com o mercado financeiro. Como muitas de tais pesquisas dependiam de uma série histórica de muitos anos, somente algum tempo após a estabilização da moeda é que a "Contabilidade positiva" chega efetivamente ao Brasil.

No início do milênio, começam a surgir cursos de pós-graduação fora das duas maiores cidades do Brasil. Rapidamente, diversos programas de mestrado e, posteriormente, doutorado são aprovados pelo governo, o que permitiu a melhora do ensino e da pesquisa no Brasil. Isso, com certeza, contribuiu significativamente para o aumento do intercâmbio com outros países, notadamente Estados Unidos e alguns países europeus. Aliado a isto, no início dos anos 1990 torna-se obrigatório o ensino da teoria da Contabilidade nos cursos superiores, por meio de uma norma do governo federal.

A expansão da pós-graduação e a melhoria no ensino superior ocasionaram o lento declínio dos cursos técnicos. Quando o ensino superior tornou-se mais acessível para uma ampla parcela da população, o curso de Contabilidade transformou-se num dos mais demandados no Brasil, sendo, no momento da edição deste livro, o quarto mais demandado do país, segundo o Instituto Nacional de Estudos e Pesquisas Educacionais Anísio Teixeira (Inep). Esse processo culminou, anos depois, com o término da entrada de novos alunos nos cursos técnicos de Contabilidade.

De certo modo podemos dizer que o término das elevadas taxas inflacionárias permitiram que a Contabilidade brasileira fizesse sua inserção no mundo, acabando com seu "isolamento". Isso culminaria com a criação do Comitê de Pronunciamentos Contábeis (CPC) e a adoção das normais internacionais de Contabilidade.

Normas internacionais (2008...)

Estamos no período em que a contabilidade societária faz a adoção parcial das normas internacionais de Contabilidade. Esse processo iniciou-se com a criação e institucionalização do CPC. Inicialmente contando com a resistência do Conselho Federal de Contabilidade, uma solução permitiu que o CPC ficasse vinculado a esse Conselho, com independência na sua atuação. O órgão consegue legitimidade com a alteração da Lei nº 6.404 pela Lei nº 11.638, que adota as normas internacionais e indica que a Contabilidade seria regulada por uma entidade com determinadas características, sem fazer nenhuma menção explícita ao CPC. Entretanto, a única entidade que satisfazia as condições expressas na lei era o CPC.

Como estrutura enxuta, inicialmente dependente do CFC para seu funcionamento, o CPC começou imediatamente seu trabalho, traduzindo e adaptando um conjunto de normas que tinham sido aprovadas pelo International Accounting Standards Board (Iasb), sendo a primeira delas a norma do teste de recuperabilidade (*impairment*). Por oportuno, o CPC emite pronunciamentos que, para se tornarem normas mandatárias, precisam de homologação pelos reguladores (CVM, Banco Central, Agência Nacional de Energia Elétrica etc.).

A criação do CPC não eliminou o papel do Conselho Federal de Contabilidade como normatizador ou regulador. Esta entidade continua publicando as Normas Brasileiras de Contabilidade (NBC), divididas em normas profissionais, que se referem ao profissional contábil, e normas técnicas, que correspondem à ciência contábil. Estas últimas podem ser normas completas, simplificadas para as pequenas e médias empresas, específicas, do setor público (TSP), de auditoria ou de perícia, entre outras.

Pesquisas

A pesquisa histórica sobre a Contabilidade no Brasil ainda é incipiente. Cinco pesquisadores se destacam por terem produzido obras nessa área. Frederico

Hermann Jr. e Cibilis da Rocha Viana foram autores relevantes, com inúmeras contribuições. Lopes de Sá não somente traduziu a *Summa* como também estudou a história das doutrinas num livro de 1997. Este autor foi um escritor com muitos livros e artigos publicados, fundador do neopatrimonialismo e um dos maiores pensadores contábeis da história brasileira. A primeira tese na área foi de Paulo Schmidt, publicada posteriormente em livro, onde o autor concentra-se nos principais pensadores contábeis. E Ivam Peleias tem-se dedicado ao assunto, produzindo estudos sobre a história do ensino contábil ou destacando o papel de Pacioli.

Recentemente, algumas pesquisas merecem destaque. Andrade (2013) mostra o caso da Companhia Geral de Comércio de Pernambuco e Paraíba, no período entre 1759 e 1775, por meio da análise dos registros contábeis. Essa pesquisa abrange um período imediatamente após a criação da Aula de Comércio em Lisboa. Adde *et al.* (2014) produzem um relato da Comissão das Partidas Dobradas, instituída em 1914 e que induziu diversas mudanças na contabilidade pública brasileira.

> **Objetivo 2:** Inclusão dos princípios na Contabilidade brasileira

Inclusão da expressão *princípios contábeis* na normatização contábil brasileira – uma abordagem histórica

O Decreto nº 2.409/1896, que aprovou o regimento do tribunal de contas, utilizou o termo *princípio* dentro do arcabouço da contabilidade pública. Talvez tenha sido a primeira norma a tratar desse aspecto. A pioneira escola de comércio de Juiz de Fora tinha uma disciplina específica sobre esse tema no final do século XIX, mas provavelmente o conteúdo ensinado era muito mais relacionado com o uso prático das partidas dobradas. Em 1910 publica-se a obra *Principios geraes da sciencia de contabilidade*, na cidade de Recife, de autoria de J. L. dos Santos.

Em 1929, o então redator-chefe da Revista Paulista de Contabilidade, Frederico Hermann Jr., usa o termo na seguinte frase: "os contadores, servindo-se dos admiráveis princípios estabelecidos pela sciencia da contabilidade [...]". Na década seguinte, a então Viação Aerea de São Paulo (Vasp) divulga um nota onde usa o termo: "Pelo exposto, chega-se a conclusão de que, se a Directoria anterior, se adstringisse aos princípios de Contabilidade com a rigidez que preconiza, não lhe seria talvez possível, em face do que transcrevemos, proceder á transferência de 1.000 contos de 'Fundo de Renovação do Material Aereo' para o 'Fundo de Depreciação'." Em 1943, na mesma empresa, no relatório dos auditores emitido pela Mc. Auliffe T. Young & Co., constava: "Durante o ano, examinamos a escrituração da Companhia, tendo encontrado os livros escriturados com clareza e de acordo com os dispositivos da lei e os princípios de contabilidade geralmente aceitos".

No Código de Ética Profissional do Contabilista, de 1950, do V Congresso de Contabilidade, afirmava no seu artigo 9º que o contabilista deveria "assinalar devidamente quaisquer enganos e divergências na aplicação dos princípios de contabilidade geralmente aceitos".

Apenas em 1972 foi divulgada a expressão *princípios contábeis* pelo CFC, na Resolução nº 321/1972, e pelo Banco Central do Brasil (BC), por meio da Circular nº 179/72, tornando-a obrigatória para as companhias abertas.

Entretanto, nem o CFC nem o BC, responsável pela fiscalização do mercado de capitais até a criação da CVM, chegaram a definir o que e quais eram os princípios contábeis geralmente aceitos. Assim, os princípios contábeis ministrados em cursos de graduação sob influência da Escola Norte-americana de Contabilidade, principalmente na Universidade de São Paulo (USP), acabaram prevalecendo como os *princípios contábeis* estabelecidos pelas normas mencionadas. Isso porque, seguindo a tradição anglo-saxônica, tais princípios deveriam ser definidos pela profissão contábil e não pelo governo.

O Instituto dos Auditores Independentes do Brasil (Iaib, atualmente Ibracon), mesmo com a responsabilidade de definir modelos e padrões de pareceres de auditoria, também não chegou a detalhar quais eram os Princípios de Contabilidade Geralmente Aceitos que deveriam ser observados pelas companhias abertas na elaboração das suas demonstrações financeiras. Cumpre salientar que o parecer do auditor deveria mencionar obrigatoriamente se as demonstrações financeiras refletiam ou não a posição financeira da companhia em conformidade com os Princípios de Contabilidade Geralmente Aceitos.

Somente em 1981 o Conselho Federal de Contabilidade divulgou a Resolução nº 530 definindo quais eram os **princípios fundamentais de contabilidade** (e não Princípios Contábeis Geralmente Aceitos). Entretanto, pouco significado prático trouxe para a profissão (técnicos, contadores e auditores), já que o sentimento prevalecente nas empresas e também entre os contadores era de dúvida se as demonstrações financeiras estavam ou não de acordo com a legislação ou regulamentação vigente.

Houve um avanço, em 1993, com a edição pelo CFC da Resolução nº 750, quando foram definidos sete princípios: Entidade, Continuidade, Oportunidade, Atualização Monetária, Registro pelo Valor Original, Competência e Prudência. O Princípio da Atualização Monetária decorreu da elevada inflação que o país vivenciou à época, tendo esta alcançado, segundo índices oficiais, mais de 1.800% ao ano em 1990. O CFC criou em 1992 um grupo de trabalho específico para desenvolver as Normas Brasileiras de Contabilidade, buscando sua aderência com as Normas Internacionais de Contabilidade.

Entretanto, as mencionadas Normas Brasileiras de Contabilidade editadas pelo CFC não tinham força legal e, portanto, embora os profissionais da área contábil possam ser punidos pelo Conselho em decorrência da não observância aos Princípios Fundamentais de Contabilidade e às Normas Brasileiras de Contabilidade, o mesmo não acontece com relação às empresas, por estarem subordinadas à legislação e regulamentação específicas. Da mesma forma, pronunciamentos técnicos emitidos pelo Ibracon também não têm força legal para serem cumpridos pelas empresas, mas constituem-se em fontes de referência técnica.

Com relação aos princípios editados pela CVM, embora sejam respaldados pela Deliberação nº 29 (1986), podem apresentar conflito com as próprias normas da CVM, como a contabilização dos efeitos da maxidesvalorização cambial como Ativo Diferido, que contraria frontalmente o princípio da competência, conforme será discutido mais adiante.

Esta Deliberação foi revogada pela Resolução nº 539/2008, que aprovou o Pronunciamento Conceitual Básico do Comitê de Pronunciamentos Contábeis (CPC).

Desde os anos 1970 e até recentemente, o país contou com duas estruturas conceituais, que serão apresentadas de maneira resumida a seguir.

> **Objetivo 3:** As estruturas conceituais

Estruturas conceituais

Entre os fatores que contribuíram para o fortalecimento do arcabouço teórico da Contabilidade no Brasil nas décadas de 1960 e 1970, podemos citar a influência norte-americana no ensino da graduação em ciências contábeis, a própria Lei nº 6.404/1976 e a criação da CVM. Entretanto, devemos também destacar outros fatores que retardaram, ou ainda têm retardado, o desenvolvimento de estudos e pesquisas voltados para princípios contábeis, entre eles:

- Ênfase maior atribuída ao mecanismo de funcionamento do débito e crédito e à prática contábil, com pouca preocupação com o ensino dos princípios contábeis.
- Ensino em que prevalece **como** fazer Contabilidade e não **pensar** Contabilidade. Isso decorre da própria formação do corpo docente, também constituído na sua maioria por professores voltados predominantemente ao exercício profissional, mas sem necessariamente uma bagagem conceitual e teórica.
- A disciplina relacionada à **teoria da Contabilidade** ter sido incluída como obrigatória na grade curricular dos cursos de graduação em Ciências Contábeis somente a partir de 1993, por determinação do Ministério da Educação (MEC) – Resolução nº 5/1992.
- Pouca valorização dos princípios contábeis pela própria profissão contábil, que entendia ser mais importante o cumprimento da legislação societário- -fiscal do que a observância aos princípios contábeis. É bem verdade que essa tendência toma novo rumo com a promulgação dos Princípios Fundamentais de Contabilidade pelo CFC, mas ainda encontra-se longe de se alcançar nível desejável de reconhecimento;

- Como consequência dos itens anteriores, existem em funcionamento no país poucos cursos de pós-graduação *stricto sensu* (mestrado e doutorado) de Contabilidade em funcionamento. Até 2000, tínhamos somente quatro programas de mestrado/doutorado. No entanto, esse número cresceu substancialmente nos últimos anos.

Em virtude dessa trajetória histórica, existiram duas estruturas conceituais que serviram de alicerce e arcabouço teórico da Contabilidade no Brasil:

- **Estrutura conceitual do sistema CFC/CRCs:** teve sua origem em 1981, por meio da promulgação da Resolução nº 530, o primeiro documento do órgão de classe profissional a redefinir e enumerar o que e quais eram os princípios contábeis. No início da década de 1990, por intermédio das Resoluções nº 750 e nº 774, o Conselho Federal de Contabilidade definiu os Princípios Fundamentais de Contabilidade e as Normas Brasileiras de Contabilidade. A estrutura conceitual do CFC não se inspirou na escola norte-americana, mas na escola europeia. Essa Resolução nº 750/1993 foi revisada e atualizada, sendo editada a Resolução nº 1.282, em 28 de maio de 2010. Recentemente, essa estrutura deixou de ter validade legal no Brasil, tendo sido revogada.

- **Estrutura conceitual básica da Contabilidade:** fruto de pesquisas desenvolvidas pela Fundação Instituto de Pesquisas Contábeis, Atuariais e Financeiras (Fipecafi), órgão de apoio aos professores do Departamento de Contabilidade e Atuária da USP. Esse documento foi aprovado pelo Instituto Brasileiro de Contadores (Ibracon) e referendado pela Comissão de Valores Mobiliários, por intermédio da Deliberação nº 29/1986. Tal arcabouço foi sedimentado numa estrutura conceitual de postulados, princípios e convenções, denominada inicialmente *princípios contábeis geralmente aceitos*, mesma terminologia utilizada pela Lei nº 6.404/1976, e posteriormente como *Princípios Fundamentais de Contabilidade*. A estrutura sofreu influência dos primeiros pronunciamentos da teoria contábil norte-americana. No entanto, com a edição da Deliberação nº 539/2008, a CVM revogou a mencionada Resolução nº 29/1986, tendo em vista a homologação da Estrutura Conceitual editada pelo Comitê de Pronunciamentos Contábeis.

> **Objetivo 4:** A questão do reconhecimento da receita das incorporadoras
> Fonte: Torres (2017)

RECONHECIMENTO DA RECEITA DAS INCORPORADORAS

Quando o Brasil decidiu adotar as normas internacionais de contabilidade, um dos pontos polêmicos, para as empresas brasileiras, correspondia a saber-se quando uma empresa na área de construção civil deveria reconhecer a sua receita. Anteriormente, prevalecia a noção de que a receita deveria ser reconhecida ao longo da obra, seja por meio de um cronograma físico ou financeiro. Assim, se uma construção tivesse duração de 28 meses, o reconhecimento da receita seria feito ao longo desse período de tempo. A grande vantagem de tal regra é suavizar a receita, que não seria contabilizada num momento específico do tempo, mas em parcelas. A desvantagem é que a possibilidade de existir manipulação no reconhecimento seria muito maior. Mas a norma internacional está preocupada com o "fato gerador". Apesar de a norma internacional conduzir ao reconhecimento no principal momento, que seria a entrega das chaves, o Brasil optou por permanecer com a regra anterior. O resultado é que, em razão disso, e outras coisas mais, o Brasil nunca adotou **integralmente** as IFRS.

Casos como esses são resolvidos num comitê do Iasb criado para tratar de regras específicas. Trata-se do International Financial Reporting Interpretations Committee (Ifric), que em setembro de 2017, após uma consulta do CPC, emitiu uma decisão contra a interpretação brasileira, indicando que o país deveria reconhecer a receita na entrega das chaves. Isso provocaria uma grande modificação na receita das incorporadoras, provavelmente postergando um grande volume de receitas para os próximos exercícios. Assim, se o país adotasse a decisão do Ifric, as incorporadoras poderiam ter grande prejuízo num primeiro momento.

Entretanto, a posição da Comissão de Valores Mobiliários foi recorrer da interpretação do comitê de normas. Segundo a CVM, a resposta do Ifric não corresponde à pergunta realizada e às premissas existentes no mercado brasileiro. Ao adotar essa postura, a CVM não reconhece a autoridade do Ifric no Brasil.

Tal posição é reflexo dos pontos negativos em adotar as normas do Iasb. Também é um dos aspectos usados pelos Estados Unidos ao decidirem ir com cautela em um movimento de adoção plena de normas internacionais. Decidir adotar as normas internacionais é assinar compromisso com uma entidade internacional, sem fins lucrativos, mas sem relação com o país.

Talvez a longo prazo isso não tenha nenhum efeito, exceto pelo fato de que a apuração do resultado é base para diversos pagamentos, inclusive de impostos e dividendos. Além disso, a mensuração de receita e do lucro é usada na análise do desempenho de uma entidade. Assim, a discussão é importante para as incorporadoras.

EXERCÍCIOS

1. Em outubro de 2016, o Conselho Federal de Contabilidade começa a publicar as normas brasileiras de contabilidade do setor público. Com isso, o CFC revogou a Resolução nº 750/1993 e a nº 1.111/2007, que tratavam da interpretação dos princípios sob a perspectiva da área pública. Naquele momento, uma reportagem publicada pelo Conselho afirmava que revogar a resolução não significava que os princípios estivessem extintos. E que essa

revogação visa a "unicidade conceitual, indispensável para evitar divergências na concepção doutrinária e teórica". Pede-se:

a) Apresente algumas situações nas quais as resoluções revogadas poderiam dificultar a unicidade conceitual.

b) Com base no que foi discutido nos capítulos anteriores, discuta a possibilidade da unicidade conceitual.

2. A seguir, apresentamos uma questão que relaciona história e conhecimentos básicos de Contabilidade, publicada em um livro didático (SILVA; TRISTÃO, 2009):

Logo após a chegada dos navegantes portugueses no litoral brasileiro, foram feitos relatos informando que "nessa costa não vimos coisa de proveito, exceto uma infinidade de árvores de pau-brasil" (Carta de Américo Vespúcio para Piero Soderini). Diante disso, o Rei D. Manuel decidiu concentrar os esforços da coroa na conquista da Índia. Esse rei decidiu assinar uma espécie de contrato de aluguel do Brasil para um conjunto de mercadores lusitanos, liderados por um comerciante denominado Fernão de Loronha (mais tarde, Fernando de Noronha). Num outro documento, numa carta escrita em 1506, um comerciante italiano que vivia em Lisboa, fazia os seguintes comentários: "de há três anos para cá, foi descoberta uma terra nova da qual se traz todos os anos 20 mil quintais (ou 1.200 toneladas) de brasil, o qual é tirado de uma árvore grossa que é muito pesada; mas que não tinge com perfeição em que o nosso do Levante (ou seja, Oriente). Não obstante, despacha-se muito do referido brasil para Flandes, e para Castela e Itália e muitos outros lugares; o qual vale 2,5 ducados o quintal. O referido brasil foi concedido a Fernão de Loronha, cristão-novo, durante dez anos por este Sereníssimo rei, por quatro mil ducados ao ano; o qual Fernão de Loronha manda em viagem todos os anos à dita Terra Nova os seus navios e homens, a expensas suas, com a condição que este Sereníssimo rei proíba que daqui em diante se extraia da Índia. O qual brasil em Lisboa lhe fica com todos as despesas por meio ducado o quintal; na qual terra há bosques inteiros deste brasil.

Com base nessas informações, apure o lucro líquido anual em ducados obtido pelos comerciantes portugueses.

3. Em 1875, foi publicado no jornal *Vida Fluminense* o seguinte texto:

Mercê de Deus, esse homem, com a consciencia tranquilla, com a calma que não desampara a rectidão e a justiça, explicou no Senado as causas anormaes que, sem interferencia sua, levaram o Banco Mauá, de Montevidéo, a valer-se do ouro depositado, e mostrou até a evidencia que nada perderia o Thesouro dessas sommas, visto que, pelas regras da *peior* contabilidade, um activo de doze milhões de patacões, por *peior* que elle seja, dá sempre para o pagamento integral de mil e tantos contos!

O texto, em ortografia da época, usa a expressão *pior contabilidade*. A que se refere a regra da pior contabilidade?

4. Com respeito às fases da elaboração das normas do CPC, discuta como elas podem garantir a "democracia" na elaboração das Normas.
5. Referente à questão do reconhecimento da receita no Brasil, o responsável pelas normas contábeis na CVM, José Carlos Bezerra, afirmou em 2017 que "o Ifric não cria normas". Você concorda?
6. Uma das mudanças recentes na Contabilidade brasileira foi a revogação da estrutura conceitual do CFC, representada pela Resolução nº 750/1993. Juntamente com a revogação, o CFC divulgou um texto não oficial afirmando que isso não significa que os princípios de contabilidade estejam extintos (GIROTTO, 2016). Analise essa situação, leia o documento do CFC e certifique se os princípios foram ou não extintos.
7. As normas emitidas pelo Iasb são traduzidas e adaptadas pelo CPC no Brasil. Entretanto, para serem adotadas, devem ser "endossadas" pelos reguladores. Em meados de 2019, existiam 50 CPCs emitidos, incluindo a estrutura básica e excluindo o pronunciamento de pequenas empresas. O Conselho Monetário Nacional aprovou somente nove pronunciamentos, ou 18% do total. Qual setor é regulado pelo CMN? Você saberia dizer a razão da demora em aprovar as normas por parte desse conselho?
8. Com respeito à questão anterior, uma grande entidade, com ações no exterior, deve lidar com dois padrões: a IFRS e as novas regras endossadas pelo CMN. Isso pode ter reflexo no custo contábil de cada entidade e para o usuário. A razão da não adoção total é o conservadorismo. Discuta os efeitos dessa situação e não deixe de levar em consideração a questão da comparabilidade.

REFERÊNCIAS

ADDE, T. et al. A Comissão das Partidas Dobradas de 1914 e a contabilidade pública brasileira. *Revista Contabilidade e Finanças*, v. 25, 2014.

ANDRADE, A. P. *História e contabilidade* – diálogos possíveis: o caso da Companhia Geral de Comércio de Pernambuco e Paraíba – 1759-1775. 2013. Tese (Doutorado) – Programa de Pós-Graduação em História, Universidade Federal de Pernambuco, Recife, 2013.

CALDEIRA, J. *História do Brasil com empreendedores*. São Paulo: Mameluco, 2009.

GIROTTO, M. Revogação da Resolução n. 750/1993: contexto e considerações. CFC, 2016. Disponível em: https://cfc.org.br/noticias/revogacao-da-resolucao-no-7501993-contexto--e-consideracoes/.

GLEESON-WHITE, Jane. *Double entry*: how the merchants of Venice created modern finance. Nova York: W. W. Norton, 2012.

IUDÍCIBUS, S. de; RICARDINO FILHO, A. A. A primeira lei das sociedades anônimas no Brasil. *Revista Contabilidade & Finanças*, n. 29, p. 7-25, 2002.

PELEIAS, I.; SILVA, G.; SEGRETI, J.; CHIROTTO, A. Evolução do ensino da contabilidade no Brasil: uma análise histórica. *Revista Contabilidade & Finanças*, v. 18, n. spe), p. 19-32, 2007.

PELEIAS, I. R. Luca Pacioli: um mestre do Renascimento. *Revista de Educação e Pesquisa em Contabilidade (REPeC)*, v. 4, n. 2), p. 99-102, 2010.

SÁ, A. L. de. *História geral e das doutrinas da contabilidade*. São Paulo: Atlas, 1997.

SCHMIDT, P. *História do pensamento contábil*. Porto Alegre: Bookman, 2000.

SILVA, C. A. T.; TRISTÃO, G. *Contabilidade básica*. São Paulo: Atlas, 2009.

TORRES, F. CVM vai manter forma de registro de receita. *Valor Econômico*, 18 dez. 2017.

Além dessas fontes, grande parte da pesquisa que resultou no presente capítulo foi realizada nos arquivos da Biblioteca Nacional de Portugal e, principalmente, na hemeroteca da Biblioteca Nacional, que apresenta uma fonte inestimável de pesquisa histórica. O resultado dessa pesquisa, de maneira mais detalhada e menos estruturada, foi publicado no *blog* Contabilidade Financeira (www.contabilidade-financeira.com).

5
ESTRUTURA CONCEITUAL

> **OBJETIVOS DE APRENDIZADO**
>
> Ao final deste capítulo, você conhecerá:
> 1. As premissas básicas da Contabilidade.
> 2. A necessidade de se ter uma estrutura conceitual.
> 3. Os aspectos críticos da existência de uma estrutura conceitual.
> 4. As possíveis razões que levam às mudanças na estrutura conceitual.
> 5. As controvérsias que cercam a prudência e a estrutura conceitual.
> 6. O que faz o Comitê de Pronunciamentos Contábeis.

INTRODUÇÃO

A base da teoria contábil moderna encontra-se na sua estrutura conceitual. Entretanto, ao contrário do que ocorreu no desenvolvimento da teoria, com as contribuições de Patton e Littleton, entre outros, o centro do desenvolvimento dessa estrutura tem sido ocupado por uma entidade normatizadora. Assim, as contribuições individuais são diluídas nos debates internos ou até mesmo no processo de audiência pública da estrutura.

Mostramos, no Capítulo 4, que tivemos no passado duas estruturas conceituais. A primeira, do Instituto dos Auditores Independentes do Brasil (Ibracon) e posteriormente da Comissão de Valores Mobiliários (CVM), estava baseada na filosofia dos Estados Unidos e foi inicialmente concebida por Sérgio de Iudícibus. Essa estrutura indicava dois postulados, que seriam verdades absolutas da Contabilidade, diversos princípios e convenções. Ou seja, obedecia a postulados, princípios e convenções dispostos em uma hierarquia de ordem de importância. A segunda estrutura foi baseada nos estudos iniciais de Hilário Franco e aprovada pelo Conselho Federal de Contabilidade (CFC). Apesar de sofrer diversas alterações ao longo do tempo, a estrutura do CFC listava somente princípios, sem uma preocupação hierárquica.

As duas estruturas têm sua origem na década de 70 do século XX. Entretanto, nesse mesmo período, a listagem de princípios começa a ser questionada. Ao mesmo tempo, os autores da Contabilidade deixam de lado pesquisas sobre esse assunto, ficando a cargo do normatizador a responsabilidade de apresentar uma estrutura conceitual. Isso tem início no Financial Accounting Standards Board (Fasb), dos Estados Unidos, via *Fasb Concepts*.

Pelo acordo de Norwalk, em 2002, o Fasb e o International Accounting Standards Board (Iasb) decidiram concentrar seus esforços na convergência, o que incluía a promulgação de uma estrutura conceitual conjunta. Isso foi, de certa forma, realizado. Nas primeiras discussões, houve participação conjunta Fasb/Iasb, mas em anos mais recentes prevaleceu somente o entendimento do Iasb. O Fasb continua a editar sua estrutura conceitual. Por servir de base às discussões posteriores desta obra, o presente capítulo concentra-se em trazer algumas reflexões sobre a estrutura conceitual.

Objetivo 1: Quais são as premissas básicas da Contabilidade

PREMISSAS BÁSICAS

Tais premissas podem não ser apresentadas nos documentos formais dos normatizadores ou nas páginas dos relatórios contábeis. Entretanto, sua presença é crucial para o usuário das demonstrações contábeis.

A listagem dessas premissas pode variar conforme o autor. E podem estar contidas em listas de "princípios" ou nas estruturas conceituais. De certa forma, estão presentes independentemente do país e parecem ter estado "quase sempre" presentes na história da Contabilidade. Por estarem subentendidas, as premissas básicas geralmente não geram discussões polêmicas.

O conjunto de premissas apresentado a seguir não esgota o assunto e pode, até certo ponto, ser polêmico: unidade de medida, periodicidade, regime de competência, evidenciação, limites da Contabilidade e continuidade.

ANTES DE PROSSEGUIR

O termo *premissa* é usado aqui como sinônimo de suposição. Na primeira estrutura conceitual do Iasb, usa-se *"assumption"* (premissa) apenas para regra de continuidade, o que é realmente polêmico. As atuais estruturas evitam tratar desse tema.

A aplicação de maior destaque da Contabilidade é a mensuração dos eventos que afetam uma entidade. Para esse processo de mensuração, escolhe-se uma **unidade de medida**. No passado longínquo, a unidade era tipicamente física, como ocorria nas civilizações antigas. Naquele tempo, contavam-se as unidades de um rebanho. Com o desenvolvimento do comércio, o dinheiro passou a ser a mais importante unidade de medida contábil. Assim, os ativos de uma entidade são expressos em reais, dólares ou euros. Isso, naturalmente, cria um problema para o profissional contábil pelo fato de a unidade de medida dinheiro não ser estável ao longo do tempo. A grande vantagem é o fato de ser uma unidade de mensuração onde os valores podem, até certo ponto, ser somados. Isso parece muito óbvio para os reguladores, que não perdem tempo sobre este assunto, mas discutem longamente sobre a escolha da "base" de mensuração, seja esta uma unidade de medida monetária, passada, presente ou futura.

O segundo aspecto refere-se à limitação temporal da mensuração de desempenho, que conhecemos como **periodicidade**. Afetará não somente a duração, em termos temporais, da apuração do resultado, como também a data em que deve ser feita. Usualmente, as informações contábeis são apuradas em períodos anuais e, no Brasil, geralmente tendo como data o último dia do calendário gregoriano, que adotamos no nosso país. No primeiro caso, temos a duração do exercício social de uma entidade, que geralmente é de um ano. No segundo caso, a data do encerramento desse exercício social.

O **regime de competência** tem sido a base da Contabilidade de inúmeras entidades. É bem verdade que existem entidades que adotam o regime de caixa ou mesmo um regime de caixa disfarçado. Enquanto muitas medidas de desempenho e de decisão dependem substancialmente do caixa, a Contabilidade considera que o regime de competência fornece informações mais adequadas para fins de decisão. Existe uma longa discussão sobre a adequação ou não dessa opção. Mesmo o setor público, cujo desempenho historicamente tem-se focado no regime de caixa, passou a perseguir a informação contábil usando o regime de competência nos últimos anos. Isso ocorreu, por exemplo, no Brasil, com a adoção da estrutura conceitual, a partir de 2016, conforme será discutido no Capítulo 10.

ANTES DE PROSSEGUIR

Na final década de 1980, ocorreu uma discussão bastante interessante sobre o regime de competência na Contabilidade brasileira a partir de um artigo, coescrito por Hélio de Paula Leite e João Carlos Hopp, com o título de "O mito da liquidez". Apesar de não citarem explicitamente o regime de competência, os autores enfatizam a necessidade de focar no caixa como o melhor indicador da saúde financeira da empresa. A discussão provocada pelo artigo, que incluiu réplicas de Sérgio de Iudícibus, Eliseu Martins e Alexandre Assaf Neto, representou o ápice da discussão sobre esse ponto no Brasil.

Se a Contabilidade deve ser usada para a tomada de decisão, os valores apurados devem ser comunicados para o usuário, seja ele interno ou externo. A **evidenciação** deve ser uma preocupação relevante. Para algumas empresas e em alguns setores, existem normas obrigando à evidenciação de certas informações; entretanto, nada impede que a entidade possa divulgar essas ou outras informações sem a existência de obrigatoriedade, o que corresponde a **evidenciação voluntária**.

Os **limites da Contabilidade** estão associados ao conceito da **entidade**. Na época de Pacioli, era muito comum que as joias do mercador estivessem registradas na contabilidade da aventura comercial. A partir do final do século XIX e início do século XX, estabeleceu-se a necessidade de fazer uma segregação entre o que era efetivamente da empresa e aquilo que era dos seus proprietários.

Finalmente, a **continuidade** é relevante em diversas escolhas contábeis e justifica a depreciação e amortização dos ativos não circulantes, assim como a escolha do método de mensuração.

No Quadro 5.1, são apresentadas essas premissas básicas. Também se encontra a presença dessas premissas nas estruturas conceituais que estiveram presentes na história da Contabilidade brasileira, conforme apresentamos no Capítulo 4.

Quadro 5.1 Relação entre as premissas básicas e as antigas estruturas conceituais

Premissa básica	Estrutura conceitual
Unidade de medida	Presente na Resolução nº 530/1981 do CFC, que antecedeu a Resolução nº 750
Periodicidade	Presente na Resolução nº 530/1981 do CFC, que antecedeu a Resolução nº 750
Regime de competência	Existia na Instrução CVM
Evidenciação	Lei nº 6.404/1976, nos artigos 176 e 177
Limites da Contabilidade	Considerado um postulado na Instrução CVM
Continuidade	Representava um princípio

Objetivo 2: A razão para precisarmos de uma Estrutura Conceitual

NECESSIDADE DA ESTRUTURA CONCEITUAL

A estrutura conceitual nasce e torna-se relevante para servir de base aos pronunciamentos das entidades reguladoras ao longo do tempo. Assim, *novas questões* que surgem ou novos pronunciamentos emitidos devem buscar na estrutura conceitual a base fundamental. Podemos citar um exemplo para deixar isso mais claro. Quando da elaboração da presente edição deste livro, uma das questões discutidas era se a moeda digital poderia ou não ser um ativo. Como não existe pronunciamento específico a esse respeito, a estrutura conceitual pode servir de base para a resposta inicial a tal questão. Usando o conceito de ativo apresentado na estrutura conceitual, seria possível começar a responder à questão.

Um segundo aspecto que torna importante a existência de uma estrutura conceitual é a necessidade de existir uma **consistência** entre os pronunciamentos. É como se a estrutura conceitual garantisse que todos conversassem a mesma língua. Quando da elaboração de um novo padrão para uma questão emergente, os reguladores voltariam na estrutura conceitual para verificar se aquilo que está sendo apresentado é coerente com a base teórica. Nesse sentido, o termo *estrutura* tem um significado decisivo. É também o caso quando o Banco Central do Brasil e a Comissão de Valores Mobiliários apresentam divergências nos critérios de reconhecimento e mensuração e, consequentemente, de procedimentos contábeis distintos; um arcabouço teórico sólido consubstanciado em uma estrutura conceitual pode contribuir para uma solução conciliadora entre os mesmos. Em qualquer dicionário, essa palavra está associada a sustentação, ao arcabouço ou à base de algo. Este deveria ser o significado.

Diante dos dois aspectos apresentados, é natural que a estrutura conceitual deva ser o pronunciamento mais relevante de uma entidade reguladora. Em geral, a estrutura tem sido considerada um documento à parte dos demais pronunciamentos, em razão de sua importância. A Figura 5.1 apresenta a estrutura conceitual como a base dos documentos emanados por uma entidade reguladora, cuja influência sobre os demais textos seria bastante forte. Entretanto, ao longo do tempo, esses outros documentos terminam por também influenciar a própria estrutura, podendo até provocar mudanças em razão das particularidades específicas dos pronunciamentos. Assim, na Figura 5.1, temos o desenho de setas fortes no sentido "estrutura – pronunciamentos" e uma seta, desenhada de forma mais fraca, no sentido "pronunciamento – estrutura" para indicar que a estrutura pode, eventualmente, ser influenciada pelos pronunciamentos.

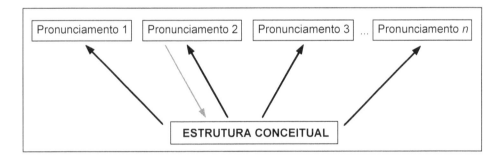

Figura 5.1 Relação entre a estrutura conceitual e os pronunciamentos.

Com a nova estrutura conceitual do Iasb, surgiu um problema com respeito ao International Financial Reporting Standard (IFRS) 3, de Combinação de Negócios. Esta norma usa a estrutura de 1989, que possui uma definição de ativo e passivo diferente. Em razão desse fato, o Iasb está propondo uma alteração – que a entidade chamou de emenda – para atualizar a IFRS 3 e modificar a norma.

Entretanto, o CPC 00 (R2), de 2019, é claro nesse sentido ao afirmar que "Esta Estrutura Conceitual não é um pronunciamento propriamente dito. Nada contido nesta Estrutura Conceitual se sobrepõe a qualquer pronunciamento ou qualquer requisito em pronunciamento".

Objetivo 3: Os problemas de se ter uma estrutura conceitual

CONTROVÉRSIAS SOBRE A ESTRUTURA CONCEITUAL

Apesar da sua utilidade, a existência de uma estrutura conceitual suscita algumas controvérsias e problemas que merecem discussão. Basicamente, podemos separar as críticas pelo seu aspecto de implementação prática e pelo fato de existirem dúvidas sobre sua existência.

Vamos começar pelo segundo aspecto. Iremos denominar de críticas à filosofia de uma estrutura conceitual. Em primeiro lugar, uma estrutura conceitual **não é abrangente o suficiente** em todos os aspectos necessários e relevantes. Por esse motivo, o regulador deixa subentendidas algumas questões ou evita tratar de certos assuntos na estrutura conceitual. É possível perceber isso comparando a expansão entre a primeira estrutura conceitual do Iasb e a estrutura aprovada em 2018. Não somente o número de páginas do documento cresceu, como também a quantidade de assuntos tratados. Mesmo assim, alguns temas foram deixados de lado, seja pela falta de fôlego do regulador ou por não serem considerados prioritários no momento da promulgação.

O segundo aspecto é decorrente do primeiro. Ao tentar ser mais abrangente, a estrutura conceitual provavelmente será mais incoerente e até mesmo contraditória. O atual documento possui quase 30 mil palavras. A chance de existirem trechos com problemas de compreensibilidade ou contradição ou incoerência aumenta com o tamanho do texto. Em determinado trecho da estrutura conceitual do Iasb de 2018, utiliza-se como exemplo o fato de uma informação de receita do ano atual ser usada para fazer previsão da receita futura (item 2.10). Entretanto, o documento de 2018 usou o termo *revenue*, que tinha sido usado até a penúltima versão e que foi trocado por *income* na última versão.

Outro ponto decorre do teorema da impossibilidade de Arrow, em que esse autor mostrou algumas questões sobre as decisões colegiadas. Isso foi discutido no Capítulo 1. Lá também mostramos diversas *desvantagens da regulação*, o que também se aplica à questão da estrutura conceitual. Um exemplo é a discussão sobre a necessidade de prudência nas informações contábeis. Esse aspecto é muito controverso e termina por demandar do regulador uma posição que, provavelmente, não irá agradar a todos. Assim, as desvantagens da regulação também aparecerão na estrutura conceitual e isso deve ser levado em consideração. Uma consequência da impossibilidade de Arrow é o fato de que a existência de uma estrutura conceitual regulatória tolhe o desenvolvimento de outras visões teóricas, distintas e/ou contrárias ao *status quo*. Isso termina por não incentivar o desenvolvimento do pensamento contábil. Nas palavras de Iudícibus e Martins (2015), há uma inversão de papéis entre os reguladores e os acadêmicos, passando aqueles a ser os responsáveis pelos estudos teóricos e estes distanciando-se dos aspectos conceituais da Contabilidade.

Aos três aspectos "filosóficos" apontados (incompletude, chances de existirem problemas no documento e desvantagens da regulação) podemos também somar outros de ordem prática. Destacamos aqui dois aspectos: a hierarquia da estrutura conceitual e a questão da rigidez.

Com respeito à hierarquia, a Figura 5.1 pode transmitir uma ideia de que a estrutura conceitual deveria ser a "estrutura" dos pronunciamentos. Ou seja, **deveria prevalecer sobre os pronunciamentos**. Entretanto, não é isso que se observa na prática. Os próprios reguladores, como o Iasb e o Comitê de Pronunciamentos Contábeis (CPC), deixam claro que, existindo divergência entre um pronunciamento e a estrutura conceitual, a norma específica deve prevalecer sobre a norma geral. Assim, os IFRS são superiores ao *Conceptual Framework*. O Iasb sequer numera a estrutura conceitual. O CPC optou por usar a numeração "00" para a estrutura conceitual, dando a impressão de que seria o pronunciamento básico. É importante notar que a estrutura conceitual sequer foi a primeira norma traduzida do CPC; tal privilégio coube à norma do teste de *impairment*, que recebeu a numeração CPC 01. Isso, de certa forma, é incoerente com os aspectos discutidos anteriormente. Afinal, a estrutura conceitual seria relevante. Em termos práticos, isso deveria fazer com que a prioridade na elaboração e aprovação da norma coubesse à estrutura conceitual; assim, enquanto não aprovasse a estrutura conceitual, o regulador não deveria trabalhar nos outros pronunciamentos. Na prática isso não ocorreu, já que a estrutura aprovada em 2018 estava em discussão desde, pelo menos, 2013. Tendo sido aprovada em março de 2018 pelo Iasb, a versão brasileira deveria ter traduzida de forma urgente pelo CPC. Somente em novembro de 2019 a versão brasileira foi aprovada. Quando da elaboração deste capítulo, mais de três meses já tinham se passado. Em suma, talvez a estrutura conceitual não seja tão relevante assim para os reguladores. Qual seria a razão?

ANTES DE PROSSEGUIR

Fazendo um paralelo, a lei de um país tem na sua Constituição a "estrutura básica". A partir daí, todo arcabouço legal deveria ser seguido. Assim, uma lei seria considerada inconstitucional se desrespeitasse a Constituição. Quando da elaboração e aprovação de uma nova Constituição, as leis existentes devem se adaptar à nova regra. Entretanto, isso não é o que ocorre com as normas contábeis.

Uma possível resposta é o **risco de rigidez**. Aprovar uma estrutura conceitual e torná-la efetivamente a base conceitual para o regulador, incluindo prioridade nas divergências com as normas específicas, pode conduzir a uma rigidez. Considere um assunto emergente, como é o caso da separação entre passivo e patrimônio líquido. Ao tratar deste assunto na estrutura conceitual, o regulador engessa o tema que poderia ser aprofundado e discutido melhor em um pronunciamento específico sobre instrumentos híbridos, por exemplo. Neste caso, para mudar o tratamento de tais instrumentos, seria necessário alterar a estrutura conceitual e, ao mesmo tempo, o pronunciamento.

Mesmo assim, o que se observa na prática é que a estrutura conceitual enquadra-se no problema de superprodução de normas, que discutimos no Capítulo 1. Observe que, desde a opção pelas normas internacionais, o Brasil já teve três documentos: CPC 00 e CPC 00 (R1) e CPC 00 (R2). Em menos de 15 anos de existência do CPC.

> **Objetivo 4:** O que pode levar às mudanças na estrutura conceitual?

RAZÕES PARA MUDAR

Conforme já comentado, a mudança na estrutura conceitual deveria ocorrer em longos intervalos de tempo. Entretanto, não é isso que se tem observado na prática. Uma justificativa é a melhoria na estrutura, absorvendo as críticas e os novos desafios da área. Um exemplo é o conceito de ativo; conforme será estudado no Capítulo 7, o conceito anterior, que associava a geração de riqueza, controlada por uma entidade, baseada em um evento passado, necessitava, segundo a entidade reguladora, de aperfeiçoamento. Há também uma evolução natural da teoria, incorporando novos termos e as mudanças que estão ocorrendo no mundo. Finalmente, o texto pode ser aperfeiçoado, a partir das críticas que são feitas e dos desafios que não são solucionados pela estrutura.

Os três motivos apresentados no parágrafo anterior (preencher lacunas, melhorar o texto atual e mudança de opinião) são reconhecidos pelo Iasb. Entretanto, existe um motivo implícito importante: a **demanda dos usuários** das normas contábeis. A estrutura conceitual mais recente começou a ser discutida em conjunto com o Fasb, entidade que normatiza a Contabilidade nos Estados Unidos, em 2004. Em 2010, dois capítulos ficaram prontos: o primeiro e o terceiro. Mas o Fasb decidiu suspender tal projeto conjunto, para priorizar outras discussões. O Iasb decidiu prosseguir com a mudança na estrutura conceitual, o que, de certo modo, impede de termos uma estrutura conjunta entre os dois reguladores contábeis mais influentes em termos mundiais.

A pressão dos usuários é bastante lógica: não existe razão de conduzir outras discussões sem que a estrutura conceitual esteja atualizada.

O Quadro 5.2 apresenta uma comparação dos capítulos entre as estruturas do CPC 00 (R1) e as mudanças da nova estrutura, que ocorreram em 2018 no Iasb e em 2019 no CPC. Além da mudança de ordem dos itens – o segundo item do CPC 00 (R1) corresponde ao terceiro item da nova estrutura e o terceiro item do CPC 00 (R1) corresponderia ao segundo item da estrutura de 2018 –, o que correspondia ao item 4, "Estrutura conceitual: texto remanescente", foi desdobrado em cinco capítulos: elementos, reconhecimento e desreconhecimento, mensuração, conceito de capital e manutenção de capital e apresentação e evidenciação. Além disso, o item "Entidade que reporta a informação", que no CPC 00 (R1) constava somente como título, tornou-se agora um texto efetivo da norma.

Quadro 5.2 Comparação entre o CPC 00 (R1) e o CPC 00 (R2)

CPC 00 (R1)	CPC 00 (R2)
1. Objetivo da elaboração e divulgação de relatório contábil-financeiro de propósito geral 2. Entidade que reporta a informação 3. Características qualitativas da informação contábil-financeira útil 4. Estrutura conceitual (1989): texto remanescente	1. Objetivo do relatório financeiro para fins gerais 2. Demonstrações contábeis e a entidade que reporta 3. Características qualitativas de informações financeiras úteis 4. Elementos das demonstrações contábeis 5. Reconhecimento e desreconhecimento 6. Mensuração 8. Conceitos de capital e manutenção de capital 7. Apresentação e divulgação

Assim, o Quadro 5.2 mostra que as alterações promovidas pelo Iasb recentemente, apesar de manterem certos aspectos da abordagem conceitual anterior, representam uma mudança substancial para aqueles que usam os pronunciamentos contábeis.

No Quadro 5.3, apresentamos a relação entre os dois assuntos discutidos anteriormente: o conteúdo da estrutura conceitual e as premissas básicas. É possível observar que a unidade de medida não é citada na estrutura conceitual. A periodicidade e a continuidade são discutidas de maneira bem rápida.

Quadro 5.3 Relação entre as premissas básicas e as antigas estruturas conceituais

Premissa básica	Estrutura Conceitual Iasb 2018
Unidade de medida	Não é citada
Periodicidade	Discute o período do relatório, sem estipular valores específicos. Nenhuma discussão sobre a data do encerramento do exercício
Regime de competência	Discussão de *accrual* no capítulo 1
Evidenciação	Discussão no capítulo 7
Limites da Contabilidade	Discussão no capítulo 3
Continuidade	Discussão no capítulo 3, item 3.9

CONCEITOS BÁSICOS

Dentro da estrutura conceitual podem estar inseridos alguns conceitos básicos. Na prática, as modernas estruturas conceituais geralmente apresentam, pelo menos, cinco conceitos: ativo, passivo, patrimônio líquido, receitas e despesas. Os três primeiros são os grandes grupos do balanço patrimonial de uma entidade e fazem parte da equação básica fundamental da Contabilidade (Ativo = Passivo + Patrimônio Líquido). Os dois últimos estão associados à periodicidade e ao regime de competência e têm por finalidade a mensuração do desempenho de uma entidade.

Neste livro, dedicaremos o Capítulo 7 à discussão do ativo. O capítulo seguinte será usado na discussão do passivo e do patrimônio líquido. E o Capítulo 9 trata das receitas e despesas.

> **Objetivo 5:** A estrutura conceitual e a prudência

PRUDÊNCIA

Ao longo do tempo, a prudência (ou conservadorismo) tem sido alvo de grandes controvérsias. Na verdade, os autores antigos tinham preferência pelo termo *conservadorismo*. Mais recentemente, os reguladores e os autores modernos preferem o termo *prudência*, que aparenta ser mais polido ou menos radical. Aqui, usaremos os termos como sinônimos.

A prudência representa o pessimismo na apuração dos resultados e na avaliação e mensuração dos ativos e passivos. Kam (1987) faz pesadas críticas ao conservadorismo e corresponde a um exemplo de como discutir esse assunto é importante para a Contabilidade.

A prudência foi classificada como conceito básico, convenção ou princípio, por autores e por diversas entidades, ao longo da história contábil. Basicamente, a prudência era vista como fundamental para a Contabilidade pelos autores antigos. A ideia é que a Contabilidade deveria focar no "pássaro na mão", na certeza e confiabilidade da prudência. Assim, o resultado de uma entidade seria aquele mais pessimista possível. Acreditava-se que o contador deveria ser o contrapeso do otimismo dos gestores. O desenvolvimento da teoria de finanças permitiu que fosse possível imaginar que o mercado sabe a informação disponível, de modo que um ativo possa ser mensurado pelo valor de mercado. Uma consequência disso é que o lucro pode ser estimado a todo momento, para mais ou para menos. Se o conservadorismo permite a verificabilidade (ou capacidade de verificação, segundo o CPC de 2019), sua adoção pode reduzir a relevância da informação. Temos, aqui, de optar entre a confiabilidade e a relevância.

A influência da teoria moderna de finanças lentamente conquistou adeptos na Contabilidade. O *Fasb Concepts* 2, de 1981, indicava como característica qualitativa da informação contábil o conservadorismo. Antes disso, a política da prudência era destacada na Norma Internacional de Contabilidade NIC 1, do Iasc, em 1974 (FRANCO, 1988).

Posteriormente, os dois reguladores passaram a enfatizar a relevância. Na primeira estrutura conceitual do CPC, adotada no Brasil em 2008, a prudência estava inserida na característica qualitativa da confiabilidade. O regulador reconhecia que a prudência representava uma precaução nos julgamentos diante da incerteza, mas que isso não deveria justificar a criação de provisões excessivas, por exemplo.

Quase quatro anos depois, o CPC aprovou uma estrutura conceitual nova. No prefácio da norma, o CPC "adenda" algumas observações, sendo que a última delas é a seguinte:

> A característica *prudência (conservadorismo)* foi também retirada da condição de aspecto da representação fidedigna por ser inconsistente com a

neutralidade. Subavaliações de ativos e superavaliações de passivos, segundo os *Boards* mencionam nas Bases para Conclusões, com consequentes registros de desempenhos posteriores inflados, são incompatíveis com a informação que pretende ser neutra. (Itálico no original.)

Essa é a única fez que o termo aparece na Estrutura.

Entretanto, desde 2008, os reguladores estavam sofrendo grande pressão para voltar a incorporar a prudência na estrutura conceitual. Com a crise, os ativos avaliados a valor de mercado sofreram redução, influenciando os resultados das entidades. A Contabilidade, ao não usar a prudência, fez com que empresas apresentassem grandes prejuízos, o que teria efeito de alimentar ainda mais a crise econômica. Assim, a estabilidade econômica poderia ser uma das finalidades da estrutura conceitual. A Comunidade Europeia chegou a ameaçar retirar as doações dos seus países para o Iasb em 2013.

Aparentemente, a pressão parece que produziu resultado. Em 2018, ao aprovar uma nova estrutura conceitual, o Iasb afirmou que a neutralidade é apoiada (*supported*, no original) pelo exercício da prudência. Fazendo uma ginástica para justificar a presença da prudência na sua estrutura conceitual, o Iasb, regulador internacional, afirma que a prudência não significa que os ativos e as receitas estariam subestimados e o passivos e despesas superestimados. Entretanto, usar a prudência é exatamente isto, o que parece um contrassenso.

> **Objetivo 6:** Conhecendo o CPC

COMITÊ DE PRONUNCIAMENTOS CONTÁBEIS

Em outubro de 2005, após intensa discussão, foi criado o Comitê de Pronunciamentos Contábeis (CPC) mediante uma resolução do Conselho Federal de Contabilidade (Resolução nº 1.055/2005).

O surgimento do CPC deve ser visto como consequência de uma série de mudanças que ocorreu na economia brasileira nos 15 anos antecedentes, em particular a abertura para o mercado externo.

O CPC é composto por representantes da Associação Brasileira das Companhias Abertas (Abrasca), da Associação Nacional dos Analistas e Profissionais de Investimento do Mercado de Capitais (Apimec), da Bolsa de Valores de São Paulo (Bovespa), do Conselho Federal de Contabilidade, do Instituto dos Auditores Independentes do Brasil (Ibracon) e da Fundação Instituto de Pesquisas Contábeis, Atuariais e Financeiras (Fipecafi). Além desses membros, participam, como convidados, o Banco Central do Brasil, a Comissão de Valores Mobiliários (CVM), a Secretaria da Receita Federal (SRF) e a Superintendência dos Seguros Privados (Susep), além de outras entidades ou especialistas convidados. O CPC não possui presidência, já que sua atuação se faz com base nas coordenadorias.

A criação do CPC ocorreu em razão da necessidade de:

- promover a convergência internacional das normas contábeis, que implicaria redução no custo da Contabilidade e redução do risco;
- centralizar a emissão de normas contábeis; e
- ter uma representação e processos democráticos na emissão das informações.

Para isso, o CPC pode emitir pronunciamentos técnicos, orientações e interpretações. A Lei nº 11.638 passou a permitir que a CVM, o Banco Central e outros órgãos e agências reguladoras firmem convênio com entidade composta majoritariamente por contadores para adotar, no todo ou em parte, os pronunciamentos técnicos emitidos. Apesar de a Lei não nomear o CPC, a redação induz a possibilidade futura de unificação da normatização contábil no Brasil.

Em termos de estrutura, o CPC possui quatro coordenadorias: de operações, de relações institucionais, de relações internacionais e técnica. Esta última será responsável pela elaboração dos pronunciamentos técnicos, interpretações e orientações, que é realizada em sete fases:

- **1ª fase – Elaboração da Minuta Inicial – M1**: a minuta será feita por um relator, com a participação da coordenadoria técnica, e será examinada pelo grupo de trabalho.
- **2ª fase – Análise da Minuta inicial (M1) pelo Grupo de Trabalho**: análise individual feita por diversos membros do grupo de trabalho, que enviarão sugestões. O resultado dessa fase conduz a uma segunda minuta (M2).
- **3ª fase – Análise da Minuta M2 pelo CPC**: análise crítica do CPC que irá conduzir a uma terceira minuta (M3).
- **4ª fase – Análise da Minuta M3**: feita por órgão regulador específico, convidado a opinar e participar. Ao final, tem-se uma quarta minuta (M4).
- **5ª fase – Audiência Pública**: a minuta M4 será levada a apreciação da comunidade, mediante audiência pública no sítio do CPC.
- **6ª fase – Revisão Final da Minuta M4**: após o exame das sugestões colhidas na audiência pública, o projeto é aprovado pelo CPC, resultando na minuta M5.
- **7ª fase – Apreciação Final do CPC**: a minuta pode ser aprovada, com ou sem alterações, ou rejeitada.

ANTES DE PROSSEGUIR

Oportuno lembrar que, por ser o Brasil país de *code-law*, os pronunciamentos do CPC, para serem adotados pelas empresas, necessitam ser aprovados e editados pelos órgãos reguladores, mediante circulares, resoluções, instruções etc.

Em meados de 2007, o CPC, em conjunto com a CVM, submeteu para audiência pública a Estrutura Conceitual para Elaboração e Apresentação das Demonstrações Contábeis. Essa estrutura baseia-se num texto similar do Iasb, substituindo a Estrutura do Ibracon previamente aprovada, que foi discutida neste capítulo. Apesar de a proposta afirmar que não existe diferença, na essência, do pronunciamento anterior, as mudanças são realmente significativas.

Em 2011, o CPC aprova uma revisão do pronunciamento conceitual básico, com as alterações que já tinham sido aceitas pelo Iasb em *The Conceptual Framework for Financial Reporting* (BV2011). Esse documento foi referendado pelo Conselho Federal de Contabilidade, que editou a Resolução nº 1.374, de 8 de dezembro de 2012, composta de quatro partes: o objetivo da elaboração e divulgação de relatório contábil-financeiro de propósito geral, a entidade que reporta a informação, as características qualitativas da informação contábil-financeira útil e a estrutura conceitual. O segundo capítulo, sobre a entidade, deverá ser acrescentado futuramente.

Em lugar dos postulados, princípios e convenções, a Estrutura do CPC e do CVM apresenta a premissa subjacente, que é a continuidade.

O pressuposto das demonstrações contábeis é que a entidade está em marcha e continuará em operação num futuro previsível. Caso a entidade esteja em liquidação, com previsão de redução substancial da escala de operação, a base das demonstrações muda, devendo ser divulgada.

As informações contábeis devem apresentar características qualitativas, atributos que fazem com que a Contabilidade seja útil para o usuário. Essas características estão divididas em características fundamentais e características de melhoria. As primeiras, como o próprio nome já diz, são mais importantes. São duas as *características fundamentais:*

1. **Relevância**: as informações são relevantes quando influenciam as decisões econômicas dos usuários, com valor preditivo ou confirmatório. Não é necessário que a informação seja uma projeção para ter valor preditivo. Basta que seja usada pelo usuário para fazer predições. A materialidade é somente um dos aspectos da relevância.

2. **Representação fidedigna**: para que uma informação seja útil, deve-se representar a realidade com fidedignidade. Para que tal ocorra, são necessários três atributos para informação: ela deve ser completa, neutra e livre de erro. Por *completa* entende-se que deve incluir toda informação necessária para que o usuário compreenda o fenômeno que está sendo retratado. A representação é *neutra* quando não existe viés na informação. E a realidade deve apresentar erros ou omissões no fenômeno retratado, sendo que o processo usado para produzir a informação foi selecionado e aplicado *livre de erros.*

São quatro as características de melhoria:

1. **Comparabilidade**: uma das características qualitativas é a possibilidade de os usuários compararem as demonstrações contábeis ao longo do tempo e entre diferentes entidades. Isso significa que transações semelhantes devem ser reconhecidas de forma semelhante pela entidade ao longo do tempo e por diversas entidades diferentes.
2. **Verificabilidade ou capacidade de verificação**: esta característica significa que diferentes observadores podem chegar a consenso quanto ao retrato de uma realidade econômica. Esta característica é difícil de ser aplicada em informações nas quais é necessário "olhar" o futuro. Em tais casos, faz-se necessário divulgar as premissas usadas e outros aspectos que sustentam a informação.
3. **Tempestividade**: a informação deve estar disponível para os usuários a tempo de poder influenciar as suas decisões. De maneira geral, existe uma relação entre o fato de a informação ser muito antiga e a sua menor utilidade.
4. **Compreensibilidade**: a informação deve ser clara e concisa, de modo a ser entendida pelos usuários que possuam conhecimento razoável dos negócios, das atividades econômicas e da Contabilidade. Alguns fenômenos são por natureza complexos e não podem ser facilmente compreendidos; nem por isso devem ser omitidos.

As características qualitativas devem levar em consideração o custo na elaboração e na divulgação da informação. Uma informação deve obter benefício superior ao custo de sua obtenção. A estrutura conceitual reconhece que esse é um exercício de julgamento. Além disso, enquanto os benefícios são usufruídos pelos usuários, os custos são arcados pela entidade, conforme comentado no Capítulo 1.

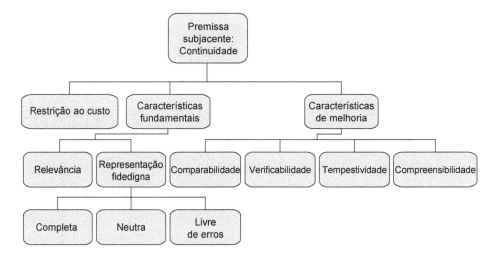

Figura 5.2 Estrutura conceitual para elaboração e apresentação das demonstrações contábeis.

EXERCÍCIOS

1. A moeda digital é um assunto relativamente novo no ambiente econômico. Isso trouxe algumas questões a discutir. Para a Contabilidade, um ponto importante é saber se ela constitui um ativo e como reconhecer e mensurar. Discuta de que forma a estrutura conceitual pode ajudar a Contabilidade a resolver esta questão.

2. O Ifac elaborou uma estrutura conceitual, baseada na proposta do Iasb, para o setor público. Quais seriam as vantagens e as desvantagens de se ter uma estrutura específica para determinado setor?

3. Com respeito à estrutura conceitual do setor público, ao publicar a versão para o Brasil, o Conselho Federal de Contabilidade revogou a Resolução nº 750/1993 e a Resolução nº 1.111/2007, além de diversas normas do setor público. Na comunicação, o CFC destacou que isso "não significa que os Princípios de Contabilidade estejam extintos". A revogação teria por finalidade dar "unicidade conceitual". Pede-se:

    a) Qual seria o termo que poderia substituir "Princípios de Contabilidade" na frase divulgada pelo CFC? Discuta a relevância dessa afirmação.

    b) A "unicidade conceitual" com a estrutura seria temporal, geográfica ou econômica?

    c) O conceito de "unicidade conceitual" não é muito comum na área contábil. A partir do que se discutiu no Capítulo 1 deste livro, trace um paralelo com os conceitos de padronização, harmonização e convergência.

4. Em 2015, o Tribunal de Contas da União questionou o conceito de receita adotado pela Caixa Econômica Federal para registrar, como resultados, os valores existentes nas contas inativas. Pede-se:

    a) A partir desse exemplo, mostre como a estrutura conceitual pode ser importante para resolver tal questão.

    b) O fato de a prudência passar a fazer parte da estrutura conceitual muda sua resposta?

5. Chasan (2015) fez uma análise comparativa entre as definições de materialidade, segundo a Suprema Corte dos Estados Unidos (decisão de 1976 do juiz Marshall), da Securities and Exchange Commission, do Fasb, do Iasb e do Public Company Accounting Oversigh Board.

    a) Usando esse exemplo, mostre em cada situação como a materialidade pode ser usada de maneira distinta pelo Judiciário, no regulador do mercado de capitais, pelas entidades que tratam de assuntos contábeis e por uma entidade que fiscaliza o trabalho de empresas de auditoria.

    b) Existia expectativa de que a aprovação de uma estrutura conceitual pudesse acabar com as discussões sobre a materialidade. Isso realmente seria possível. Por quê?

6. Apesar de não fazer parte da estrutura conceitual, a prudência ainda estava presente nas normas contábeis em pronunciamentos específicos, entre 2011 e 2018. Cite três exemplos do uso da prudência.

7. Com a nova estrutura conceitual do Iasb, surgiu um problema com respeito ao IFRS3, sobre Combinação de Negócios. Essa norma usa a estrutura de 1989, que possui uma definição de ativo e passivo diferente. Em razão deste fato, o Iasb propôs, em 2019, uma alteração – que a entidade chamou de emenda – para atualizar a IFRS3 e modificar essa norma. Volte à Figura 5.1 e use o que foi explicado para entender a razão da necessidade de uma emenda.

8. As estruturas conceituais do Fasb e do Iasb não são numeradas, ao contrário dos pronunciamentos. No Fasb, conforme estudamos no Capítulo 3, existe uma classificação denominada ASU. No Iasb, os pronunciamentos do antigo Iasc são denominados IAS e os pronunciamentos do Iasb receberam o nome de IFRS, sendo numerados pela ordem de promulgação, conforme estudamos anteriormente. No Brasil, a estrutura conceitual recebeu a denominação de CPC 00. Se tal numeração serve para ressalvar a relevância da estrutura conceitual, isso não seria contraditório com a posição do Iasb em subordinar a estrutura aos pronunciamentos?

9. No relatório anual do Iasb de 2015 – publicado no início de 2016 –, a entidade informava que esperava a emissão de uma estrutura conceitual revista em 2017. No ano seguinte, a entidade afirmava que a estrutura "será emitida em 2017". O que poderia ter causado tal atraso?

REFERÊNCIAS

CHASAN, E. Definition of materiality depends who you ask. *Wall Street Journal,* 3 Nov. 2015.

FRANCO, H. A *Evolução dos princípios contábeis no Brasil.* São Paulo: Atlas, 1988.

IUDÍCIBUS, S. de; MARTINS, E. A. Estudando e pesquisando teoria. *Revista Universo Contábil,* v. 11, n. 1, p. 6-24, 2015.

KAM, V. *Accounting theory.* New York: Wiley, 1987.

6
MENSURAÇÃO

> **OBJETIVOS DE APRENDIZADO**
>
> Ao final deste capítulo, você conhecerá:
> 1. A teoria da mensuração.
> 2. Quais os métodos existentes de mensuração contábil.
> 3. Quais os fatores que devemos considerar na seleção do método.
> 4. A relevância do conceito de manutenção de capital.
> 5. O tratamento da informação em um ambiente inflacionário.

INTRODUÇÃO

Nos primórdios do comércio, o registro das operações era realizado por meio das unidades físicas. Assim, um pastor mensurava seu rebanho contando o número de cabeças existente. O seu patrimônio apresentava evolução quando esse número aumentava no tempo. Entretanto, essa forma primitiva de contabilidade tornou-se inadequada com o passar dos anos. Uma das razões era a impossibilidade de somar um rebanho com duas vacas e quatro cabritos, por exemplo. O uso cada vez maior da moeda resolveu em parte o problema, já que as unidades físicas poderiam ser transformadas em um denominador monetário comum. Assim, uma das premissas básicas é a unidade de medida da Contabilidade, que corresponde à moeda, conforme discutido no capítulo anterior.

Entretanto, a simples adoção dessa suposição não garante que todos os problemas estão solucionados. Assim, nem todos os aspectos de uma entidade podem ser descritos a partir da moeda como unidade de medida. Alguns fatores administrativos, como a existência de liderança, a motivação da empresa, as incertezas ambientais são algumas das situações onde o uso da moeda talvez não seja o mais indicado.

Mesmo assim, aparentemente, há certo consenso de que a moeda deve ser a unidade de medida contábil. Mas a partir daí, os problemas indicam diversas soluções possíveis. Este capítulo trata dos aspectos teóricos da mensuração contábil. De forma geral é possível entender a mensuração como o processo de apresentar no balanço patrimonial e no resultado os números correspondentes a ativo, passivo, receita e despesa.

Apesar do fácil entendimento do significado da mensuração, na prática trata-se de um dos desafios mais difíceis da Contabilidade.

> **Objetivo 1:** A teoria da mensuração

TEORIA DA MENSURAÇÃO

A mensuração é uma pré-condição para o reconhecimento de um recurso econômico como ativo ou de uma obrigação como passivo. Mas também é uma decorrência do reconhecimento. Medir ou mensurar algo é, usualmente, traçar uma associação numérica entre um fenômeno e uma grandeza física. Nas ciências, a mensuração é fundamental e na Contabilidade não é diferente.

Nos primórdios, a mensuração utilizava, como grandeza física, a simples contagem. Com a utilização crescente da moeda, esta passou a ser a principal, mas não única, unidade de medida contábil. Assim, na sua origem, o dinheiro passou a corresponder à unidade de medida da Contabilidade em razão da história e do costume.

O objetivo da mensuração dependerá do uso que se fizer com as informações contábeis. Em muitos casos, a mensuração serve para comparação, seja ao longo do tempo, seja com outras entidades. Assim, mensuração não corresponde a atribuição de valor, já este não seria o único objetivo da Contabilidade (e talvez nem seja um dos objetivos).

Não existe, a rigor, uma única teoria da mensuração, assim como não existe uma teoria da mensuração contábil consolidada. A teoria da informação de Shannon, uma das contribuições científicas mais influentes da história, reconhece, por exemplo, que os dados são imprecisos e estatísticos. Mensurações seriam incertezas e intervalares, o que impede de distinguir, de forma clara e precisa, entre estimativa e mensuração. Essa visão poderia justificar, por exemplo, a filosofia da mensuração moderna de ativos.

Na mensuração, existem dois testes clássicos: confiabilidade e validade. Uma medida confiável seria aquela consistente no tempo e com os eventos. Em outras palavras, dois eventos semelhantes deveriam ser mensurados de forma idêntica. Uma medida válida é aquela que mensura o que se pretende medir. Os estoques produzidos internamente serão mensurados pela contabilidade de custo, com a finalidade de determinar o valor dos insumos usados na produção (matéria-prima, máquinas, salários etc.). Em razão das características do método das partidas dobradas, podemos acrescentar um terceiro teste: um evento entre duas entidades deve ser registrado da mesma forma na contabilidade de cada uma das entidades.

O International Accounting Standards Board (Iasb) e, por consequência, o Comitê de Pronunciamentos Contábeis (CPC) consideram que a mensuração deve atender às características qualitativas. Em especial, a mensuração deve focar na representação fiel do evento e na relevância da informação. Além disso, também devem ser consideradas as características de melhoria da informação, assim como a restrição ao custo. Tais aspectos são apresentados na estrutura conceitual, no item específico sobre a mensuração. Segundo o Iasb, as características qualitativas podem considerar as diferentes bases de medição, conforme será discutido mais adiante, já que a própria quantificação, em termos monetários, irá requerer a escolha de uma base medição.

ANTES DE PROSSEGUIR

Mesmo alguns conceitos usuais no estudo da teoria da mensuração podem ter aplicabilidade questionável na Contabilidade. A unicidade exige que a representação se aproxime da única possível para um evento ou objeto. Entretanto, o próprio Iasb admite ser impossível alcançar a unicidade da representação na Contabilidade, defendendo que a escolha de uma base deve ser feita de forma contingencial, o que contradiz a unicidade.

Nesse sentido, é importante uma discussão sobre o erro. Se a mensuração contábil é a atribuição de um número, geralmente em unidade monetária, para um evento, o erro corresponde à situação em que esta mensuração não atende a esse objetivo. Em geral, uma mensuração deve ser confiável e válida, e o erro evita que o número encontrado satisfaça a esse teste.

O erro de observação ou de mensuração corresponde à diferença entre o valor medido de um evento e seu valor real. Na visão estatística, isso não corresponde a um erro propriamente dito, já que a variabilidade é parte fundamental no processo. O erro pode ser aleatório, devido ao acaso, ou sistemático, que não se origina do acaso. Um exemplo de erro sistemático corresponde à calibração imperfeita do instrumento de medida ou do próprio mensurador. Tradicionalmente, a Contabilidade tem sido contemplada com excesso de otimismo dos gestores por conservadorismo ou prudência. Neste sentido, a presença da prudência nas informações contábeis é uma tentativa de evitar a calibração otimista dos gestores, reduzindo essa fonte de erro.

Quando o erro de medição se torna significativo, a informação deixa de ser uma representação fiel do evento que se pretende mensurar.

Uma consequência dos conceitos e princípios de mensuração é o efeito do observador, que na Física originou o **princípio da incerteza** de Heisenberg. Esse efeito também está presente na Contabilidade. Basicamente, indica que o ato de observar um evento irá necessariamente alterá-lo. O princípio da incerteza ou o efeito do observador já está bem consolidado na Física, mas também indica que o mero ato de mensurar um evento o modifica. Se uma empresa decide implantar um sistema de inventário permanente, em lugar do periódico, essa mensuração, por si só, deverá conduzir a mudanças no ambiente empresarial.

Assim, apesar de não existir uma teoria da mensuração contábil consolidada, existem certos conceitos relevantes que podem ser usados no processo de compreensão e, quem sabe, permitir, no futuro, uma consolidação desse conhecimento.

> **Objetivo 2:** Métodos de mensuração contábil

O processo de mensuração contábil consiste em atribuir valor monetário. Se for um ativo, corresponde a atribuir um valor monetário a um recurso econômico; sendo um passivo, um valor monetário para uma obrigação; e assim por diante. Apesar de dados não monetários serem relevantes para o processo decisório, prevalece na medição a utilização da moeda como unidade de medida.

De maneira geral, os elementos patrimoniais e de resultados de uma entidade podem ser trocados por moeda. Isso faz com que o valor de troca ou algum nome correspondente seja uma opção natural na determinação do método de medição. Entretanto, o valor de troca pode assumir diferentes formas, o que torna a escolha da base de avaliação difícil. Inicialmente, o valor de troca pode assumir duas formas: valor de entrada e valor de saída. O valor de entrada corresponde àquele obtido pela entidade no mercado de compra. Já o valor de saída refere-se ao montante obtido no mercado de venda.

Também é possível classificar as bases de avaliação de acordo com a variável "tempo". Considerando a variável tempo, o valor pode assumir montantes divergentes se for obtido em datas distintas. Assim, um valor de entrada ou saída poderá ser baseado em momento passado, presente ou futuro. O Quadro 6.1 apresenta as bases para avaliação do ativo. Entretanto, essa classificação não é muito útil, uma vez que certas bases de avaliação não são relevantes e algumas delas não foram consideradas (HENDRICKSEN; VAN BREDA, 1999, p. 489). Considere como exemplo o **custo futuro**; essa base de avaliação refere-se ao preço que será praticado, em termos de valores de entrada, em data futura. A utilização dessa base de avaliação poderia ser justificável quando existisse uma diferença significativa entre o valor atual ou passado de um ativo e o valor futuro previsto. As desvantagens dessa base de avaliação são muito representativas para servir de utilização prática. Em outras palavras, o **custo futuro** como base de avaliação é muito mais uma curiosidade acadêmica do que algo de utilidade prática.

Quadro 6.1 Bases de avaliação do ativo

	Valor de entrada	Valor de saída
Passado	Custo histórico	Preço de venda passado
Presente	Custo corrente/reposição	Preço de venda corrente
Futuro	Custo futuro	Valor realizável esperado

Em termos de valores de entrada, temos que o custo histórico e o custo corrente/reposição são as bases mais relevantes. Em termos de valores de saída, merecem destaque o valor presente e o valor de liquidação.

Custo histórico

No **custo histórico**, os itens são mensurados pelos valores pagos na época da aquisição. Devem-se incluir todos os pagamentos necessários para colocar o ativo em condição de gerar benefício futuro para a entidade. O custo histórico é a base de avaliação mais comum na preparação das demonstrações contábeis.

Uma característica do custo histórico é que ele não reflete as mudanças que ocorreram ou que ocorrerão nos valores. Isso não significa que o custo histórico seja imutável no tempo. Em situações inflacionárias, que serão discutidas mais adiante, e no caso em que parte do ativo é consumido no tempo, aplicando-se os métodos de depreciação, o método de mensuração continua sendo o custo histórico. É também o caso dos empréstimos, quando as despesas são agregadas ao principal.

Custo corrente

No **custo corrente**, os itens são contabilizados pelo montante pelo qual teriam que ser pagos caso fossem comercializados nos dias atuais. Os defensores do custo corrente argumentam que ele possui grande capacidade informativa. Assim, o custo corrente refletirá as mudanças ocorridas entre a data da transação e a data da mensuração ou do encerramento do exercício social. Em resumo, o custo corrente não guarda relação com a transação que deu origem ao ativo, ao passivo ou ao resultado.

É importante salientar aqui uma grande mudança ocorrida nessa classificação na concepção do regulador. Na estrutura conceitual anterior do Iasb, os métodos de mensuração estavam classificados em custo histórico, custo corrente, valor realizável e valor presente. Durante a fase de discussão, o Iasb propôs unir o custo corrente com o valor realizável e, ao mesmo tempo, usar a terminologia de mensuração baseada no fluxo de caixa. Ao aprovar a atual estrutura conceitual, o Iasb/CPC classifica os métodos em dois grandes grupos: custo histórico e valor atual. Neste último caso, o Iasb inclui o valor justo, o valor em uso ou de realização e o próprio custo corrente. No final de 2019, o CPC traduziu esses termos para (a) valor justo; (b) valor em uso de ativos e valor de cumprimento de passivos; e (c) custo corrente.

Figura 6.1 Evolução da classificação, segundo o Iasb.

O **valor justo** corresponde ao preço que seria recebido por vender um ativo ou transferir um passivo, em uma transação ordenada entre os participantes do mercado, em determinada data. Assim, o conceito de valor justo está associado ao mercado ao qual a entidade tem acesso, em que os participantes procuram agir da melhor forma possível para defender seus interesses. Por esse motivo, em alguns casos, o valor justo se confunde com o preço observado. Mas, em algumas situações, o valor justo será resultado de técnicas de mensuração, como o fluxo de caixa. O Iasb chega a admitir que seria o valor resultante do fluxo de caixa descontado.

O **valor em uso** refere-se ao fluxo de caixa que se espera obter com o uso do ativo em termos atuais. Em termos do passivo, tem-se o valor que a empresa espera desembolsar para quitar a obrigação e recebe a denominação de *fulfilment value*. Apesar de referir ao fluxo de caixa futuro, que irá entrar ou sair na entidade, por referir-se a uma perspectiva atual, o valor em uso e o correspondente *fulfilment value* para o passivo dizem respeito ao presente, conforme o Quadro 6.2. É importante destacar que a mensuração do valor em uso é feita pela entidade. Assim, cabe à entidade estimar o fluxo de caixa e a taxa de desconto que será usada para trazer a valor presente. Esta seria uma potencial diferença entre o valor em uso e o valor justo.

Quadro 6.2 Métodos de mensuração, segundo o Iasb (2018)

	Valor de entrada	Valor de saída
Passado	Custo histórico	-
Presente	Custo corrente	Valor em uso/valor justo
Futuro	-	-

O **custo corrente** corresponde ao custo de um recurso econômico equivalente na data da mensuração, incluindo o custo de transação. Para um passivo, o custo corrente representa o valor equivalente que seria recebido por uma obrigação, menos o custo de transação. O custo corrente corresponde a um valor de entrada, ao contrário do valor em uso ou do de realização, que são valores de saída.

UM MÉTODO OU VÁRIOS MÉTODOS

Uma questão preliminar sobre a escolha do método de mensuração é se deveria existir um método único ou se a Contabilidade de uma empresa pode conviver com uma multiplicidade de métodos. É interessante notar que, historicamente, existiam tentativas de buscar um método único de mensuração. Assim, Paton listava o custo histórico como base de avaliação e, em 1922, foi o primeiro a defender o custo de reposição. No Brasil, a estrutura conceitual do Instituto dos Auditores Independentes do Brasil e da Comissão de Valores Mobiliários (Ibracon/CVM), baseada no trabalho de Iudícibus, propôs o custo histórico corrigido como base de valor. Isso foi comentado no Capítulo 4. Mesmo em épocas passadas, conforme demonstramos na primeira edição deste livro, os diversos elementos do ativo e do passivo eram mensurados com métodos distintos.

A questão da escolha do número de bases de mensuração implica discutir se o melhor é adotar um método que seja uniforme e coerente, cuja soma dos elementos do balanço e da demonstração de resultados faz mais sentido lógico, por um lado, ou o melhor método para cada um dos elementos, por outro lado. Em outras palavras, somente uma base de mensuração pode fazer com que os elementos tenham mais coerência. Mas isso pode representar a opção por uma forma de mensuração que não seja a mais adequada para um item específico da Contabilidade de uma entidade. De certa forma, é uma escolha entre a consistência e a relevância. E talvez a objetividade.

Há, portanto, prevalência do uso de diversos métodos para mensuração. Assim, é tarefa do profissional contábil, e talvez do regulador, encontrar o melhor método para cada situação. Isso passa pela análise das vantagens e desvantagens de cada método apresentado. Nesta obra, focaremos nos principais métodos utilizados, quais sejam o custo histórico, o custo corrente o valor justo e o valor em uso.

Custo histórico e demais métodos

Inicialmente, a grande distinção ocorre entre o custo histórico e os demais métodos. Conforme afirmado anteriormente, o custo histórico mantém o montante da transação ocorrida no passado. Isso traz duas grandes vantagens para o método. Em primeiro lugar, a *objetividade* do valor mensurado. Em uma transação entre a entidade e um externo, o custo histórico corresponde ao valor dessa transação. De maneira geral, não é necessário fazer inferências sobre variáveis, pressupor situações hipotéticas ou fazer previsões. Pode-se dizer que no custo histórico existe um valor que seria o adequado (ou *correto*). A segunda vantagem é que, geralmente, usar o custo histórico para mensurar o esforço de determinar o montante que será registrado pela Contabilidade reduz bastante esse valor. Assim, o *custo da mensuração* tende a ser reduzido.

A grande desvantagem do custo histórico é a sua inflexibilidade. No extremo, uma vez feito o registro de uma transação pelo custo histórico puro, o montante registrado não se altera. Esse problema se agrava com o passar do tempo, já que mudanças das condições do ambiente externo, incluindo as alterações nos preços, fazem com que o valor registrado perca relevância. Assim, quando uma empresa adquire um terreno e faz o registro pelo seu custo, o valor evidenciado é uma informação útil. Com o passar do tempo, a manutenção do valor de transação original vai perdendo importância para o usuário. Em diversas situações, a mensuração pelo custo histórico possui *menor relevância* e pode não representar adequadamente o valor atual daquela transação. Ou seja, um dos problemas do custo histórico refere-se ao fato de não corresponder a uma *representação fidedigna* da transação.

Existem algumas alternativas para ajustar a mensuração do custo histórico ao longo do tempo. Uma delas é fazer a correção do seu valor por um índice de preços. Temos então o *custo histórico corrigido*, que procura atualizar o montante da transação aos preços dos dias atuais.

Custo corrente (e valor atual)

O custo corrente corresponde ao custo histórico que seria praticado no momento da data da apuração do balanço. A informação do custo corrente pode ser importante quando existe uma grande mudança nos preços relativos dos produtos. Se uma empresa tivesse adquirido um estoque por $ 100 e atualmente o custo desse estoque fosse $ 120, a informação do custo corrente mostraria que a empresa obteve "ganho de estocagem" pelo fato de ter comprado o produto antes da mudança no preço específico.

A informação do custo corrente poderia ser usada na antecipação dos lucros ou prejuízos futuros caso se utilizasse o custo histórico. Caso a empresa vendesse o estoque no próprio exercício, o custo corrente seria um indicador da necessidade futura de desembolso de caixa para repor o estoque que foi negociado. Assim, na venda do estoque, o custo da mercadoria vendida corresponderia ao custo de repor o estoque, no exemplo, $ 120.

O custo corrente teria a grande vantagem de refletir o valor de transação, no caso de entrada do produto na empresa, no momento de sua apuração. De certa forma, quanto maiores as mudanças nos preços, mais relevante seria a apuração do valor. Provavelmente, quanto maior a distância temporal entre a data de aquisição e a data de apuração do resultado, maior seria essa diferença entre o custo histórico e o custo corrente.

Mas tal diferença temporal tende a trazer um problema adicional na escolha da medida: a mudança tecnológica. Em setores onde existe grande influência das alterações tecnológicas, a mensuração usando o custo corrente deve lidar com esse problema.

Obsolescência

O conceito de obsolescência é importante no processo de uso do custo corrente. A obsolescência pode ser física, funcional ou econômica. Pode também ser sanável ou insanável. A obsolescência física ocorre quando um recurso econômico não possui mais condições físicas para executar determinada tarefa. Uma máquina com obsolescência física não tem mais condições de fabricação de determinado produto, apresentando defeitos de maneira constante. A obsolescência funcional é originária da mudança tecnológica; um televisor analógico perde a sua utilidade quando se adota o padrão digital. A obsolescência econômica decorre da falta de rentabilidade do uso do recurso econômico. Um poço de petróleo pode sofrer obsolescência econômica quando o custo de extração fica muito superior ao preço de mercado do produto extraído.

A obsolescência pode ser sanável quando é possível fazer alguma ação para resolver o problema. No televisor com obsolescência funcional, a utilização de um adaptador pode resolver o problema. No caso do poço de petróleo com obsolescência econômica, se nenhuma ação possível da empresa compensar o custo elevado de extração, tem-se um problema insanável. Neste último exemplo, a empresa deve levar para resultado os valores correspondentes ao ativo.

A questão da evolução tecnológica, que pode conduzir a uma obsolescência funcional, torna-se importante no momento de mensurar o custo corrente. Suponha uma empresa que possua diversos equipamentos eletrônicos da penúltima geração. A mensuração do custo corrente deve levar em consideração a atualização tecnológica ou não. Considerando o custo de repor os ativos por equipamentos eletrônicos de última geração, temos o *custo de reposição*.

ANTES DE PROSSEGUIR

Na adoção inicial das normas internacionais no Brasil, foi permitido o uso do custo atribuído (*deemed cost*), conforme o CPC 37, para os imobilizados e propriedades para investimento, em lugar do custo histórico. O número de empresas que usaram essa prerrogativa foi relativamente reduzido, conforme Freitas (2011).

Valor justo e valor em uso

O **valor justo** corresponde à quantidade monetária pela qual um ativo pode ser negociado, ou um passivo liquidado, quando as partes no negócio são independentes e conhecem o negócio, não realizando a transação de maneira forçada ou em uma situação na qual exista pressão para a sua liquidação. Essa definição é apresentada nos diversos pronunciamentos, com pequenas variações, e compõe-se de três partes.

A primeira afirma que se trata do valor de um ativo que pode ser negociado ou um passivo liquidado. Ou seja, a definição está associada a um ativo ou um passivo. O patrimônio líquido de uma entidade pode ser afetado pelo uso do valor justo, mediante efeitos no resultado da empresa. Existe uma exceção que corresponde ao uso do valor justo nas situações de pagamento em ações. Nesse caso, o CPC 10 também considera que o valor justo deve ser aplicado para instrumento patrimonial outorgado que pode ser negociado. Mais importante, a definição do valor justo considera o valor de saída, não o valor de entrada. Deve-se considerar o montante de venda e não aquilo que se paga. Em muitas situações práticas, o valor de saída será igual ao valor de entrada. Mas são aspectos diferentes, conforme visto anteriormente.

A segunda parte assume que os compradores e os vendedores sejam pessoas diferentes e independentes. Além disso, ambas seriam conhecedoras do negócio. Não existiria, portanto, uma assimetria informacional elevada no mercado. Esses aspectos estabelecem, portanto, as características dos participantes do mercado. No uso do valor justo, considera-se que as partes que participam de um mercado tenham muita atividade. Mas a questão do mercado principal está presente no Statement of Financial Accounting Standards (SFAS) 157, em que o Financial Accounting Standards Board (Fasb) afirma que o mercado principal é o mercado no qual ocorre grande quantidade e nível de atividade para o ativo. Além disso, não se deve considerar o custo de transação, já que não faz parte do ativo ou do passivo. Mas o custo de transporte deve ser considerado.

A terceira parte da definição assume que não existem fatores que pressionem a liquidação ou tornem a transação compulsória. Nessa última parte da definição do valor justo, tem-se a forma como ocorre a transação. Na definição, fica claro que a transação deve ser livre, sem nada que a obrigue. Isso inclui a ausência de compulsão entre as partes. O fato de as partes serem independentes já deveria garantir que a transação ocorresse sem pressão para seu término. Assim, de certa forma, a definição é redundante nesse sentido. Entretanto, existem situações nas quais, mesmo as partes sendo independentes, pode existir pressão para que a transação ocorra. Suponha que uma empresa esteja com dificuldades financeiras e decida vender um ativo relevante para um terceiro. Embora a transação ocorra entre partes independentes, os problemas existentes na empresa vendedora podem pressionar para que o negócio seja concretizado. Em algumas situações, pode ocorrer uma transação defensiva. Uma empresa pode adquirir ativos de outras para se defender do competidor. Essa situação pode ser considerada uma situação em que ocorre o valor justo, mesmo existindo pressão para a aquisição por parte do concorrente.

Existem aspectos importantes de caráter prático na estrutura conceitual do Iasb de 2018. Afirma-se que o valor justo reflete as expectativas atuais dos participantes do mercado sobre o valor, a tempestividade e a incerteza dos fluxos de caixa futuros. Entretanto, o responsável pela mensuração é o profissional contábil. Isso significa que ele deve ter conhecimento sobre tais expectativas. Em um mercado de *commodities* com ampla divulgação de informações, isso não seria problema. Mas a relação de itens que compõe o balanço de uma empresa não é feita por esse tipo de produto. Conforme destaca Lustosa (2017), em um artigo bastante crítico sobre o uso do valor justo, o conceito de valor refere-se à expectativa futura, inerentemente incerta e imprecisa. E isso seria incoerente com o termo *justo*.

Os problemas do valor justo também estão presentes no **valor em uso**. O valor em uso corresponde ao fluxo de caixa que seria obtido no futuro, trazido a valor presente para a data do balanço. Enquanto o valor justo olha o mercado, o valor em uso observa como a empresa usa o ativo ou o passivo nas suas atividades operacionais. Para isso, a Contabilidade de uma entidade deve estimar os valores que serão gerados ou desembolsados pelo item patrimonial que está sendo mensurado e escolher um custo de oportunidade do capital empregado. O cálculo do valor presente é a parte mais fácil do processo.

REAVALIAÇÃO

Já apresentamos os métodos possíveis de serem usados para fins de mensuração. Um desses métodos é o custo histórico. Entretanto, com o passar do tempo, pode existir um descolamento entre o número apresentado no balanço, quando baseado no custo histórico, e o eventual valor de mercado. Uma forma de reduzir esse descolamento é fazê-lo por meio de uma nova avaliação ou **reavaliação**. Nesse sentido, é importante destacar que a Lei nº 11.638, contrariando as normas internacionais, veda a reavaliação no Brasil. Se o procedimento puder ser realizado de forma regular, o valor contábil deve estar próximo ao valor justo.

A reavaliação pode aumentar ou diminuir o valor do ativo. As normas internacionais (e também a do CPC) recomendam um tratamento que entendemos ser contraditório, já que varia conforme o resultado (Figura 6.2). Percebe-se que, dependendo das circunstâncias, o valor obtido na reavaliação poderá ou não influenciar o resultado do período.

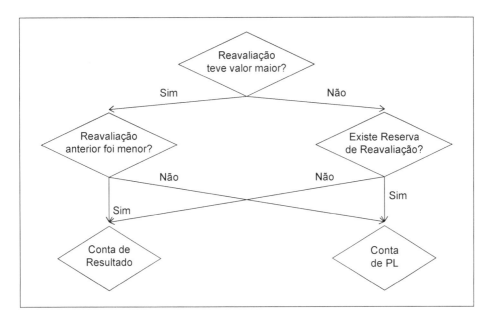

Figura 6.2 Contabilidade da reavaliação, conforme CPC 27.

Objetivo 3: Critérios para escolha do método

SELEÇÃO DO MÉTODO DE MENSURAÇÃO

Conforme discutido, a Contabilidade moderna tem se posicionado de maneira favorável à adoção de vários métodos de mensuração para uma mesma empresa. Isso já tinha sido destacado na primeira edição desta obra, quando apresentamos um quadro indicando, para cada elemento patrimonial, o método de mensuração. Mas o que se tem na prática é que um mesmo elemento patrimonial pode usar mais de um método de avaliação. Considere o caso do estoque e a regra do **custo ou mercado**. Por essa regra, caso o custo de aquisição de um estoque seja superior ao custo atual de mercado, a Contabilidade deve usar aquele que seja menor. É tipicamente uma regra conservadora (ou prudente, segundo a terminologia atual), mas que leva à possibilidade de adotar mais de uma forma de mensurar o estoque: ou se utiliza o custo histórico ou o custo corrente, conforme a terminologia do Quadro

6.2. Optar por distintos métodos tem um preço: a soma dos ativos e dos passivos poderá perder relevância, já que representa a soma de coisas diferentes. E cria um problema: para cada caso, uma escolha.

De forma resumida, o processo de escolha do método deveria levar em consideração a **utilidade da informação** e a **dificuldade em obter essa informação**.

Para o regulador, o primeiro aspecto refere-se às chamadas características qualitativas da informação. Em especial, a relevância, a representação fiel assim como as características de melhoria. Há uma visão moderna de que esse ponto excluiria o custo histórico, já que seu uso informaria a decisão passada somente no momento da transação: usar o custo histórico implica determinar os efeitos da decisão de vender um ativo ou transferir um passivo só no momento da venda ou transferência.

Segundo a estrutura conceitual, a **relevância** de uma medida depende das características do ativo ou passivo e como este contribui para a riqueza futura. No primeiro caso, se existe sensibilidade a fatores de mercado e outros riscos, não se deve usar o custo histórico. O segundo aspecto, os itens patrimoniais que contribuem diretamente para a geração de caixa, como aqueles que podem ser vendidos, a mensuração que se aproxima do mercado seria mais relevante. Para os ativos que são usados em combinação com outros, como máquinas, o custo, histórico ou corrente, seria a opção a ser adotada, segundo o regulador.

Olhando a **representação fidedigna**, o Iasb, na estrutura conceitual de 2018, foca no descasamento contábil (*accounting mismatch*), quando um passivo e um ativo relacionados são mensurados usando duas bases distintas e a incerteza da medida. Sobre este último aspecto, o Iasb chama a atenção para situações nas quais a incerteza pode ser tão elevada que talvez não apresente, de maneira fidedigna, a realidade.

Finalmente, as características de melhoria destacam a necessidade de se manter a escolha da forma de mensuração para permitir a comparação, que por sua vez irá afetar a compreensão por parte do usuário, e a verificabilidade das medidas usadas.

O segundo aspecto relevante na escolha do critério de mensuração corresponde à dificuldade de obter a informação. Esse aspecto favorece o uso do custo histórico, que, dos critérios existentes, provavelmente é o que apresenta menor custo de mensuração. Adotar o custo corrente ou a mensuração a valor de saída pode representar a necessidade de buscar uma informação de mercado ou fazer estimativas usando técnicas derivadas da avaliação de empresas e da análise de investimento. Para o primeiro caso, em muitas ocasiões não é possível ter um mercado do item que está sendo mensurado. Para o segundo caso, o uso do fluxo de caixa descontado envolve a necessidade de estimar o fluxo de caixa futuro que será gerado ou desembolsado, assim como uma taxa de desconto que reflita o custo de oportunidade. Em muitos casos, isso pode ser complexo e o seu resultado não garante uma mensuração razoável, conforme discutido anteriormente. Com muita frequência, existem "atalhos" que facilitam essa mensuração, geralmente com uso de regras simples que podem ajudar.

> **Objetivo 4:** Relevância do conceito de manutenção do capital

MANUTENÇÃO DO CAPITAL

Existem dois conceitos de capital que podem ser adotados por uma entidade: o capital físico e o capital financeiro. O **capital financeiro** refere-se ao recurso monetário que foi investido na entidade. Já o **capital físico** está vinculado à capacidade produtiva da entidade.

A escolha de qual conceito de capital será adotado por uma entidade depende do usuário e de suas necessidades, segundo a estrutura conceitual. Quando o usuário estiver interessado na manutenção do capital nominal investido ou no seu poder de compra, a escolha será o capital financeiro. Caso a preocupação seja a capacidade operacional da entidade, o conceito de capital físico será a alternativa escolhida. A escolha do conceito de capital termina por afetar a meta que a entidade deverá atingir no seu resultado. Entretanto, nas situações práticas, podem existir divergências entre os usuários, o que significa dizer que a escolha feita pelo usuário, conforme aponta a estrutura conceitual, talvez não seja fácil.

A partir dos conceitos de capital apresentados nos parágrafos anteriores, é possível determinar que uma entidade está preocupada com a manutenção do seu capital financeiro ou do seu capital físico.

A busca pela manutenção do capital financeiro significa que a entidade só terá lucro se o montante financeiro de ativos líquidos no final do período for maior que o do início, depois de excluídos os aportes de capital e as distribuições aos proprietários. Já a **manutenção do capital físico** significa que haverá lucro somente se a capacidade física produtiva da entidade no final do período for maior que a capacidade do início, também depois de excluídos os aportes e as distribuições de capital.

Para mostrar a distinção entre os dois conceitos, considere a situação simples de uma entidade que iniciou suas operações com um capital social de R$ 10 mil, investido em dez unidades de estoques com valor unitário de R$ 1.000. O balanço inicial é o seguinte:

Estoques	10.000	Capital	10.000

Caso tenha existido uma inflação no período de 10%, para que exista a manutenção do capital financeiro, o valor do capital deverá ser de R$ 10 mil no final do período mais a inflação do período, ou seja, R$ 11 mil:

R$ 10.000 × (1 + inflação) = R$ 10.000 × (1 + 0,1) = R$ 11.000

Nesse exemplo simples, admite-se que não ocorreu distribuição de capital ou aporte. Tem-se que valores acima de R$ 11 mil expressam lucro e valores abaixo desse montante indicariam prejuízo sob a ótica do capital financeiro.

No mesmo exemplo, considere que a entidade, ao final do período, compre as mercadorias por R$ 1.200 cada. Nesse caso, o capital a ser mantido corresponde a dez unidades do estoque a R$ 1.200 cada, ou R$ 12.000. Haverá manutenção do capital físico caso o valor no final do exercício corresponda a R$ 12 mil.

A escolha de um dos conceitos de manutenção de capital tem influência na mensuração do resultado. Assim, a manutenção do capital físico tem como base a adoção do custo corrente para avaliação. Na verdade, conforme define a Estrutura Conceitual CPC 00 (R1), a diferença dos conceitos *"está no tratamento dos efeitos das mudanças nos preços dos ativos e passivos da entidade"*.

A literatura indica que a manutenção do capital deve considerar o valor mais alto para o capital, seja em termos físicos ou em termos monetários (SCHERER; MARTINS, 2003).

Embora a Estrutura Conceitual do Iasb de 2018 dedique um capítulo para a manutenção do capital, este tópico é o mesmo texto existente na estrutura anterior. Ou seja, o regulador decidiu por não discutir o assunto novamente. Uma vez que existe detalhamento da mensuração dos ativos e dos passivos, pode-se dizer que a questão da manutenção do capital perde importância. Além disso, ao permitir bases diferentes de mensuração, a Contabilidade termina por não optar claramente por um conceito único de manutenção de capital.

ANTES DE PROSSEGUIR

Você poderia imaginar a possibilidade de adoção de ambos os conceitos de manutenção de capital? Como seria estabelecida a regra para determinação do lucro nesse caso?

Objetivo 5: Mensuração em ambientes inflacionários

INFLAÇÃO

A Contabilidade utiliza a moeda como unidade básica de mensuração. Entretanto, ao contrário das medidas existentes em certas áreas do conhecimento humano, a moeda não é constante no tempo. Os valores monetários apresentados numa informação contábil em momentos diferentes representam valores diferentes. Isso ocorre pela alteração nos preços dos produtos. Quando essa alteração significa um aumento no preço, que é a situação mais comum, tem-se a **inflação**; quando a mudança ocorre no sentido da redução no preço, tem-se uma **deflação**.

A existência de inflação na economia significa problemas para a Contabilidade, que precisa transmitir ao usuário uma informação que seja útil. Esse é um problema relacionado à escala de mensuração utilizada pela Contabilidade. Significa dizer que os valores monetários devem expressar a real situação da entidade e permitir comparação com outros valores, inclusive ao longo do tempo.

É nesse sentido que órgãos responsáveis pela normatização contábil têm dedicado alguma atenção aos efeitos da inflação na demonstração contábil. O Iasb, por meio do relatório International Accounting Standards (IAS) 29, incluiu a questão do tratamento financeiro numa economia hiperinflacionária. O Conselho Federal de Contabilidade (CFC) já chegou a considerar, nos seus princípios, a questão inflacionária.

No IAS 29, o Iasb determinou a norma que deve ser aplicada a qualquer empresa que tenha demonstrações financeiras em economias hiperinflacionárias. O termo *hiperinflacionário* deve ser aplicado à economia que apresenta as seguintes situações:

- A população prefere preservar seus recursos em ativos não monetários ou em moeda estrangeira, sendo que o dinheiro local é imediatamente investido para que não haja perda do poder de compra.
- A população quantifica os valores monetários nos termos de uma moeda estrangeira, não na moeda local, sendo que os preços podem inclusive ser cotados na moeda estrangeira.
- As transações a prazo consideram uma compensação para a perda esperada do poder de compra, mesmo que o período de tempo seja curto.
- As taxas de juros, os salários e os preços são vinculados a um índice de inflação.
- A taxa de inflação acumulada em três anos aproxima-se ou passa de 100% no período.

A proposta do Iasb é de que as demonstrações contábeis sejam expressas em moeda corrente à data do balanço, podendo-se utilizar o custo histórico ou o custo corrente. Isso significa que as informações dos períodos anteriores também devem ser divulgadas em termos da data do balanço, sendo utilizado um índice geral de preços.

A questão inflacionária nos Estados Unidos tem sua origem no Accounting Research Study (ARS) número 6, *Reporting the Financial Effects of Price-Level Changes*, formulado pelo American Institute of Certified Public Accountants (AICPA) em 1963. Por esse documento, a Contabilidade ajustada por um índice geral de preços leva a uma base de mensuração mais adequada por contemplar os efeitos da perda do poder aquisitivo da moeda. Em 1969, o Statement nº 3 do Accounting Principles Board (APB), *Financial Statements Restated for General Price-Level Changes*, afirma que os ajustes por um índice geral conduzem a informações úteis para o usuário.

Nas décadas de 1970 e 1980, com o aumento da inflação nos Estados Unidos, os estudos nessa área tornaram-se mais comuns. Entretanto, a redução inflacionária em meados de 1980 fez com que o assunto perdesse interesse.

A experiência brasileira com o tratamento das informações contábeis face à inflação é muito rica. O processo inflacionário no Brasil acirrou-se ao final da década de 1970, atingindo patamar máximo em 1990. No período citado, o Brasil teve diversas normas contábeis vinculadas ao tratamento do processo inflacionário pelas demonstrações. Algumas das principais normas legais relacionadas ao reconhecimento da inflação nas demonstrações contábeis no Brasil são apresentadas a seguir.

Em 1958, a Lei nº 3.470 permitia que as empresas corrigissem o registro contábil do valor original do ativo imobilizado. Em 1964, com a Lei nº 4.357, a correção monetária do imobilizado torna-se obrigatória para as pessoas jurídicas, com algumas exceções. O coeficiente de correção é determinado pelo Poder Executivo, por meio do então Conselho Nacional de Economia. O resultado da correção monetária era registrado no passivo não exigível, permanecendo até sua incorporação ao capital. A depreciação era calculada sobre o valor corrigido do imobilizado. Entretanto, a lei excluía algumas empresas governamentais e de pequeno porte. A Lei nº 4.506, também de 1964, reconheceu que a correção monetária do imobilizado deveria ser penalizada pela tributação.

A Lei nº 4.728, de 1965, no seu artigo 68, permitia que o resultado líquido da correção monetária do ativo imobilizado e do capital de giro próprio pudesse, a critério da empresa, ser incorporado ao capital social ou às reservas.

Entre os dispositivos da Lei nº 6.404, de 1976, encontra-se a correção monetária das demonstrações financeiras. Discutiremos o mecanismo da Lei nº 6.404 mais adiante. O Decreto-lei nº 1.598, de 1977, alterou o regulamento do Imposto de Renda e regulou a correção para fins tributários na seção IV, com 18 artigos sobre o tema. Essa lei disciplinava a apuração do lucro real, o critério de correção, por meio da variação da Obrigação Reajustável do Tesouro Nacional (ORTN), o registro contábil do ativo permanente e do patrimônio líquido, do uso do razão auxiliar em ORTN, da baixa do ativo, da depreciação, amortização e exaustão do permanente, da tributação do saldo credor, entre outros aspectos operacionais. É interessante notar que essa lei permitia que algumas empresas do governo limitassem sua correção monetária. O Decreto-lei nº 1.598 foi relevante, já que ampliou a obrigatoriedade da correção monetária, antes restrita às sociedades por ações, para as outras pessoas jurídicas. Já o Decreto-lei nº 1.483, de 1976, tratava especificamente da correção monetária dos recursos florestais.

Pesquisas realizadas na Universidade de São Paulo (USP), comandadas pelos professores Sérgio de Iudícibus e Eliseu Martins, conduziram à proposta de uma correção mais detalhada e precisa das informações contábeis. Essa técnica foi denominada de correção integral, que foi uma adaptação do chamado *price level accounting*, modelo adotado nos Estados Unidos, tendo sido inicialmente aplicada em algumas empresas para fins gerenciais.

A Instrução CVM 64, de 1987, representou a adoção oficial para as companhias abertas da elaboração e publicação de demonstrações pela correção integral, que a instrução denominava demonstrações contábeis *em moeda de capacidade aquisitiva constante*. Tais demonstrações seriam complementares às exigidas pela lei societária. Essa instrução foi posteriormente alterada pelas Instruções 97 e 108, ambas de 1989, e 146, de 1991.

Em janeiro de 1989, com o plano econômico que instituiu o cruzado novo (Lei nº 7.730), foi abolida a correção monetária de balanço prevista até então. Anteriormente, em 1986, o Plano Cruzado já havia congelado o índice de correção da Obrigação do Tesouro Nacional (OTN), no período de março de 1986 a março de 1987. Em março de 1989, com a Lei nº 7.738, o governo determina que sejam considerados os efeitos da inflação no patrimônio e resultados do exercício das empresas brasileiras. Em julho do mesmo ano, pela Lei nº 7.799, cria-se o Bônus do Tesouro Nacional (BTN) Fiscal, havendo retorno da correção das demonstrações financeiras nos moldes da Lei nº 6.404.

Em junho de 1991, a Lei nº 8.200 regulamentou, novamente, a correção monetária das demonstrações financeiras para fins societários e fiscais. Adotou-se, então, o Índice Nacional de Preços ao Consumidor (INPC) como indexador. Em dezembro do mesmo ano, o governo instituiu a Unidade Fiscal de Referência (Ufir), que seria usada como parâmetro para atualização na área tributária, mediante a Lei nº 8.383. Esta era uma legislação longa e detalhada, com 98 artigos, que foi alterada posteriormente de forma significativa.

Em julho de 1992, foram editadas duas instruções da Comissão de Valores Mobiliários, ambas com grande influência do professor Eliseu Martins, da USP. A Instrução 191 alterou as Instruções 64, 138 e 146, além de criar a Unidade Monetária Contábil (UMC), que deveria ser utilizada para fins de elaboração das demonstrações financeiras. Essa instrução, restrita às empresas abertas, obrigava a elaborar e evidenciar a Contabilidade em moeda de capacidade aquisitiva constante. Além da UMC, a instrução exigia que as empresas utilizassem a taxa média nominal de juros divulgada diariamente pela Associação Nacional dos Bancos de Investimentos (Anbid).

A Instrução 192 exigia que, nas operações a prazo que envolvessem créditos e obrigações, fosse adotado um ajuste a valor presente, além da atualização monetária. Essa instrução completava a Instrução 191.

A redução da inflação obtida com o Plano Real, a partir dos meados de 1994, fez com que o governo extinguisse os mecanismos de correção das demonstrações financeiras. Com a Lei nº 9.249, de dezembro de 1995, no seu artigo 4º, revogou-se a correção monetária contida nas Lei nº 7.799 e nº 8.200, inclusive para fins societários. Para ajustar-se a essas leis, a CVM aprova a Instrução Normativa nº 248, na qual afirma que as empresas abertas devem sujeitar-se à Lei nº 9.249, tornando facultativa a demonstração em moeda constante.

É interessante notar que, nesse período, o CFC aprova os Princípios Fundamentais de Contabilidade. Conforme já estudamos no Capítulo 4, um desses princípios é o da Atualização Monetária. Ocorreu, nesse caso, um problema de adequação temporal, pois a aprovação do princípio deu-se no momento em que o Brasil deixava de ter uma economia de elevada inflação e o governo revogava as leis que permitiam a correção monetária. Em 2010, na Resolução nº 1.282, o CFC revogou a atualização monetária como um dos princípios, mas considerou, dentro do princípio do Registro pelo Valor Original, os efeitos da alteração do poder aquisitivo da moeda nacional.

LEI Nº 6.404/1976

A Lei nº 6.404 estabeleceu um esquema para tratamento das informações contábeis simplificado em que, ao final de cada exercício social, era feita a correção monetária do ativo permanente e do patrimônio líquido. O resultado dessa correção seria incluído na demonstração do resultado da entidade, com a denominação de saldo da conta de correção monetária.

O fato de evidenciar uma conta com nome "indecifrável" para o leigo provocou reações, no passado, no sentido de que esse montante seria uma forma de encobrir resultados. Uma análise no processo de correção é reveladora. O saldo da conta de correção monetária é obtido por meio da seguinte expressão:

$$s_{cm} = i \times (\text{Ativo Permanente} - \text{Patrimônio Líquido})$$

sendo i = correção monetária.

Podemos então substituir na expressão, sabendo que existe a igualdade contábil (ativo igual a passivo mais patrimônio líquido):

$$s_{cm} = i \times (\text{Ativo} - \text{Ativo Circulante} - \text{Realizável a Longo Prazo}) - (\text{Ativo} - \text{Passivo})$$

$$S_{cm} = i \times \text{Passivo} - i \times \text{Ativo Ciculante} - i \times \text{Realizável a Longo Prazo}$$

Desse modo, o valor da correção monetária pode ser desdobrado na multiplicação do passivo, ativo circulante e realizável a longo prazo por i. A multiplicação da correção monetária pelo passivo corresponde à correção desse empréstimo; já a multiplicação da correção pelos dois grupos do ativo mostra quanto a entidade perde por deixar recursos nesses ativos em um ambiente inflacionário. Desse modo, o saldo da conta de correção monetária é dado por:

$$s_{cm} = \text{Correção do Passivo} - \text{Perda Monetária com Ativos}$$

A sistemática criada pela lei societária permitia, de forma simples e rápida, a correção das demonstrações contábeis no Brasil. Entretanto, existiam três problemas importantes com a sistemática: a não correção dos estoques, a desconsideração do ajuste ao valor presente e os problemas decorrentes da subestimação do indexador.

Com respeito ao primeiro ponto, o problema é que os estoques são ativos não monetários, não sendo possível existir perda monetária com essa conta. Os efeitos dessa distorção são tão maiores quando o prazo de estocagem é elevado; nesses casos, o investimento em estoque é maior, tornando significativa a apuração da "perda monetária" com estoques.

O segundo aspecto diz respeito à desconsideração do valor presente existente nas operações a prazo. O impacto do não reconhecimento do valor presente irá depender da representatividade das taxas de juros e do período da operação. Nesse caso, quanto maior a taxa de juros da operação e quanto maior o prazo concedido para o cliente efetuar o pagamento, maior será a diferença entre os resultados.

O terceiro problema decorre da subestimação do indexador utilizado no processo de correção (SILVA, 1988). Embora isso não seja um problema da metodologia, é impossível ignorar tais efeitos em virtude da sua representatividade. Durante anos, a correção monetária das informações contábeis no Brasil variava abaixo da inflação; em alguns anos, a variação da ORTN correspondeu à metade da inflação do ano. Conforme apresentado anteriormente, a correção é feita pela seguinte expressão:

$$s_{cm} = i \times (\text{Ativo Permanente} - \text{Patrimônio Líquido})$$

Como o valor de i está abaixo da inflação efetiva, o valor calculado será menor quando a empresa tiver um ativo permanente maior que o patrimônio líquido. Esse fato teve profundos efeitos contábeis, provavelmente aumentando o lucro tributado no país.

A subestimação do indexador ocorreu de forma significativa em 1990, quando o BTN foi artificialmente manipulado pelo governo federal em nível tão inferior à taxa inflacionária medida por outros índices tradicionais como Índice Geral de Preços (IGP) e Índice de Preços ao Consumidor (IPC), entre outros, que acarretou a promulgação, no ano seguinte, da Lei nº 8.200/1991, determinando o "refazimento" do balanço de 1990, com efeitos contábeis levados a "ajustes de exercícios anteriores" (NIYAMA, 1992).

A sofisticação do tratamento à inflação na Contabilidade brasileira atingiu o ápice com a correção integral. O respaldo legal ocorreu com as instruções normativas da CVM, citadas anteriormente, muito embora sua aplicação tenha iniciado antes, de forma tímida, em algumas grandes empresas. A correção integral resolvia os dois primeiros problemas que apontamos no método de correção monetária da Lei nº 6.404: considerava os estoques ativos não monetários e determinava o valor presente dos ativos e passivos que estavam a valor futuro. Sua obrigatoriedade foi direcionada para as companhias com ações em bolsa de valores, mas representou mais do que a mera necessidade de ajuste contábil; pode-se, talvez, afirmar que a correção integral representou um passo importante na conscientização em relação à importância da qualidade das demonstrações contábeis. Em suma, o desenvolvimento da tecnologia de correção integral foi importante na tentativa de preservar a apuração do desempenho das entidades e na mensuração do capital financeiro.

As demonstrações contábeis publicadas com correção integral, como demonstração complementar à societária exigida por lei, passaram a trazer não somente os resultados apurados por esse método, mas também a conciliação do resultado entre os valores obtidos no lucro líquido. Mais ainda, uma vez que o valor do saldo da correção monetária não correspondia necessariamente ao valor obtido pela correção integral, os efeitos das diferenças temporárias sobre o Imposto de Renda eram lançados como ativo, ou passivo, diferido.

É indiscutível o avanço da correção integral em termos de maior qualidade da informação contábil no Brasil. Entretanto, após o Plano Real, o número de empresas que ainda adotam essa metodologia é muito menor do que antes da redução da inflação. Isso pode ser resultado de dois aspectos: (1) a correção integral representa um custo elevado em termos operacionais, com que talvez muitas empresas não queiram arcar; (2) os resultados apurados pela correção integral talvez não sejam tão diferentes daqueles apurados pelo custo histórico. Somente o segundo aspecto tem sido objeto de ampla discussão e pesquisa. Ambos dizem respeito à relação custo-benefício da informação. Provavelmente o nível atual de inflação no país não atrapalhe, de forma decisiva, a qualidade da informação contábil.

ANTES DE PROSSEGUIR

A questão da mudança dos preços dos produtos é ainda um campo muito interessante para pesquisa. Na década de 1960, Baumol e Bowen (1966) mostraram que, no longo prazo, a questão da produtividade pode ajudar a explicar o aumento nos custos de educação e saúde, enquanto ocorre uma redução na indústria. A dificuldade de substituir o uso do trabalhador, embora os salários estejam aumentando, faz com que exista uma "doença dos custos" em alguns setores da economia. Pesquisa mais recente de Nakamura e Steinsson (2008) mostrou que os preços mudam com pouca frequência, exceto quando existem as liquidações. Ou seja, os preços são rígidos. Entretanto, quando a inflação geral aumenta, a alteração nos preços específicos tende a aumentar.

CPC 42, VOLTA DA INFLAÇÃO E POSSÍVEIS IMPACTOS NAS DEMONSTRAÇÕES CONTÁBEIS

No final de 2018, o CPC aprovou a norma sobre Contabilidade em economia hiperinflacionária. Trata-se de uma versão do IAS 29, que já existia desde a década de 1980, com alguma revisão em 2009. Uma vez que a norma era aplicável a países com taxa acumulada de inflação acima de 100% (embora esse não seja o único critério na definição de um ambiente com inflação elevada), no ano de sua promulgação somente alguns poucos países, como Angola, Argentina e Venezuela, poderiam estar nessa definição. Como existiam algumas empresas brasileiras com negócios em tais países, a norma termina sendo aplicável nessas situações específicas.

A norma indica que os valores das transações devem ser mensurados em moeda de final de período, sendo que ganhos e perdas monetários devem estar no resultado, sendo divulgados em separado. A atualização dos itens patrimoniais deve observar um índice geral de preços ou equivalente, exceto os itens monetários, que já estariam expressos em moeda de final de período. Já os elementos com cláusulas de ajuste devem ser considerados a preços atualizados.

EXERCÍCIOS

1. Uma empresa de petróleo tem como um dos principais ativos suas reservas do produto. Em geral, a estimativa é realizada por técnicos e, com base no tamanho de cada reserva, calcula-se o valor a partir do preço de mercado futuro do produto. Recentemente, a empresa Exxon foi acusada de superestimar o valor das suas reservas por não reconhecer o risco político contra o uso do petróleo como combustível (LARSON, 2017). Mostre como esse risco pode influenciar a mensuração do ativo da Exxon.

2. Em investigações realizadas a partir de 2013 no Brasil, descobriu-se existirem dentro da Petrobras executivos que, em conluio com empresas fornecedoras, recebiam propina. Assim, um imobilizado que seria adquirido por R$ 100 foi comprado por R$ 103, sendo R$ 3 a propina paga pelo fornecedor do imobilizado para os executivos corruptos. Admitindo que seja possível determinar com precisão o valor da propina, qual o valor do ativo que estava no balanço da empresa antes e qual o valor que deveria estar após as denúncias?

3. Em março de 2019, a Ambev utilizou o CPC 42 para operações na Argentina. Segundo a empresa, a aplicação começou no início de 2018, quando a economia tornou-se hiperinflacionária. Entretanto, em períodos recentes, a inflação era manipulada, muito embora o CPC 42 ainda não tivesse sido promulgado. Discuta sobre a decisão da empresa de aplicar a norma somente a partir de 2018.

4. Referente à Ambev, citada na questão anterior, a empresa considerou o problema inflacionário na conta de receita financeira, no resultado financeiro. Você concorda com essa decisão?

5. Uma das suposições da Contabilidade de uma entidade é a da continuidade ou *going concern*. Em situações de possível liquidação da entidade, o valor e a forma de mensuração devem ser alterados. Discuta a escolha do método de mensuração nessas situações e como isso pode afetar os valores das demonstrações contábeis.

6. Considere um bar que possua diversas garrafas de uísque raro. A única forma de testar se um uísque é verdadeiro é abrir a garrafa e fazer um teste de carbono para determinar a data e o local em que foi produzido. Mas, ao se abrir a garrafa, há destruição do valor. Assim, é difícil testar a procedência de um uísque. Como poderia ser feita a mensuração contábil nesse caso? Pense na situação do preparador da informação e no auditor dessa informação.

7. Uma das características da mensuração é o julgamento de quem faz a medida. Volte aos conceitos apresentados no capítulo e indique quais as formas de mensuração que implicam maior ou menor quantidade de julgamento. Discuta se isso é bom ou ruim.

8. As medidas que envolvem previsão apresentam dois problemas: a calibração e o *overfitting* (sobreajuste). No primeiro caso, os modelos desenvolvidos pelas empresas podem ser descalibrados. Em geral, a calibração é corrigida com uma quantidade grande de mensurações ao longo do tempo. O *overfitting* ocorre quando se tem um modelo que se ajusta muito bem aos dados observados anteriormente, mas não é útil em prever os novos resultados. Mostre exemplos de situações onde esses dois problemas podem ocorrer na mensuração contábil.

9. No início de 2019, um incêndio destruiu parcialmente a catedral de Notre Dame. Essa situação é muito parecida com os desastres no Museu Nacional e no Museu da Língua Portuguesa, entre outros. Em tais situações, as autoridades podem tentar reconstruir o local, da forma mais próxima possível ao que existia anteriormente. Isso está relacionado com o conceito de custo de reposição. Outra possibilidade é construir algo novo no local, a exemplo do que ocorreu com as torres gêmeas de Nova York em 11 de setembro de 2001. Use esta situação para discutir a diferença entre custo de reposição e custo corrente.

10. Com a escândalo da Petrobras, uma dúvida inicial era saber qual o montante que deveria a empresa reconhecer com seus ativos. Isso também significava medir o valor a maior existente na Contabilidade da empresa. No início de 2015, um número inicial era de redução de 90 bilhões de reais. Em abril do mesmo ano, a empresa fez uma amortização de 56 bilhões, sendo 6 bilhões relacionados com a corrupção. Em agosto de 2016, a amortização tinha chegado a 122 bilhões de reais. Discuta essa situação, analisando os aspectos políticos da decisão da empresa em considerar uma amortização de 6 bilhões. Aproveite para discutir sobre a dificuldade de mensurar o valor da corrupção na empresa.

11. Nos últimos anos, muitas empresas começaram a utilizar cada vez mais a informação, algumas delas ganhando muito dinheiro com coleta e venda de dados sobre as pessoas. A mensuração desse caso é muito difícil, pois inclui mensurar o valor dos dados. Um estudo usou as fotografias tiradas em parques para estimar o número de visitas (SONTER et al., 2016). Estude como tal dificuldade pode ser suplantada por novas formas de mensuração.

12. A mensuração realizada segundo as normas emanadas dos reguladores contábeis são denominadas mensuração segundo os princípios contábeis geralmente aceitos ou Generally Accepted Accounting Principles (GAAP). Quando uma empresa mede seu desempenho não seguindo essas normas, temos as medidas não GAAP. O lucro líquido de uma empresa pode ser apresentado segundo GAAP ou não GAAP. Quais seriam as possíveis motivações para uma empresa apresentar uma medida não GAAP?

13. A redução do uso do custo histórico ainda é polêmica. Ford e Marriage (2018) associaram a crise do trabalho do auditor à subjetividade dos princípios e à utilização de modernos conceitos de finanças. As normas contábeis teriam trocado o custo histórico por "informações úteis ao usuário", permitindo que executivos antecipem lucros. Nesse sentido, historicamente a auditoria tinha o papel de proteger o capital, sendo que a prudência servia de freio ao

otimismo natural dos gestores. Faça uma análise das vantagens e desvantagens do abandono da prudência do custo histórico.

14. Ainda com respeito ao tema da questão anterior, Ford e Marriage destacam que as pesquisas de finanças incentivaram a Contabilidade a tentar apresentar uma noção do valor presente da empresa, induzindo a adoção do valor justo. O valor justo baseia-se em suposições e ficaria difícil para a auditoria fazer um trabalho adequado. Você acredita que o preparador estaria preparado para fazer tal mensuração?

REFERÊNCIAS

BAUMOL, W.; BOWEN, W. *Performing arts*. New York: Twentieth Century Fund, 1966.

DOUPNIK, T. Brazil: inflation accounting. *In*: CHATFIELD, M.; VANGERMEERSCH, R. *The history of accounting*. New York: Garland, 1996.

FREITAS, K. C. *Escolhas contábeis na adoção inicial das normas internacionais de contabilidade*. 2011. Dissertação (Mestrado) – Fucape, Vitória, 2011.

FORD, J.; MARRIAGE, M. Escândalos contábeis mostram que auditoria está em crise. *Valor Econômico*, 6 ago. 2018.

HENDRICKSEN, E.; VAN BREDA, M. *Teoria da contabilidade*. São Paulo: Atlas, 1999.

LARSON, E. Exxon must disclose accounting details in New York climate probe. *Bloomberg*, 12 Sept. 2017.

LUSTOSA, P. R. B. A (in?) justiça do valor justo: SFAS 157, Irving Fisher e Gecon. *Revista Evidenciação Contábil & Finanças*, v. 5, n. 1, p. 5-21, 2017.

NAKAMURA, E.; STEINSSON, J. Five facts about prices: a reevaluation of menu cost models. *The Quarterly Journal of Economics*, v. 123, n. 4, p. 1415-1464, 2008.

NIYAMA, J. K. Os efeitos da Lei 8.200/91 nas demonstrações contábeis das instituições financeiras. *In*: XIV CONGRESSO BRASILEIRO DE CONTABILIDADE. Salvador, 1992. *Anais...*

SCHERER, L. M.; MARTINS, E. Manutenção de capital e distribuição de dividendos. *Revista FAE*, Curitiba, v. 6, n. 2, p. 65-83, maio/dez. 2003.

SILVA, C. A. T. *Correção monetária das demonstrações contábeis das sociedades de economia mista – 1981-85*. 1988. Dissertação (Mestrado) – Universidade de Brasília, Brasília, 1988.

SILVA, C. A. T. Custo histórico x custo histórico corrigido: um estudo para as empresas brasileiras. *In*: XXIV ENANPAD. Rio de Janeiro, 2000. *Anais...*

SONTER, L. J. *et al*. Spatial and temporal dynamics and value of nature-based recreation, estimated via social media. *PLoS One*, v. 11, n. 9, 2016.

As legislações citadas no texto podem ser encontradas em: www.planalto.gov.br. A pesquisa histórica, a exemplo dos capítulos anteriores, foi publicada anteriormente no *blog* contabilidade-financeira.com.

7
ATIVO

OBJETIVOS DE APRENDIZADO

Ao final deste capítulo, você conhecerá:
1. A definição de ativo.
2. O processo de reconhecimento do ativo.
3. A importância da incerteza e da probabilidade.
4. Como discutir o ativo intangível.
5. Como mostrar o significado e o funcionamento da recuperabilidade.

INTRODUÇÃO

Nos capítulos anteriores, tentamos entender como ocorre o processo de elaboração das normas. Para isso, estudamos as normas do International Accounting Standards Board (Iasb), do Financial Accounting Standards Board (Fasb) e as normas brasileiras, além do processo de regulação contábil e da importância do usuário para a Contabilidade. Também discutimos questões relacionadas com a mensuração contábil. Neste capítulo e nos dois que seguem, apresentaremos a conceituação[1] dos principais elementos na Contabilidade.

Uma definição sólida dos principais termos contábeis é importante, pois serve de base para a correta aplicação em situações práticas. A partir de um conceito claro, podemos dizer como determinada situação deve ser enquadrada pela Contabilidade.

Os conceitos que iremos estudar são frutos de uma evolução histórica que resultou no aperfeiçoamento do que entendemos da Contabilidade. Obviamente, o dinamismo do processo de desenvolvimento poderá levar, no futuro, a mudanças nos conceitos aqui estudados.

---

[1] Apesar de existir uma diferença sutil entre conceito e definição, nesta obra consideramos conceito e definição como sinônimos. Entretanto, conceito não se confunde com convenção, que representa uma prática baseada em consenso. O reconhecimento de uma máquina como ativo se baseia no conceito de ativo, mas a depreciação linear corresponde a uma convenção.

Começamos a jornada com a definição do ativo. Definir o ativo é fundamental para o entendimento dos elementos contábeis. Um dos motivos é que o passivo e o patrimônio líquido são definidos em termos do conceito de ativo. Além disso, o entendimento correto do ativo propicia compreender também questões vinculadas aos elementos que o compõem, como o *goodwill*, a depreciação, as aplicações em instrumentos financeiros, entre outros.

Observe que o estudo do ativo não se dá deslocado da realidade. Pelo contrário, os conceitos aqui apresentados estão diretamente vinculados ao trabalho diário das pessoas que precisam compreender e utilizar a Contabilidade nas suas tarefas diárias.

> **Objetivo 1:** Definição de ativo

DEFINIÇÕES

Uma definição de ativo relaciona-o a algo capaz de gerar riqueza para uma entidade. Segundo o Comitê de Pronunciamentos Contábeis (CPC), ativo é "um recurso controlado pela entidade como resultado de eventos passados e do qual se espera que resultem futuros benefícios econômicos para a entidade". Essa definição é similar à proposta pelo Iasb até 2018.

A definição de ativo tem origem no trabalho de Moonitz e Sprouse, de 1962, denominado Accounting Research Study (ARS 3). A definição de Moonitz e Sprouse dizia que ativos "representam futuros benefícios econômicos esperados, direitos que foram adquiridos pela entidade como resultado de transação corrente ou passada" (EVANS, 2002). Como é possível notar, a definição desses autores influenciou, até os dias atuais, a definição de ativo. Apesar do avanço da proposta de Moonitz e Sprouse, a mesma foi inicialmente rejeitada por ser, então, radical. Somente anos depois foi incorporada pelo Fasb na sua abordagem conceitual.

Essa definição é ampla, podendo ser aplicada em diferentes tipos de entidades, como as entidades sem fins lucrativos. Mesmo sendo a definição abrangente, o seu uso é importante porque limita os itens que devem ser incluídos no balanço patrimonial. Em termos práticos, se existe dúvida quanto a considerar um item como ativo de uma entidade, basta rever a definição e assegurar a presença dessas condições. Por exemplo, o recurso humano de uma entidade pode ser considerado ativo? Para responder a essa questão, é necessário verificar se o mesmo é um futuro benefício econômico obtido ou controlado por uma entidade específica, como resultado de transações ou eventos passados.

Basicamente, essa definição possui três termos que são fundamentais para que um item seja considerado ativo: gerar benefício econômico futuro; ser controlado pela entidade; e ser resultante de um evento que ocorreu no passado (Figura 7.1). "Algo" só pode ser considerado ativo quando satisfaz às três condições em conjunto. Em 2018, o Iasb mudou a definição do ativo para recurso econômico atual, controlado pela entidade, baseado em eventos passados. É possível perceber que a expressão *benefício econômico* foi substituída por *recurso econômico*.

Definição do CPC em 2019

A estrutura conceitual básica do CPC definiu ativo como "recurso econômico presente controlado pela entidade como resultado de eventos passados". Recurso econômico, por sua vez, foi definido como "um direito que tem o potencial de produzir benefícios econômicos". Apesar de seguir o direcionamento do Iasb, o posicionamento do CPC é muito mais jurídico do que foi no passado. Por exemplo, o CPC considera que, se não existir o direito ou se o mesmo for incerto, enquanto isso não for solucionado, não existe ativo.

Figura 7.1 Conceito de ativo.

Futuro benefício econômico (ou recurso econômico)

Na definição de Moonitz e Spouse adotada pelo Fasb, tem-se a expressão *futuro benefício econômico provável*. O Iasb, na estrutura conceitual anterior, não acompanhou essa definição, pois existe nesses termos um excesso de palavras: o termo *futuro* pressupõe que seja provável, ou seja, algo ainda não certo. Nesse caso, bastaria utilizar, como fez de forma apropriada o Iasb, o termo *futuro*, sendo desnecessária a palavra *provável*.

O benefício econômico futuro refere-se, pois, ao potencial de contribuição, seja direta ou indireta, para o fluxo de caixa ou equivalentes de caixa da entidade. Conforme destaca a Estrutura Conceitual do CPC, esse benefício pode ter a forma de algo que será convertido em caixa ou que pode reduzir as saídas de caixa, como é o caso de um processo industrial que reduzirá os custos de produção.

Como se pode ter certeza de que um benefício econômico é real? A palavra *benefício* dá uma ideia positiva. Na verdade, não se admite que **benefícios negativos** sejam considerados ativos. Considere uma empresa com o registro de uma patente que está sendo contestada na justiça. A entidade fez a estimativa de geração de riqueza com a patente no valor de R$ 1 milhão, sendo que as despesas com o registro da patente correspondem a R$ 1,5 milhão. Nesse exemplo, a patente não pode ser considerada um ativo porque não traria, a rigor, benefício para a entidade. Existem três possíveis fatores que podem determinar sua ocorrência: (a) a existência de valor de mercado, indicando que o ativo pode ser comprado e vendido num mercado; (b) sua aceitação por parte de terceiros como pagamento de dívida; e (c) o fato de ser utilizada para melhorar a produtividade de bens e serviços da entidade. A própria existência de um custo significa que existiu sacrifício econômico.

O benefício econômico futuro é a essência de um ativo e refere-se ao potencial de colaborar para o fluxo de caixa ou equivalente de caixa da entidade. Os ativos podem dar origem a benefício econômico quando usados na produção de estoques ou serviços vendidos pela entidade; trocados por outros ativos; usados para reduzir um passivo; ou distribuídos aos proprietários da entidade.

A proposta de definição do ativo do Iasb na estrutura anterior, adotada no Brasil com o CPC 00, faz uma ligação com **recurso econômico**. Isso persistiu na estrutura conceitual de 2018. Um recurso só deve ser considerado ativo se gerar benefícios econômicos e, por conseguinte, ser um bem econômico. Entretanto, nem todo recurso é um ativo, porque este pressupõe a escassez e a utilidade.

Apesar de o ativo estar vinculado a um recurso econômico, é importante destacar que um ativo pode ou não ter substância física, como é o caso de um terreno ou de um estoque. Uma patente pode satisfazer à definição de ativo e não possuir substância física.

A ideia central dos termos utilizados é informar que um bem econômico deve ter a possibilidade de gerar benefício futuro. Nesse sentido, os serviços expirados não podem ser considerados ativo. Um exemplo de serviço expirado é uma patente da entidade que perdeu validade. O fato de a entidade ter gerado riqueza no passado com essa patente não garante a condição de ativo para a mesma. É necessário que a patente ainda possa ajudar a entidade a gerar benefício econômico no futuro. Uma situação parecida ocorre com uma duplicata a receber da entidade que foi resultado de uma venda a prazo. Caso o cliente esteja falido, essa duplicata é somente um papel sem possibilidade de obter benefício futuro. Portanto, nesse caso, a duplicata não é um ativo. Um último exemplo é de uma máquina sem nenhuma perspectiva de uso por parte da entidade e sem possibilidade de ter comprador.

É muito comum escutar a palavra **ativo** como sinônimo de **bens e direitos**. No entanto, a condição de algo ser **bens e direitos** não garante que seja um ativo. Os exemplos apresentados no parágrafo anterior mostram situações em que existe um bem ou um direito, mas não um ativo. Se for para expressar de forma menos técnica, é melhor dizer que um ativo é tudo que pode ser vantajoso para a entidade, que tenha a possibilidade de gerar riqueza. Considere um imóvel que uma entidade possui e aluga. Nesse caso, o imóvel é um ativo não pela existência da terra, tijolos e estrutura – a *coisa física* –, mas pelo fato de gerar benefício.

É importante ressalvar que o termo *futuro* e, por consequência, a palavra *provável* geram incerteza quanto ao fluxo que será recebido pela entidade. Apesar dessa incerteza, isso não impede que um item seja considerado ativo. É bem verdade que a incerteza afeta a avaliação do ativo, mas isso, por si só, não justifica desconsiderar tal item como ativo.

ANTES DE PROSSEGUIR

O termo *incerteza* não pode ser confundido com *risco*. Risco é a possibilidade de perda; incerteza diz respeito ao não conhecido.

Recurso econômico

Na atual estrutura conceitual, de 2018, o Iasb tentou solucionar alguns problemas do conceito anterior inserindo o termo *recurso econômico*. Assim, o conceito proposto de ativo por parte do Iasb não basta por si só. Agora é necessário compreender também o conceito de recurso econômico. De certa forma, o Iasb preferiu retirar a ênfase na probabilidade presente, já que muitos ativos suscitam incerteza na geração de riqueza. Para o Iasb um **recurso econômico é um direito que tem potencial de produzir benefícios econômicos**.

O conceito de recurso econômico, base para o conceito de ativo, possui três aspectos: (1) direito, (2) potencial de produzir benefícios econômicos e (3) controle. O primeiro aspecto, direito, corresponde a uma obrigação da outra parte. Assim, o direito permite que a entidade possa receber caixa, produtos ou serviços, assim como o direito de usar objetos físicos, propriedades intelectuais. O uso desse direito aproximou a definição do ativo do aspecto legal/formal, que não existia na definição de Moonitz e Sprouse. Mas é importante salientar que nem todo direito corresponde a um ativo, já que necessita do potencial de produzir benefícios econômicos e o controle da entidade.

O segundo termo do conceito de recurso econômico do Iasb corresponde ao aspecto que estava na definição original de Moonitz e Sprouse. É o que caracteriza mais fortemente o ativo: a capacidade de gerar riqueza. Entretanto, há distanciamento da questão da probabilidade, sendo usado um termo mais abstrato (*potencial*) em lugar de algo mais específico (*provável*). Essa mudança permite inserir na listagem do ativo um bilhete de loteria esportiva. O fluxo de benefício esperado é próximo de zero, em razão da reduzida probabilidade de ganhar o prêmio. Assim, por essa definição, o bilhete de loteria esportiva não seria um ativo, já que não se espera que fluam benefícios econômicos para a entidade. Mas o bilhete poderia ser considerado um ativo, já que existe potencial de produzir riqueza futura. É o mesmo caso de uma empresa que gasta recursos buscando um novo produto farmacêutico. Após análise da viabilidade, conclui-se que não haverá benefícios econômicos para a entidade. Mas o processo realizado pela empresa permitiu que ocorresse aumento de *know-how*.

A mudança no conceito pode legitimar o reconhecimento dos contratos de *leasing*, conforme será discutido no Capítulo 12, e ao mesmo tempo resolve o problema da incerteza da definição. Sobre este segundo aspecto, uma das grandes dificuldades das normas contábeis é lidar com a questão da incerteza. Assim, a probabilidade deixa de ser um dos requisitos para o reconhecimento.

Finalmente, o terceiro aspecto do conceito de recurso econômico, o controle, é, de certa forma, redundante, já que o termo faz parte do próprio conceito de ativo.

Controle

O segundo aspecto a ser considerado na definição de ativo refere-se ao fato de que o benefício futuro deve ser controlado por uma entidade em particular. O controle restringe o uso do recurso econômico como ativo, limitado somente ao fato de que a entidade possui a habilidade de exercer os direitos de uso dos benefícios. Observe que se evita utilizar o termo *propriedade*, desvinculando a parte legal da econômica. Esse é um ponto polêmico, uma vez que induz a Contabilidade mais para a essência do fenômeno do que para sua forma. Um exemplo simples pode ser discutido aqui: uma entidade comprou um veículo com cláusula de alienação fiduciária. Apesar de ainda não possuir o título de propriedade, a entidade possui o que em direito é conhecido como posse indireta, usufruindo dos benefícios econômicos gerados pelo recurso.

A Estrutura Conceitual do CPC apresenta outra situação em que a inexistência de controle legal não é relevante para que um item seja classificado como ativo: um *know-how* que a empresa mantém em segredo não impede que a mesma controle os benefícios econômicos que serão gerados por ele, conforme exemplo citado por Kam (1990).

Ressaltamos que o controle não pode ser considerado em termos absolutos. Mesmo com todo aparato jurídico, uma entidade não possui controle absoluto sobre um recurso. Um dos conceitos mais enraizados na sociedade moderna é que os direitos individuais não podem ser colocados acima dos direitos da sociedade. Isso implica que um recurso pode ser confiscado pela sociedade, consolidando esta ideia de que o controle não é absoluto.

Os ativos de uma empresa representam direitos de utilização de riqueza. No entanto, muitos ativos são somente direitos parciais (Samuelson, 1998). O contrato de arrendamento de uma máquina representa o direito de utilizar esse ativo por um período limitado de tempo, sendo que a riqueza gerada por esse recurso econômico é da empresa que fez o arrendamento. No entanto, o direito exclui a possibilidade de mudança substancial na forma de venda para outros dessa mesma máquina. Isso representaria, portanto, uma situação de direito parcial. O Iasb acredita que, apesar de muitos ativos estarem ligados a direitos legais, inclusive direitos de propriedade, para determinação de um ativo isso não é fundamental.

O teste para saber se uma entidade controla um ativo é a existência do direito de empregar o ativo nas suas atividades. Ou seja, o arrendatário gerencia o seu uso, conforme IFRS 16. Mas o controle, por si só, não garante que um recurso econômico seja considerado ativo: ainda assim, é necessário que gere riqueza futura.

Resultado de eventos passados

A presença desse termo evita a inclusão dos denominados **ativos contingentes** como ativo da entidade. Um exemplo de ativo contingente refere-se a um depósito judicial sobre cujo desfecho final a entidade ainda não tem conhecimento e controle. Nesse caso, tal recurso ainda não é ativo, uma vez que depende da justiça, sob a qual a entidade não tem controle. Isso não impede que ele seja relatado nas notas explicativas. O ativo contingente pode surgir em razão de o valor econômico não ser conhecido ou por existir incerteza no evento que permitirá o surgimento do ativo. Deixando de existir incerteza, o ativo poderá ser reconhecido.

Kam afirma que o termo *evento* é vago, podendo ser interpretado de várias formas. Hendriksen e Van Breda (1999) dizem que a presença desse critério é questionável, porque, se existe um benefício econômico que esteja sob o controle da entidade, ele deve ser resultado de um evento passado. Quando uma entidade assina um contrato para a prestação de serviço com terceiros, o evento já permite afirmar que se tem um futuro benefício econômico sob o controle da entidade, sendo desnecessário afirmar que foi baseado num evento passado, nesse caso a assinatura do contrato. A Figura 7.2 apresenta a proposta de Hendriksen e Van Breda. Compare com a Figura 7.1, que apresenta a proposta do Iasb.

Apesar de existir uma associação entre gastos incorridos e a geração de ativo, podem ocorrer situações em que não exista essa relação. Uma possibilidade é a entidade ter incorrido em gasto visando à obtenção de benefícios futuros, mas isto não significa que exista um ativo. É o caso do gasto na compra de uma máquina cujo fornecedor, logo após a transação, decretou bancarrota. De igual modo, a empresa pode ter um ativo sem que exista associação com um gasto. É o caso dos bens doados, que serão objeto de estudo no Capítulo 11.

Figura 7.2 Conceito de ativo segundo Hendriksen e Van Breda.

> **SITUAÇÃO REAL**
>
> O Código Comercial de 1850, no seu artigo 800, afirma que uma quebra será considerada com culpa quando, entre a data do último balanço e a falência, existirem obrigações diretas que representem o "dobro do seu cabedal apurado nesse balanço". Na edição 2, de 1875, da *Revista da Associação dos Guarda-livros*, Lucas Faria alertava para os dois significados da palavra *cabedal*: capital do negociante ou passivo geral da sua casa. Mas, para Faria, o conceito refere-se ao "activo do negociante, isto é, de todos os seus haveres".

Críticas à definição do ativo

A definição do ativo tem sido alvo de uma série de críticas e considerações na literatura acadêmica. Nesse item, serão tratados os seguintes pontos: (a) inclusão da comerciabilidade; (b) questão dos diferidos; (c) questão dos contratos de execução; (d) tratamento dos ativos contingentes; (e) crítica de Schuetze; e (f) crítica de Samuelson.

A característica de *comerciabilidade* (ou negociabilidade) diz respeito a algo que pode ser negociado. Segundo essa posição, para ser considerado ativo, um recurso deveria ter condição de ser comercializado de forma separada da entidade. A existência da comerciabilidade na definição de ativo implica que o *goodwill* não deve ser considerado ativo porque não pode ser negociado em separado da entidade ou de outros ativos. Apesar dessa posição, o Iasb não contemplou a comerciabilidade na sua definição. Essa talvez seja uma questão falsa, já que a troca não é a única forma de obter um ativo. Além disso, o que torna o recurso um bem econômico não é o fato de ser ele negociado, mas sua utilidade e escassez. Para Moonitz, troca não faz o valor, simplesmente revela o valor de um recurso. Com respeito à inclusão ou não do *goodwill* como ativo de uma entidade, é importante lembrar que a Contabilidade não tem o propósito de avaliar uma entidade, mas identificar os recursos que geram futuros benefícios econômicos.

Na verdade, a discussão sobre a comerciabilidade mostra somente um lado da questão do valor. Um recurso possui dois tipos de uso: valor de uso e valor de troca. Um equipamento da entidade pode ainda estar em operação, mas, devido a suas características tecnológicas, não encontrar um comprador potencial. Nesse exemplo, o equipamento não possui valor de troca, não satisfazendo à exigência de comerciabilidade; entretanto, possui valor de uso. O fato de o equipamento gerar futuro benefício econômico sob controle da entidade é que o torna um ativo. Desse modo, podemos dizer que a comerciabilidade é conservadora e reduz, de forma desnecessária, o que considera como ativo.

O segundo aspecto diz respeito aos itens antecipados e diferidos, como o aluguel pago antecipadamente, as despesas de seguros ou os impostos a compensar, que são resultantes de valores pagos pela entidade. Para Kam (1990), alguns itens diferidos não podem ser considerados ativo, sendo mais conta com saldo devedor.

Este autor acredita que alguns itens diferidos, como seguros antecipados e aluguéis, correspondem a um futuro benefício econômico e podem ser considerados ativos. Mas outros, como impostos a compensar, não poderiam ser considerados diferidos. A posição do autor é conservadora e não considera o fato de que a entidade terá redução no pagamento futuro do imposto. Samuelson considera que as despesas diferidas não representam direito de propriedade, tendo pouca relevância para evidenciação da posição financeira.

Os contratos de execução são acordos realizados entre duas partes para execução de certas tarefas que serão realizadas no futuro. Um contrato entre empregado e empregador é exemplo de contrato de execução. Entretanto, esse contrato vai gerar para o executor um passivo no futuro, sob a forma de salários e encargos, e um ativo, pelo serviço a ser prestado pelo empregado. Outra situação ocorre com acordo de fornecimento de matéria-prima por parte de outra entidade.

A Contabilidade não tem considerado a assinatura de tais contratos fato gerador para o registro do ativo, uma vez que se considera que a troca (salário por serviço prestado, para o caso do contrato de mão de obra, e dinheiro por matéria-prima, para a situação do fornecedor) ainda não ocorreu (WOLK; TEARNEY, 1997). Na verdade, a definição de ativo não permite a exclusão desses contratos de execução, sendo esta efetuada muito mais pelo costume e pela crença de que o evento ainda não ocorreu. Além disso, os registros de tais contratos podem gerar lançamentos estranhos. Considere o contrato de compra de insumo de um fornecedor firmado no passado e que houve redução no seu preço. Nessa situação, a Contabilidade deveria considerar a diferença entre o preço do contrato e o preço de mercado como uma perda?

Há um tipo de ativo que não estaria contemplado na definição: o ativo contingente. A principal justificativa para isso é o fato de existir grande incerteza com respeito ao potencial de geração de riqueza. Se uma empresa entrou na justiça contra outra por uma quebra de patente, as dificuldades de calcular as chances de ganhar a causa impediriam seu reconhecimento (mas não sua mensuração). Entretanto, tal dificuldade talvez não seja tão diferente daquela existente em outros ativos, como é o caso do *goodwill* adquirido ou do recebimento de um cliente. De certa forma, há um nítido conservadorismo em não considerar o ativo contingente dentro da definição de ativo, o que contraria inclusive a neutralidade defendida pelo Iasb.

A definição do ativo ainda necessita de aperfeiçoamentos para contemplar os vários aspectos e evitar confusões. Walter Schuetze (2001), que já foi contador-chefe da SEC, fez diversas considerações críticas a respeito da definição de ativo do Fasb e, por consequência, do Iasb. Segundo Schuetze, essa definição é tão complexa, abstrata, ampla e vaga que não pode ser utilizada para resolver problemas. Ao não exigir a comerciabilidade, a definição do Fasb considera que todos os gastos devem ser tidos como ativos. Já o Iasb afirma que existe uma relação direta entre incorrer em gastos e gerar ativos, mas isso não significa necessariamente uma coincidência, assim como a ausência de gasto não significa que um recurso satisfaça à definição de ativo, como ocorre com os bens doados.

Assim, como não seria possível separar entre os itens que satisfazem ou não à definição, em especial os de gastos, Schuetze denominou esse fato de síndrome do custo-por-si-é-um-ativo. "A definição descreve uma caixa vazia. Uma grande caixa vazia." Schuetze afirma que a definição não resolve uma questão simples: se algo é um ativo. Esse autor questiona que o custo não é a mesma coisa que futuro benefício econômico, o que significa que os ativos não podem ser apresentados pelo seu custo, não sendo a definição compatível com a Contabilidade pelo custo histórico. Em outras palavras, embora a necessidade da definição esteja separada do processo de medição, a expressão *futuro benefício econômico* eliminaria, a princípio, o custo histórico.

Para Schuetze, um ativo é caixa, direito contratual para caixa, coisas que podem ser trocadas por caixa e contratos derivativos que possuam valor positivo. É interessante notar que a presença do termo *trocados* na proposta indica ênfase na comerciabilidade que, conforme comentando anteriormente, apresenta problemas. Apesar da crítica de Schuetze parecer em certos momentos pertinente, sua proposta alternativa é, na verdade, uma lista do que deve ser um ativo, não representando, de fato, uma definição. Além disso, quando se compara a definição proposta por Schuetze ao longo do tempo, é possível observar uma alteração sutil: os contratos de derivativos foram acrescentados a sua definição no artigo de 2001 e não constavam de uma primeira proposta, feita em 1993. Isso significa dizer que a definição proposta por Schuetze é frágil, já que sua lista precisa ser expandida toda vez que surge um novo elemento.

Richard Samuelson (1998) segue na mesma linha de Schuetze, considerando que a definição é complexa, ambígua e ampla, necessitando ser revisada. Samuelson afirma que a principal função da definição do ativo para prática contábil é classificar os custos incorridos em ativos ou despesas. Uma das críticas de Schuetze é que a definição do Fasb não permite fazer essa classificação de maneira adequada. Samuelson considera importante retornar à definição de ativos de Irving Fischer feita na sua obra *The nature of capital and income*. Conforme apresentado na Figura 7.2, a definição de ativo incorpora dois componentes fundamentais: (a) um componente que identifica suas características econômicas; e (b) um componente que identifica suas características legais. Na definição de Fischer, a característica legal é mais importante, ao contrário da definição do Iasb, na qual, apesar da presença do elemento legal – sob a forma do termo *controle* –, prevalece o elemento econômico.

Para Samuelson, a definição do Fasb possui três fraquezas. Em primeiro lugar, a expressão *benefício econômico* tende a ser interpretada no sentido financeiro, como fluxo de caixa, mas não no sentido não financeiro, como uso da riqueza. Em certo sentido, existe uma mistura entre a definição e a forma de mensurar o ativo. A segunda fraqueza apontada é que existe confusão entre *estoque* e *fluxo* na definição do ativo. O balanço patrimonial é uma "demonstração de estoques" no sentido de que descreve o volume de recursos econômicos existentes na entidade em determinado período de tempo; já a demonstração do resultado é uma "demonstração de fluxo" porque descreve o que ocorreu num intervalo de tempo. Por esse motivo, a definição do ativo deve estar vinculada ao conceito de estoque e não de fluxo. Na opinião de Samuelson, uma definição baseada em futuro benefício econômico é relacionar o ativo a um fluxo. O terceiro problema é que a definição do ativo enfatiza as características econômicas em lugar de centrar sua atenção nos direitos de utilizar a riqueza da entidade. Samuelson propõe que ativos sejam definidos como "direitos de propriedade ou direitos a riqueza dos serviços futuros".

ANTES DE PROSSEGUIR

1. Quais são os elementos que compõem a definição de ativo do Iasb?
2. Cite algumas críticas a esta definição.
3. Discuta as definições alternativas apresentadas.

Asset-liability view versus revenue/expense view

O fato de o primeiro capítulo após a discussão sobre a estrutura conceitual e a mensuração abordar o ativo não é casual. Trata-se de primazia conceitual, pela qual um conceito é usado para definir outros conceitos. No caso, há primazia conceitual dos termos *ativo* e *passivo* em detrimento da primazia de receita e despesa. Em outras palavras, temos a opção de ter uma visão ativo-passivo (*asset-liability view*) ou uma visão receita-despesa (*revenue-expense view*). No primeiro caso, começa a estrutura com o conceito de ativo e passivo e somente depois de estabelecidos esses conceitos é que se propõem os conceitos de receita e despesa. Na segunda visão ocorre o contrário: começa-se com os conceitos de receita e despesa para depois chegar aos conceitos de ativo e passivo.

Os principais reguladores utilizam a visão ativo-passivo, em detrimento da visão *revenue-expense*. Já na década de 70 do século XX, o Fasb tinha feito essa opção. Reguladores da Austrália, Canadá, Nova Zelândia, Reino Unido e o Iasb também optaram pela visão ativo-passivo (JOHNSON, 2004). Sob essa visão, o foco está na riqueza da entidade, em seus recursos econômicos e suas obrigações. O lucro é decorrente das mudanças que ocorrem nos ativos e passivos. O próprio conceito de receita, assim como o de despesa – conforme será discutido mais adiante neste livro, no Capítulo 9 –, está relacionado com as variações que ocorrem no ativo (e passivo) da entidade.

Ao optar pela visão do ativo-passivo, o Fasb afirma que na discussão da abordagem conceitual, realizada no passado, lançou o desafio de tentar estruturar conceitos de receitas e despesas sem os conceitos de ativo e passivo e não foi capaz. Em razão disso, o Fasb terminou por rejeitar a visão receita-despesa (JOHNSON, 2004).

Essa opção produz algumas críticas. Se o resultado de uma empresa é a informação mais útil para o usuário, a visão alternativa, da receita-despesa, é mais coerente. Outra crítica é que a escolha feita a favor da visão ativo-passivo termina por enfatizar a busca pela evidenciação do valor da empresa, induzindo a opção pelo valor justo ou métodos similares. Há nessa crítica uma confusão entre conceito e mensuração, que seria importante separar. Além disso, existe consenso de que a mensuração do valor de um negócio não seria o objetivo da Contabilidade. Finalmente, a opção pela visão ativo-passivo traz a necessidade de que a estrutura conceitual se dedique à questão da manutenção do capital (*vide* Capítulo 8).

> **Objetivo 2:** O reconhecimento do Ativo

RECONHECIMENTO

O processo de reconhecimento, na Contabilidade, diz respeito à incorporação nas demonstrações contábeis de um item desde que o mesmo se enquadre na definição. O reconhecimento de um item do ativo refere-se, então, ao processo de incorporar no balanço patrimonial um recurso econômico. Essa incorporação considera a sua descrição, geralmente feita de forma resumida pelas contas do plano de contas da entidade, e a associação do ativo com um valor monetário. O reconhecimento deve acontecer necessariamente numa demonstração contábil e, para o caso do ativo, no balanço patrimonial. A divulgação de um fato econômico numa nota explicativa não é considerada um reconhecimento.

Para reconhecer um ativo, é necessário que o recurso econômico possa ser classificado como ativo; isso é feito dando-se resposta positiva às três perguntas a seguir:

- O recurso econômico irá gerar um futuro benefício econômico?
- O recurso econômico é controlado pela entidade?
- É derivado de eventos passados?

Além desses itens, devem-se também levar em consideração três aspectos adicionais: a materialidade, a probabilidade de ocorrência e a confiabilidade da avaliação.

Com respeito à **materialidade**, quando o valor é pouco expressivo, é possível que seja considerado diretamente na demonstração do resultado da entidade.[2] É o caso, por exemplo, de pequenas quantidades de material de consumo, cuja aquisição pode ser considerada uma despesa do exercício. A **probabilidade de ocorrência** diz

---

[2] Materialidade diz respeito ao procedimento de escrituração e não se confunde com relevância, que é atributo da informação contábil para o usuário.

respeito à incerteza de que o benefício econômico futuro irá ocorrer. Existe nesse caso uma dificuldade de avaliar o nível de incerteza existente de modo a permitir o reconhecimento de um ativo. Considere o exemplo de uma entidade que solicitou o registro de uma patente. A determinação da chance com que o registro será concedido é fundamental para o reconhecimento do ativo. Com base na análise da situação, pode-se determinar se existe incerteza substancial quanto ao sucesso do pedido de registro, com o não reconhecimento do ativo. Em certas situações, a experiência da entidade ou o conhecimento de situações similares permite determinar a probabilidade de ocorrência. Quando existe uma quantidade grande de recursos econômicos para determinar o nível de incerteza, como ocorre geralmente com os títulos originários das receitas a prazo da entidade, é normal esperar que exista alguma possibilidade de inadimplência por parte do cliente. Essa inadimplência diz respeito ao risco da entidade, não significando existência de incerteza. Outro critério que deve ser utilizado no reconhecimento de um ativo refere-se à **confiabilidade da avaliação**. Quando não se pode fazer uma mensuração confiável, o recurso econômico não é considerado como ativo, mesmo que satisfaça aos outros quesitos. O Iasb recomenda que o conhecimento do fato é necessário para a avaliação adequada da posição financeira da entidade.

Figura 7.3 Reconhecimento do ativo.

Tanto a baixa probabilidade de ocorrência quanto a falta de confiança na avaliação são aspectos transitórios. Assim que houver uma mudança favorável na chance de um evento ocorrer ou quando existirem maiores elementos para a mensuração, o ativo deverá ser reconhecido.

Para visualizar a aplicação dessas regras de reconhecimento, considere, a título de exemplo, o caso dos recursos humanos de uma entidade. Em primeiro lugar, é interessante notar que os mesmos satisfazem à definição de ativo: vão gerar benefício econômico no futuro, o fruto do serviço prestado está sob controle da entidade e é resultante de eventos passados, nesse caso, o contrato de trabalho assinado. Além de satisfazerem à definição de ativo, os recursos humanos são materiais, também cumprindo a segunda condição para o reconhecimento. Existe chance de que esses recursos contribuam para o resultado da entidade, cumprindo a terceira condição. A questão da contabilização dos recursos humanos esbarra na confiabilidade da medida utilizada. Na maioria dos casos, é muito difícil determinar como proceder à avaliação dos recursos humanos, pela dificuldade de relacionar esse ativo com um valor monetário. Existem situações específicas, no entanto, em que a confiabilidade da medida é adequada, o que permite a contabilização dos recursos humanos. Imagine a situação de uma equipe de futebol que assinou contrato com um atleta por um período de tempo fixo. Pelas regras atuais do esporte, nenhuma das partes pode rescindir o contrato, sob pena de ser aplicada uma multa. O contrato estipula o valor a ser pago durante o período de tempo. Nesse caso, o reconhecimento do ativo poderá ser feito com base no montante constante no contrato.

Além dos elementos apresentados na Figura 7.3 é importante destacar a existência de uma restrição: o custo do processo de mensuração. Para obter a medida de um ativo, a entidade incorrerá em um custo. É necessário destacar que um ativo será reconhecido se o custo de sua mensuração for inferior aos benefícios obtidos. O processo de inventário permanente traz informações que podem ser úteis no processo decisório de uma empresa. Mas, quando o valor unitário dos produtos envolvidos é reduzido, provavelmente o custo de obtenção da informação pode superar os benefícios da mensuração.

Na Estrutura Conceitual do Iasb de 2018, a entidade também chama a atenção para o custo de utilizar a informação por parte do usuário. Apesar da boa intenção do normatizador, é questionável que isso seja efetivamente um critério relevante para a decisão de reconhecimento e mensuração de um ativo, já que dificilmente uma entidade com múltiplos usuários vai conhecer efetivamente o custo de uso da informação.

Nesse mesmo documento, o Iasb chama atenção para a relevância. A informação deveria ser relevante para o usuário. Observe que, muitas vezes, materialidade e relevância se confundem. O primeiro termo é mais objetivo, enquanto o segundo dependerá do usuário e de situações específicas. É bem verdade que existem situações de recursos econômicos com baixa materialidade, mas relevantes para o usuário. Entretanto, a materialidade é um critério mais prático.

ANTES DE PROSSEGUIR

A partir do que foi exposto, seria possível explicar as razões pelas quais a Contabilidade tem dificuldades de registrar o valor da marca de uma entidade? Você pode voltar ao capítulo anterior, no qual se discutiram diversas questões relacionadas com a mensuração contábil.

DESRECONHECIMENTO[3]

Recentemente, esse termo começou a ser usado pelos reguladores como oposto ao do reconhecimento. Para o caso do ativo, o desreconhecimento refere-se ao processo em que um recurso econômico é removido do balanço. Isso pode ocorrer quando uma entidade perde a possibilidade de usufruir dos benefícios gerados por um ativo.

O processo de desreconhecimento não se confunde com depreciação ou amortização. O desreconhecimento corresponde a remover todo um ativo, de uma só vez, do balanço. Suponha uma mina, com amortização baseada na produção periódica em relação com a capacidade estimada. Regularmente, a entidade pode lançar o valor da amortização da jazida tendo por base a relação entre a produção e a capacidade estimada. Em certo período, constata-se uma redução na qualidade do minério extraído, a tal ponto que inviabiliza a continuação da produção. Assim, em lugar da amortização, a entidade fará o desreconhecimento do ativo, deixando a jazida de ser um ativo.

Da mesma forma, não se confunde com o **estorno**, sendo que este é muito mais operacional e geralmente provém de erro em um lançamento contábil.

> **Objetivo 3:** A relevância da incerteza e da probabilidade

AVALIAÇÃO E PROBABILIDADES

Em diversas situações práticas de avaliação, é possível encontrar valores diferentes para determinados ativos e passivos. Em alguns casos, a avaliação está associada à existência de probabilidades, que refletem a chance de ocorrência de determinado evento.

Considere um ativo cujo processo de avaliação chegou a dois resultados distintos: R$ 40 e R$ 35. Esses resultados dependem do cenário da economia no futuro. Para uma situação como essa, em que a avaliação não obteve um único resultado correto, a determinação do valor que deverá constar dos relatórios contábeis pode ser feita usando o conceito de **valor esperado**. Considere que existam 55% de chance de que o valor seja R$ 40 e 45% de ser R$ 35. Para se determinar o valor esperado, basta multiplicar a chance de cada alternativa pelo valor associado a essa opção:

Valor Esperado = 55% × 40 + 45% × 35 = R$ 37,75

---

[3] Esse termo também será objeto de discussão no Capítulo 12, que trata de *leasing*.

Nessa situação simples, a entidade dispunha de dois cenários em que as probabilidades eram razoavelmente iguais. Em outras situações, o cálculo do valor esperado pode ser mais trabalhoso quando se tem maior número de cenários.

Entretanto, em situações nas quais certas probabilidades são dominantes, não é razoável usar o conceito de valor esperado. É o caso, por exemplo, de um ativo com dois valores possíveis, R$ 40 e R$ 35, mas com probabilidades de 95% e 5%. Nessas situações, a chance de o valor ser R$ 40 é muito superior à possibilidade de R$ 35, devendo ser usado o montante de R$ 40. Em outras palavras, o uso do conceito de valor esperado é adequado quando os cenários possíveis são razoavelmente equivalentes.

Objetivo 4: O ativo intangível e sua importância

ATIVO INTANGÍVEL

Dentre os ativos, o intangível é aquele que talvez desperte maior atenção no imaginário dos contadores e dos usuários das informações contábeis. É importante salientar dois erros comuns quando se trata deste assunto. Em primeiro lugar, o tema não é recente na Contabilidade. Em segundo lugar, existe uma confusão nos termos, sendo intangível confundido com *goodwill*, fundo de comércio, marca etc. O termo *intangível* diz respeito a qualquer ativo que não possui forma física, incluindo aqui, por exemplo, a marca, direitos autorais, carteira de clientes e patentes.

Para ser classificado como ativo intangível, é necessário satisfazer a definição de ativo. No Brasil, com a norma do CPC 04, adicionou-se a necessidade de que o ativo seja identificável. A norma considerou esse aspecto como a distinção entre o intangível e o ágio derivado da expectativa de rentabilidade futura, ou *goodwill*. Para que um ativo seja identificável, é necessário que seja separável, podendo ser negociado de forma individual, e resultar de direitos contratuais.

Essa caracterização da norma termina por restringir a abrangência do intangível, no que diz respeito a seu reconhecimento e mensuração. De certa forma, pode-se perceber preocupação com a questão do controle. Neste sentido, o CPC 04 afirma que "a ausência de direitos legais dificulta a comprovação do controle", apesar de destacar que isso não é imprescindível.

A tal questão soma-se que o reconhecimento pressupõe a confiabilidade na medida, conforme a Figura 7.3. A consequência disso é que muitos casos de intangíveis não são reconhecidos, como no *goodwill* gerado dentro da entidade, com o que nós concordamos.

Após o reconhecimento, o intangível deve ser baixado, ao longo do tempo, em razão da sua vida útil. Esse ativo também pode ser baixado, numa única vez, em razão da venda ou da incapacidade de gerar riqueza futura. É importante lembrar que o intangível também está sujeito ao teste de *impairment*, sem procedimento de amortização, que será discutido a seguir.

> **Objetivo 5:** Qual o significado e como funciona a recuperabilidade

IMPAIRMENT

A questão do *impairment* apresenta-se de forma inédita em nosso país no pronunciamento técnico do CPC 01 (Redução ao Valor Recuperável de Ativos). Esse pronunciamento, por sua vez, baseia-se na norma internacional de Contabilidade IAS 36 do Iasb, denominada *Impairment of Assets*, de 1998. Esse pronunciamento do Iasb foi posteriormente alterado em 2003 e 2004. O principal objetivo é assegurar que um ativo não seja avaliado por valor superior ao valor recuperável.

Apesar de o escopo ser amplo o suficiente para incluir todos os ativos, a existência de pronunciamentos específicos para certos itens do balanço (como estoques e impostos) termina por restringir o escopo da norma.

A adoção da redução do valor recuperável do ativo ou imparidade ou recuperabilidade apresenta duas características da Contabilidade dos dias atuais. A primeira característica refere-se ao **abandono da objetividade** como fim último da prática contábil. Anteriormente, a Contabilidade preocupava-se em registrar os valores da forma mais objetiva possível. Isso significava a utilização habitual do custo histórico como base para o processo de avaliação, inclusive para permitir a sua verificabilidade sem o grau de subjetividade. Conforme será demonstrado neste capítulo, a recuperabilidade faz com que, regularmente, a Contabilidade verifique se o valor contábil está condizente com o denominado valor recuperável.

A segunda característica diz respeito à profunda **influência da teoria moderna de finanças**. Com efeito, a recuperabilidade exige que a Contabilidade projete fluxos de caixa, determine uma taxa de desconto, faça uma análise dos valores em perpetuidade e encontre o valor presente dos ativos de uma empresa. Para aplicação da recuperabilidade, é necessário que vários conhecimentos da administração financeira sejam aplicados. Mas a influência está presente tanto nos instrumentos usados quanto nos pressupostos de eficiência de mercado. É interessante notar que a CPC 01 faz questão de definir o **mercado ativo**: aquele no qual os bens são homogêneos, os participantes – vendedores e compradores – são encontrados a qualquer momento para fazer negócios e os preços estão disponíveis para o público. Essa definição é típica da teoria moderna de finanças.

VALOR

Um bem possui dois valores: o **valor em uso** e o **valor de troca**. Essa distinção é do tempo de Aristóteles, filósofo grego que viveu entre 384 a 322 antes de Cristo. Aristóteles usava o exemplo da sandália para distinguir os dois conceitos. Uma sandália, quando está sendo usada por uma pessoa, possui valor em uso. Entretanto, a mesma sandália pode ser comercializada no mercado local e, por isso, ter valor de troca. De maneira geral, quando o valor de troca é superior ao valor em uso, as pessoas tendem a vender o bem. Entretanto, quando o valor em uso é superior, as pessoas tendem a não se desfazer do bem.

Existem algumas situações em que determinado bem pode não ter valor de troca, mas possuir valor em uso. No livro *A meta*, de Eliyahu Goldratt e Jeff Cox, existe o exemplo interessante de uma máquina antiga e obsoleta que não possuía valor de troca, mas que passou a ser usada no processo produtivo para eliminar um gargalo na produção da empresa. Também é possível encontrar exemplos práticos em que um bem possui somente valor de troca. Um terreno que a empresa não pretende usar e que atualmente está abandonado pode ser vendido no mercado e, por isso, possui valor de troca, mas não valor em uso. Outra situação é um ativo que pode ser alienado, sendo as receitas que serão obtidas pelo ativo as oriundas da venda.

Interessante notar que a distinção entre valor em uso e valor de troca é útil ainda hoje. O CPC, no seu primeiro pronunciamento técnico (CPC 01), utiliza as expressões *valor em uso* e *valor líquido de venda*. O valor em uso corresponde ao valor presente do fluxo de caixa futuro estimado, resultante do uso de um ativo. Em outras palavras, o valor em uso corresponde à riqueza que será gerada por um ativo quando do seu uso numa empresa. Já o valor líquido de venda refere-se ao montante que pode ser obtido pela venda de um ativo, retirando-se as despesas com a venda. O CPC esclarece ainda que esta venda deve ser feita entre partes conhecedoras e interessadas. Entretanto, existem algumas situações em que não é possível determinar tal valor por não existir a possibilidade de se ter uma estimativa confiável. Em tais situações, utiliza-se o valor de uso como critério para o valor recuperável.

Considere o exemplo de um imóvel que a empresa possui e que atualmente está alugado. O imóvel pode ser vendido por R$ 80.000. Mas, para que a venda aconteça, a empresa precisa anunciar o imóvel (R$ 200), incorrer em despesas de cartório (R$ 700) e pagar impostos de transmissão (R$ 2.400). Ou seja, do valor bruto de R$ 80 mil, a estimativa é receber R$ 76.700. Este é o **valor líquido de venda**.

O cálculo do valor em uso é um pouco mais complicado. Considere que o mesmo imóvel esteja alugado e que a empresa receba um valor bruto de R$ 900. Quando se retiram as despesas com o aluguel, tais como comissões e impostos, o valor recebido reduz-se para R$ 800. Para obter o valor em uso, é necessário estimar os fluxos de caixa futuro e trazer a valor presente. Vamos considerar, então, que os R$ 800 sejam os fluxos de caixa para os próximos anos. Ou seja, admita que esse fluxo seja uma **perpetuidade**. A perpetuidade corresponde a fluxos de caixa constante e infinito. Calcular o valor presente de uma perpetuidade é fácil. Na prática, quando se tem um fluxo com mais de 50 observações iguais, podemos usar a perpetuidade como uma boa aproximação.

Para trazer a valor presente os R$ 800 que serão recebidos no futuro, é necessário ter uma taxa de desconto. Suponha que a taxa para este exemplo seja de 1% ao mês. Conhecidos o valor dos fluxos de caixa e a taxa de desconto, e sabendo que se trata de uma perpetuidade, basta dividir o valor do fluxo pela taxa: R$ 800/0,01. O resultado, R$ 80.000, corresponde ao **valor em uso** do imóvel.

Observe que a empresa obtém mais valor alugando o imóvel do que vendendo. Ou seja, o valor em uso é superior ao valor líquido de venda. Provavelmente a empresa não deverá vender o imóvel. Se o resultado fosse o contrário, seria interessante a venda.

Quando se comparam o valor em uso e o valor líquido de venda, o maior montante corresponde a **valor recuperável**. Este é um conceito que consta no CPC 01 e será importante para o teste de recuperabilidade. No exemplo, o valor recuperável é de R$ 80.000.

No entanto, nem sempre é possível determinar com razoável objetividade o fluxo de caixa esperado para se determinar o valor em uso.

ANTES DE PROSSEGUIR

Observe que a filosofia do valor recuperável está associada à natureza do lucro, em particular ao uso do custo corrente pelo valor presente descontado. Por esse conceito, o lucro corresponde ao valor presente dos ativos no final do período menos o valor presente dos ativos no início do período, excluindo os aumentos de capital e a distribuição de dividendos (SCHROEDER et al., 2004).

ATIVO DESVALORIZADO E RECONHECIMENTO

O valor recuperável precisa ser comparado com o **valor contábil** do ativo. Tal valor corresponde ao valor histórico original que está registrado no balanço da empresa, deduzido de depreciação, amortização, exaustão ou provisão para perda. Essa comparação é a essência da recuperabilidade e deve ser realizada no mínimo anualmente, no mesmo período.

A regra geral é que um ativo está desvalorizado quando o valor contábil é superior ao valor recuperável. Suponha que o imóvel do exemplo anterior possua valor contábil de R$ 90.000. Nesse caso, ao se comparar tal montante com o valor recuperável de R$ 80.000, tem-se uma desvalorização de R$ 10.000.

Pelo CPC 01, a desvalorização pode ocorrer em razão de eventos como: redução do valor de mercado do ativo, mais do que o previsto; mudanças no ambiente onde a empresa opera, com efeitos negativos sobre o ativo; variação na taxa de juros ou outras taxas que possam afetar a taxa de desconto usada no cálculo do valor em uso; obsolescência ou dano físico do ativo; mudanças que afetem a forma como o ativo é ou será utilizado; e evidência de que o desempenho do ativo é ou será pior que o esperado anteriormente.

O CPC considerará também o momento em que o valor contábil do patrimônio líquido de uma entidade for superior ao valor das ações no mercado. Em tal situação, existiria evidência de que a mensuração contábil atual do ativo da entidade estaria valorizada.

Suponha um computador que a empresa adquiriu há um ano por R$ 3 mil. Esse ativo possui vida útil de cinco anos e, ao final desse período, a empresa doará o equipamento para uma instituição de caridade. Atualmente, um equipamento como esse, com um ano de vida, é adquirido no mercado de usados por R$ 2.200. Mas o equipamento deverá gerar fluxos de caixa para a empresa de R$ 1.000 nos próximos quatro anos. A taxa de desconto é de 12% ao ano. Com essas informações, podemos calcular o valor em uso, o valor de troca e o valor contábil.

O valor contábil é obtido subtraindo-se o valor de aquisição, R$ 3 mil, pela depreciação do período, que corresponde a R$ 600 ou R$ 3.000/5 anos. Em outras palavras, o valor contábil é de R$ 2.400. Como já se conhece o valor de troca, R$ 2.200, falta calcular o valor em uso. Temos então os fluxos de caixa da Figura 7.4.

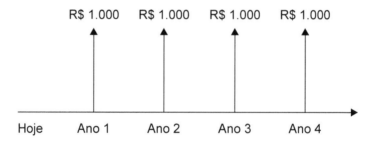

Figura 7.4 Exemplo de valor contábil.

Para encontrar o valor em uso do computador, é necessário trazer todos os fluxos de caixa a valor presente. Esta é uma operação trivial da matemática financeira que pode ser também feita da seguinte forma:

$$\text{valor em uso} = \frac{1.000}{(1+0,12)^1} + \frac{1.000}{(1+0,12)^2} + \frac{1.000}{(1+0,12)^3} + \frac{1.000}{(1+0,12)^4}$$

$$\text{valor em uso} = 892,86 + 797,19 + 711,78 + 635,52 = R\$\ 3.037,35$$

A primeira etapa é comparar o valor em uso e o valor de troca e escolher o maior deles. Neste caso, o valor recuperável é de R$ 3.037,35, pois o valor em uso é superior ao valor de troca. A segunda etapa é comparar o valor contábil com o valor recuperável. Aqui no exemplo, o valor recuperável é superior ao valor contábil, indicando que o computador não está registrado na Contabilidade por um valor superior ao valor recuperável.

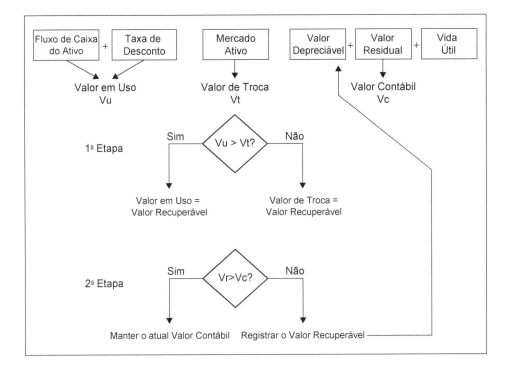

Figura 7.5 Etapas do teste de imparidade.

A Figura 7.5 apresenta, de forma resumida, as etapas que compõem o teste de recuperabilidade utilizado no exemplo anterior.

Considere que, logo após a empresa ter realizado este cálculo, anunciou-se uma nova versão do sistema de informação usado no computador. Isso fez com que o fluxo de caixa previsto diminuísse de R$ 1 mil para R$ 700 por período. Novos cálculos para o valor em uso foram realizados com esse valor:

$$\text{valor em uso} = \frac{700}{(1 + 0{,}12)^1} + \frac{700}{(1 + 0{,}12)^2} + \frac{700}{(1 + 0{,}12)^3} + \frac{700}{(1 + 0{,}12)^4}$$

valor em uso = 625,00 + 558,04 + 498,25 + 444,86 = R$ 2.126,15

Agora, o valor em uso é menor que o valor de troca. A primeira etapa mostra que o valor recuperável diminuiu de R$ 3.037,35 para R$ 2.200. A segunda etapa informa que o valor contábil é superior ao valor em uso. Em outras palavras, o ativo sofreu desvalorização em razão de uma mudança no ambiente – no caso, a mudança no sistema de informação.

Constatado que o valor recuperável é menor que o valor contábil, e somente neste caso, é necessário reconhecer a perda por desvalorização do ativo. Tal reconhecimento deve ocorrer imediatamente no resultado do período. A única exceção são os ativos que no passado sofreram o processo de reavaliação. Nesse caso, a contrapartida deverá ser o saldo de reavaliação existente.

Após o reconhecimento, o valor depreciável é modificado e, por consequência, teremos nova base de cálculo para depreciação, amortização ou exaustão para os períodos futuros.

Na segunda parte do exemplo apresentado, a diferença entre o valor recuperável (R$ 2.200) e o valor contábil (R$ 2.400) deve ser levada a resultado. O novo valor depreciável passa a ser de R$ 2.200.

Processo de estimativa

Como pode ser notado, o teste de recuperabilidade depende de estimativas. Em algumas situações, essas estimativas são bastante próximas aos valores "verdadeiros". É o caso, por exemplo, do valor de troca de um automóvel. Em outras situações, cálculos menos complexos podem ser feitos como aproximação dos valores que seriam obtidos. Geralmente, os imóveis residenciais possuem um valor que corresponde ao obtido com o aluguel dividido por uma taxa entre 0,8% e 1%. Essa forma de cálculo simplista pode ser usada em lugar da projeção.

Para determinar o valor líquido de venda, o CPC 01 estabelece uma hierarquia no que se considera a melhor estimativa. Essa hierarquia encontra-se na Figura 7.6.

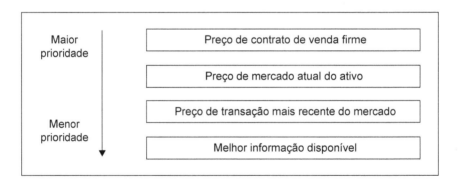

Figura 7.6 Determinação do valor líquido de venda.

A melhor escolha é o preço que seria praticado num contrato de venda firme, no qual as partes são conhecedoras. Caso isso não seja possível, a alternativa é usar o preço de mercado atual do ativo. Na ausência deste, o preço de transação mais recente do mercado. Finalmente, caso nenhuma das três alternativas esteja disponível, devem-se usar as informações que estejam disponíveis, inclusive a de transações recentes de ativos semelhantes. Em todos esses casos, é importante deduzir as despesas vinculadas ao processo de venda do ativo.

Já a estimativa do valor em uso geralmente é mais complicada. Conforme destacado na Figura 7.6, para obter esse valor é necessário estimar os fluxos de caixa futuros e a taxa de desconto apropriada.

No exemplo do computador, foi usado um único valor para os fluxos de caixa de cada período e uma única taxa. A norma do CPC 01 denomina tal abordagem de tradicional. Uma das vantagens dessa abordagem é a sua facilidade de aplicação. Entretanto, segundo a norma, essa abordagem pode não ser adequada em situações mais complexas. Como alternativa mais viável, a norma propõe a abordagem do Fluxo de Caixa Esperado.

Como é de esperar, o uso dessa ferramenta é mais eficaz. Assim, em lugar de uma estimativa para os fluxos de caixa, são calculadas previsões com a respectiva probabilidade.

Considere o exemplo do computador. O valor estimado dos fluxos de caixa foi de R$ 1.000. Suponha que a empresa esteja trabalhando com três cenários: mais provável, com fluxo de R$ 1.000; pessimista, com fluxo de R$ 800; e otimista, com fluxo de R$ 1.400. Além de estimar o fluxo, é necessário estimar as probabilidades de cada cenário, que nesse caso são de 50% (provável), 30% (pessimista) e 20% (otimista). Com tais informações é possível calcular o fluxo de caixa esperado multiplicando o valor dos fluxos com as probabilidades:

Fluxo de Caixa Esperado = 50% × R$ 1.000 + 30% × 800 + 20% × 1.400 = R$ 1.020

Observe que, neste caso, o fluxo de caixa é um pouco superior ao montante usado anteriormente. A razão é o uso de probabilidade. É interessante notar que, apesar de o cenário intermediário ser o mais provável, deve-se usar o valor obtido anteriormente.

Com respeito a essa parte técnica da norma, duas críticas podem ser apresentadas. A primeira é que, apesar do incentivo a uma abordagem não tradicional, a proposta do CPC ainda é muito simplista. O CPC 01 apresenta situações em que a distribuição de probabilidade é discreta e não contínua. Uma distribuição de probabilidade contínua, como é o caso da curva normal, apresenta grau técnico de qualidade na estimativa muito mais elevado.

A segunda crítica é que o fluxo de caixa esperado pode não ser a única, e em alguns casos a melhor, técnica. Técnicas como opções reais, *cash-flow return on investment* (CFROI) ou simulações são alternativas disponíveis e interessantes.

A estimativa da taxa de desconto deve visar ao valor temporal do dinheiro mais riscos específicos do ativo, não devendo ser considerados os que não são relevantes. A norma afirma que se deve levar em consideração o risco-país, o risco da moeda e o risco de preço.

Um ponto de partida para estimar a taxa de desconto é apurar o custo médio ponderado de capital (CMPC). A expressão desse custo médio é a seguinte:

CMPC = [(% Dívida × Custo da Dívida) + (% PL × Custo do PL)]

Essa fórmula é bastante conhecida nos livros de finanças e deve ser calculada considerando o valor de mercado da dívida e do capital próprio. Na prática, erroneamente, usa-se o valor contábil.

De forma acertada, o CPC 01 afirma que "as taxas de juros [sic, o correto seria taxa de desconto] utilizadas para descontar fluxos de caixa não devem refletir riscos pelos quais os fluxos de caixa estimados foram ajustados". Entretanto, a norma estimula incluir o risco-país, da moeda e de preços, que provavelmente já deveriam estar refletidos nas probabilidades, caracterizando dupla contagem.

A norma faz diversos esclarecimentos de caráter técnico sobre o valor em uso. Alguns deles são:

- Se a empresa usa fluxos de caixa nominais, ou seja, considerando o efeito da inflação, deve também usar uma taxa de desconto nominal. Caso a opção seja fluxos de caixa reais, o desconto deve ser feito por uma taxa sem os efeitos da inflação futura.
- O ativo deve ser avaliado na sua condição atual, sem levar em conta futuras alterações.
- Não devem ser computados no fluxo de caixa os valores correspondentes ao caixa derivado das atividades de financiamento ou pagamentos e recebimentos de tributos sobre renda.
- Os fluxos de caixa em moeda estrangeira devem ser, inicialmente, trazidos a valor presente usando uma taxa de desconto adequada à moeda. Encontrado o valor em moeda estrangeira, deve-se fazer a conversão usando a taxa de câmbio à vista na data do cálculo do valor em uso.

Com respeito ao processo de mensuração do valor em uso, é possível fazer três críticas. Em primeiro lugar, o processo de mensuração do valor em uso envolve estimativas mais subjetivas. E maior subjetividade representa maiores possibilidades de manipulação dos resultados da empresa. Nesse caso, como o processo depende de uma série de pressupostos, na maioria das situações fica difícil contestar os valores obtidos e, eventualmente, fazer surgir a Contabilidade criativa.

A segunda crítica refere-se à possibilidade de erro na mensuração. Fernandez (2008) demonstrou que, em situações práticas, cometem-se muitos erros que afetam e reduzem a qualidade da informação. Alguns dos problemas apontados por esse autor, mas não todos, estão contemplados no CPC 01, como é o caso do uso de valores contábeis para estimar o custo do capital.

Finalmente, algumas das opções de cálculo do CPC 01 são questionáveis ou restritivas demais. O CPC 01 enfatiza a necessidade de utilização dos fluxos de caixa operacional antes de impostos. Entretanto, Fernandez demonstra que é possível usar outros fluxos, como os fluxos de caixa para o acionista, e obter o mesmo resultado. Além disso, a ênfase no uso de valor presente, como defende o CPC 01, impede que outras técnicas de avaliação, que conduzem ao mesmo resultado numérico, sejam usadas.

Unidades geradoras de caixa (UGC)

A UGC é definida pelo CPC 01 como "o menor grupo identificável de ativos que gera as entradas de caixa, que são em grande parte independentes das entradas de caixa de outros ativos ou de grupos de ativos". Isso ocorre quando:

- o valor em uso não possui valor próximo ao valor líquido de venda; e
- o fluxo de caixa gerado pelo ativo depende do fluxo de outros ativos.

Podemos citar como exemplo uma estrada de ferro construída em região inóspita para transportar os produtos extraídos por uma mineradora. A estrada de ferro não possui valor líquido de venda substancial e o valor em uso não pode ser determinado. Dessa forma, a estimativa é realizada em torno da mina à qual a estrada pertence.

Na determinação da UGC, existe um julgamento por parte da entidade e por esse motivo ela possui um grau de subjetividade. O CPC 01 exige, no entanto, que exista consistência temporal na identificação da UGC. Ou seja, recomenda-se que a empresa mantenha as UGCs ao longo do tempo. Essa recomendação é uma tentativa de evitar que ocorram manipulações de resultados nessa definição.

Ativos virtuais e ativos digitais

Enquanto a quarta edição deste livro estava sendo preparada, uma das discussões existentes no mercado de capitais era sobre as *Initial Coin Offerings* (ICOs) uma captação pública de recurso tendo como contrapartida a emissão de ativos virtuais, como *tokens* ou *coins*. Diversos reguladores, em países distintos, reagiram de forma diferenciada. Em alguns países, tais ofertas foram proibidas; em outros, permitidas, desde que seguindo as regras existentes; e alguns países adotaram uma postura mais liberal. No Brasil, a CVM entendeu que essas emissões poderiam representar valores mobiliários, representando uma estratégia de captação de recursos. Um aspecto importante dessas ofertas é se poderiam ou não ser consideradas ativo. Para o regulador, existem condições estabelecidas na norma que respondem a essa questão. A própria CVM usa o termo *ativo virtual*, indicando que pode reconhecer uma ICO como ativo. Entretanto, há riscos de fraude e de a oferta ser uma pirâmide.

Outra situação recente refere-se ao licenciamento de um *software* que geralmente acompanha a aquisição de um ativo tangível (THE ECONOMIST, 2017). Nos dias atuais, é cada vez mais comum que exista um *software* associado a um produto (um telefone, um automóvel ou um eletrodoméstico) e que, quando se adquire o produto, obtém-se a licença de uso desse *software*. Em alguns casos, o vendedor estabelece limitações na utilização do produto. Um exemplo é o fabricante de automóveis Tesla, que proíbe que seus carros elétricos sejam usados com aplicativos de transportes. Essa tendência pode gerar algumas questões interessantes que não estão previstas na definição de ativo.

EXERCÍCIOS

1. Um título de capitalização é considerado uma aplicação bastante ruim em termos de rentabilidade. Considere uma empresa que indicou a existência desse título como parte integrante do seu ativo. Discuta se o título deve ser considerado um ativo e se deveria ser reconhecido como tal.

2. O ativo regulatório corresponde a um contrato entre o governo e uma entidade que irá explorar um serviço público, como energia elétrica. Isso corresponde a um ativo? Leve em consideração que o contrato pode ser rescindido por parte do governo.

3. O caixa está enquadrado na definição de ativo?

4. Segundo o capítulo, no cálculo do valor presente é necessária a determinação da taxa de desconto. Pesquise para saber como essa taxa seria determinada no Brasil.

5. Um desenho tatuado em uma pessoa poderia ser considerado ativo? A Solid Oak Sketches, empresa de licenciamento de tatuagens conseguiu indenização por um *game* usar a imagem de jogadores com tatuagem. Há reconhecimento que a imagem de uma tatuagem é do tatuador, não da pessoa tatuada. Discuta esse caso com o conceito de ativo.

6. Alguns países, como os Estados Unidos, consideram que a Lua e os asteroides são bens comuns globais e que podem ser explorados por quem conseguir tal façanha. Outros países, como Rússia e Brasil, sustentam que a Lua e os asteroides são da humanidade, sendo os benefícios potenciais coletivos. Discuta esse caso diante da definição de ativo.

7. No início de 2017 o Sport Club Corinthians Paulista, clube de futebol brasileiro, divulgou suas demonstrações contábeis com um aumento substancial no ativo, de 1,351 bilhão de reais (final de 2015) para R$ 2,164 bilhões (final de 2016). Esse aumento deveu-se principalmente ao imobilizado; em 2016, a administração do clube optou por fazer uma avaliação do seu patrimônio. No passado, o clube não usou o *deemed cost* e em 2016 fez uma reavaliação, adicionando R$ 422 milhões ao ativo do clube. O auditor deu parecer com ressalva. Discuta o procedimento do clube.

8. Muitas empresas não fazem o teste de *impairment*. Exemplo é a Ambev, que afirmou, nas demonstrações contábeis de 2017, que para América Latina e Canadá "não houve necessidade de aplicar o teste de *impairment*". Quais seriam as razões para as empresas não aplicarem o teste? Você acredita que isso está correto?

9. Seres humanos são ativos? No século XIX, nas demonstrações contábeis da Cia. de Comércio e Navegação do Rio Mucuri, uma concessão pública para implantar estrada e linha fluvial no norte de Minas Gerais, apareciam seres humanos. Você saberia dizer o motivo dessa classificação? Discuta as razões para amortização de tais ativos.

10. A empresa Sete Brasil foi criada para oferecer sondas para a Petrobras. Em 2013, a empresa recebeu R$ 2,5 bilhões de recursos institucionais. Já em 2015 existiam dúvidas sobre a continuidade da empresa. O ativo do balanço consolidado passou de R$ 23,7 bilhões para 491 milhões de reais, em decorrência do imobilizado. O teste de *impairment* trouxe uma perda de R$ 34 bilhões de reais, sendo responsável por um dos maiores prejuízos da história brasileira. A empresa estava envolvida em corrupção. Você consegue explicar como a corrupção pode trazer uma amortização tão expressiva? Você considera que existe ligação entre a amortização da Sete Brasil e a amortização da Petrobras?

REFERÊNCIAS

BARROS, B.; CAMBA, D. Lucro ambiental. *Valor Econômico,* 18 ago. 2006.

BRITO, A. Começa a disputa pelo minério de ferro da Bahia. *O Estado de S. Paulo,* 22 jun. 2005, p. B14.

CARDOSO, R. L.; AQUINO, A. C. Uma investigação via experimento sobre a vaguidade no lado esquerdo do balanço patrimonial. *Brazilian Business Review,* v. 6, n. 2, 2009.

EVANS, T. *Accounting theory.* Cincinnati: South-Western, 2002.

FERNANDEZ, P. *201 erros em valor de empresas.* Deusto, 2008.

HENDRIKSEN, E.; VAN BREDA, M. *Accounting theory.* São Paulo: Atlas, 1999.

IASC. *Normas internacionais de contabilidade 2001.* São Paulo: IBRACON/IASC, 2001.

JOHNSON, L. T. Understanding the conceptual framework. *The FASB Report,* v. 12, 2004.

KAM, V. *Accounting theory.* New York: John Wiley, 1990.

RIBEIRO, A. Conta salário afeta venda de Besc e BEP. *Valor Econômico,* 9 out. 2006.

SAMUELSON, R. The concept of assets in accounting theory. *In*: SCHOEDER, R.; CLARK, M. *Accounting theory.* 6. ed. New York: John Wiley, 1998.

SANT'ANA, L. Concessões públicas viraram patrimônio. *O Estado de S. Paulo,* 29 abr. 2007, p. B13.

SCHROEDER, R. et al. *Accounting theory and analysis.* 7. ed. New York: John Wiley, 2004.

SCHUETZE, W. What are assets and liabilities? Where is true north? (accounting that my sister would understand). *Abacus,* v. 37, n. 1, p. 1-25, 2001.

THE ECONOMIST. O que significa ser dono de uma coisa? *O Estado de S. Paulo,* 2 out. 2017.

VILARDAGA, V. Marca ganha importância nas avaliações. *Gazeta Mercantil,* 19 jan. 1998, p. C1.

WOLK, H.; TEARNEY, M. *Accounting theory.* 4. ed. Cincinnati: South-Western, 1997.

WORLDS WITHOUT END: on line gaming. *The Economist,* London, 17 Dec. 2005.

8
PASSIVO E PATRIMÔNIO LÍQUIDO

OBJETIVOS DE APRENDIZADO

Ao final deste capítulo, você aprenderá:
1. A discutir os principais elementos da definição de passivo.
2. A determinar o momento do reconhecimento do passivo.
3. A apresentar os pontos específicos da mensuração do passivo.
4. A apresentar e discutir a utilização do valor justo na mensuração dos itens patrimoniais.
5. A discutir questões adicionais relacionadas ao passivo.
6. A apresentar a definição do patrimônio líquido.
7. A discutir das duas abordagens da manutenção do capital.
8. A apresentar as teorias do patrimônio líquido.

INTRODUÇÃO

No Capítulo 7, estudamos o conceito e o reconhecimento do ativo. Este capítulo discutirá estes mesmos aspectos para o passivo e para o patrimônio líquido. Dos dois temas, o capítulo irá focar mais no passivo, que apresenta maiores desafios teóricos.

Objetivo 1: Definição do passivo

DEFINIÇÃO DE PASSIVO

Segundo o Comitê de Pronunciamento Contábil, em redação do CPC 00 (R2), o passivo é uma obrigação presente na entidade de transferir um recurso econômico como resultado de eventos passados. A definição do CPC pode ser dividida em três elementos cruciais: (a) é uma obrigação atual da entidade; (b) é resultado de eventos passados; e (c) a liquidação implicará desembolso de benefícios econômicos para essa entidade. Trata-se da mesma definição adotada pelo International Accounting Standards Board (Iasb) na sua estrutura conceitual e ilustrada na Figura 8.1.

Figura 8.1 Conceito de passivo segundo o CPC.

Considere a situação de um passivo em que a entidade já quitou a dívida. No caso, isso não pode constar no balanço como passivo, pois não é uma **obrigação atual**, uma das condições necessárias para termos um passivo.

O segundo fator fundamental para que um item possa ser considerado no passivo da entidade refere-se ao fato de que a obrigação deve ser resultado de um evento que ocorreu no passado. Suponha que uma entidade pretenda captar empréstimo numa instituição financeira. Para isso, a entidade fez o cadastro, preencheu os formulários adequados e teve o crédito solicitado aprovado pela instituição. Apesar de todos os trâmites já cumpridos e do desejo dos administradores de captar o empréstimo, esse ainda não pode ser considerado um passivo porque, a rigor, o empréstimo ainda não foi assinado, inexistindo um evento passado, no caso a assinatura do empréstimo. Uma compra de mercadorias a prazo representa um evento que irá trazer para a entidade uma obrigação, ou seja, um passivo. O mesmo ocorre com o uso de serviços de terceiros. Entretanto, existem certas situações em que determinar se um evento já ocorreu no passado pode trazer certas dificuldades. É o caso, por exemplo, do contrato em que a entidade se compromete a adquirir quantidades fixas de mercadorias de um fornecedor por preço previamente definido. Nesse caso, a assinatura do contrato criaria, por parte da entidade, um passivo? Essa situação prática mostra a dificuldade de enquadramento de certos eventos como passivo. Com respeito a esse ponto, a Estrutura Conceitual do CPC destaca a necessidade de distinguir uma obrigação presente de um compromisso futuro. Uma obrigação surge quando existe um encargo irrevogável cujo não cumprimento pode causar uma penalidade significativa.

Finalmente, a existência de um passivo pressupõe que, no futuro, a entidade deverá liquidá-lo mediante o desembolso de um benefício econômico. Ou seja, o passivo pressupõe não ser possível evitar a obrigação. A liquidação da obrigação poderá ser feita de várias formas, entre as quais se destacam: pagamento em dinheiro, transferência de outros ativos, prestação de serviços, substituição de uma obrigação por outra, conversão de uma obrigação em capital e renúncia ou perda do direito do credor.

Embora o CPC enfatize que uma obrigação deve ser considerada um passivo desde que seja liquidada por meio do desembolso de um benefício econômico, existe controvérsia quanto à necessidade desse elemento na definição. Um evento que satisfaça às duas primeiras condições – ocorreu no passado e representa uma obrigação presente – pode não representar um possível desembolso para a entidade? Provavelmente não, porque a existência de uma obrigação presente pressupõe esse desembolso futuro. Diante disso, pode-se afirmar que a presença na definição do CPC da expressão *que resulte em saída de recursos capazes de gerar benefícios econômicos* talvez seja redundante.

Outra crítica que se pode fazer à definição refere-se à expressão *se espera*, que é desnecessária, uma vez que a definição do passivo, a exemplo do que ocorre com o ativo, está orientada para o futuro. E o futuro está necessariamente associado à incerteza.

De maneira geral, um passivo é resultante de uma transação em que a entidade obtém recurso econômico. Uma dívida com fornecedor é originária da compra de insumos para a entidade. Entretanto, existem passivos que podem surgir por imposição do governo, sob a forma de tributos, ou do sistema judiciário, em decorrência de uma decisão judicial.

É importante destacar que a definição apresentada não é legalista. Reconhece, portanto, que um passivo pode estar ou não associado a um contrato. Apesar de existirem diversos passivos que se originam de contratos assinados, como é o caso dos empréstimos obtidos em instituições financeiras, a existência de uma base contratual não é necessária. Portanto, nem todo passivo nasce de um documento jurídico. Alguns passivos podem surgir das operações normais de uma entidade que não necessitam de contrato, como é o caso da compra de mercadoria a prazo de um fornecedor habitual da entidade. Em outras situações, o passivo pode surgir de obrigações que a entidade assume, mesmo não sendo legalmente necessário. Para exemplificar esse tipo de passivo, considere a empresa Alfa, que possui um fornecedor Beta que provocou um sinistro. O fornecedor não tem condições de arcar com as indenizações necessárias e o fato está provocando repercussões na imagem da empresa Alfa. Esta decide arcar com as indenizações, diante da perspectiva de que o evento venha a prejudicar seus negócios futuros. Nessa situação, apesar de não ser legalmente responsável, a Alfa reconhece a indenização como passivo.

Um passivo pode surgir das práticas usuais, dos usos e dos costumes. Exemplo é a situação de uma empresa que decide corrigir defeitos dos seus produtos, mesmo quando já terminou o prazo de garantia. Aqui, existe uma contradição do normatizador; o Iasb define obrigação como dever ou responsabilidade que uma entidade não tem capacidade prática de evitar. Se o passivo decorre de uso e costume ou da prática usual do negócio, isso não o caracterizaria como obrigação, mesmo recebendo a denominação de *obrigação construtiva*.

Em 2018, na sua estrutura conceitual, o Iasb definiu o passivo como uma obrigação presente, originária de eventos ocorridos no passado, que implicará transferência de recursos econômicos. A entidade reguladora manteve os dois primeiros itens (obrigação atual e resultante de eventos passados), mas usou agora "transferir recursos econômicos". Essa transferência pode se dar por quitação do passivo, transferência de outro ativo, prestação de um serviço ou por uma dívida. Essa definição foi adotada, logo depois, pelo CPC.

> **Objetivo 2:** Reconhecimento do passivo

RECONHECIMENTO

O reconhecimento de um passivo ocorre ao se incorporar no balanço patrimonial de uma entidade um item que se enquadra na definição de passivo. O primeiro passo para o reconhecimento é satisfazer à definição de passivo. A segunda condição é que o item deve ser mensurado em bases confiáveis. Nesse sentido, a definição de passivo não ajuda muito, uma vez que definição orientada para o futuro, como é também o caso do ativo, introduz considerável subjetividade no processo de reconhecimento e mensuração. Em outros termos, cada indivíduo possui uma interpretação diferente para a expressão *se espera* da definição de passivo. Maior grau de subjetividade conduz, por sua vez, à dificuldade de convergência das informações contábeis.

No capítulo anterior, comentou-se que o benefício econômico deve ser considerado adequadamente positivo para ser avaliado como ativo. Uma questão importante na definição de passivo é saber se é necessário para o seu reconhecimento que o benefício econômico a ser liquidado seja suficientemente negativo. Para resposta a essa questão, deve-se considerar se o passivo é certo ou se é probabilístico. Considere a compra de uma pequena quantidade de mercadorias no valor de R$ 45,00. Existem todos os elementos necessários para considerar um passivo, havendo um sacrifício futuro de benefício econômico. Suponha outra situação, em que a entidade esteja envolvida numa questão judicial com 30% de chance de perder, pagando R$ 10 mil, e 70% de ganhar, recebendo R$ 4.350. O valor esperado dessa causa é de R$ 45,00, ou [– 30% × 10 mil + 70% × 4,35 mil = R$ 45,00]. Embora os valores sejam os mesmos, na segunda situação existe um grau maior de incerteza referente à transação.

Analisando a definição apresentada, é razoável aceitar a necessidade de considerar a questão judicial como um passivo. Entretanto, caso se acredite que a base de mensuração não seja confiável, em decorrência da extrema dificuldade de calcular as probabilidades, o passivo não deve ser reconhecido. Em resumo, de maneira geral não deve existir a materialidade para o passivo, devendo todo item que se enquadre na definição ser reconhecido.

Outra situação de imprecisão ocorre quando a entidade faz um pedido de compra a prazo para seu fornecedor. Quando o pedido é feito, já existem todos os elementos necessários para satisfazer à definição de passivo. Entretanto, o valor do passivo dependerá das mercadorias que o fornecedor irá entregar e da presença ou não de mercadorias com defeitos e sujeitas a devolução. Isso cria uma incerteza quanto ao valor da obrigação para com o fornecedor. Diante desse fato, usa-se reconhecer esse passivo no momento em que as mercadorias são entregues.

Até este ponto, teceram-se considerações sobre o aparecimento de um passivo no balanço patrimonial. Na situação inversa, um passivo pode ser retirado da Contabilidade de uma entidade de duas formas: quitando a obrigação, quando se faz transferência de um ativo ou existe outro passivo; ou quando o passivo expira. A primeira situação é o caso mais comum e pode ser exemplificada pelo pagamento de fornecedores referente à compra de mercadorias a prazo. No segundo caso estão as situações de garantia dos produtos, que deixam de ser passivo quando o prazo estipulado da garantia vence.

> **Objetivo 3:** Mensuração do Passivo

MENSURAÇÃO

De maneira geral, a mensuração do passivo deveria ser feita pelo valor de quitação da obrigação. Entretanto, em razão do valor do dinheiro no tempo, usualmente considera-se que o passivo deve ser mensurado pelo seu valor presente, ou seja, o fluxo de caixa futuro descontado. Enquanto a incerteza não aparece explicitamente na definição, esse problema fica presente na mensuração do passivo.

Em muitas situações o passivo é mensurado pelo valor de face da obrigação. Isso provavelmente acontece por três razões principais. A primeira é que muitos passivos possuem data de liquidação muito próxima à data do encerramento do exercício social. Nesse caso, a utilização do valor presente não apresenta diferenciação significativa do valor de face, principalmente quando a taxa de desconto é reduzida. O segundo motivo para não se utilizar o valor presente do fluxo de caixa futuro decorre das dificuldades que são somadas ao processo de mensuração. A primeira das dificuldades de cálculo refere-se à taxa de desconto que deve ser utilizada. Nesse sentido, pode-se optar por uma taxa de juros da economia ou pela própria taxa da obrigação. Outro problema surge quando o passivo não possui data certa para liquidação, o que aumenta a incerteza do valor obtido, como é o caso de obrigação decorrente de um processo judicial. A entidade já perdeu na justiça a causa e sabe o valor que deverá pagar, mas o pagamento está condicionado à publicação da sentença. Nessa situação, não é possível determinar precisamente a data futura quando a entidade deve liquidar a obrigação. A terceira razão para não se usar o valor presente do fluxo de caixa futuro está associada ao conservadorismo. Ao se adotar o valor presente, o montante das obrigações apresentado no balanço patrimonial de uma entidade é menor do que o que seria apresentado quando se utiliza o valor de face.

Entretanto, existem certos passivos que são mensurados pelo valor presente. É o caso de obrigações assumidas pela entidade no sentido de providenciar contribuições regulares a um fundo para complementar a aposentadoria futura dos empregados. Nessa situação, a estimativa do valor é feita considerando o valor futuro das obrigações que serão assumidas pela entidade, trazidas a valor presente. Quando o fundo de pensão assume características de **contribuição definida**, ou seja, a contribuição mensal é conhecida e certa, a estimativa não é difícil. Entretanto, nas situações em que o fundo é caracterizado como de **benefício definido**, em que se sabe quais são os valores que o empregado irá usufruir mas não o valor atual da contribuição, poderão existir perdas e ganhos com as transações com o fundo de pensão, e o valor estimado dependerá de variáveis como o comportamento da taxa de juros, retorno dos investimentos realizados, impostos incidentes sobre a retorno e outras.

No processo de mensuração, é preciso levar em consideração que a definição do passivo está orientada para o futuro. O exemplo apresentado anteriormente da questão judicial mostra a dificuldade de reconhecer e mensurar um passivo. Em diversas situações, a mensuração de um passivo é feita por seu valor esperado, como é o caso do exemplo do fundo de pensão. Nas situações em que o valor esperado pode ser razoavelmente estimado, muito embora a dispersão obtida no seu cálculo seja substancial, torna-se questionável o próprio montante obtido.

Alguns passivos são difíceis de mensurar por causa das incertezas sobre a existência da obrigação, o valor necessário para encerrá-la e o momento de impacto sobre as demonstrações contábeis. Mesmo assim, a existência de incerteza e a dificuldade de mensuração não deveriam ser motivos para que a entidade não fizesse um esforço no sentido de evidenciar a informação, mesmo que sob forma de nota explicativa. No que diz respeito à incerteza do passivo, uma obrigação pode ser classificada em quatro categorias:

- **O passivo é conhecido, assim como seu montante**: é o caso de um passivo com o fornecedor, em que a entidade já sabe seu valor de antemão. Nessa situação, não existe razão para que o passivo não apareça nas demonstrações contábeis.
- **O passivo é conhecido, mas seu montante não**: uma situação típica refere-se aos valores correspondentes ao décimo terceiro salário. A entidade sabe da existência do passivo, muito embora seu valor seja apresentado sob forma de estimativa. Esse caso também deve ser considerado pela Contabilidade da entidade.
- **A existência do passivo não é certa, mas o pagamento pode ser estimado**: é o caso das milhas aéreas, que será discutido mais adiante.
- **Existem dúvidas sobre a existência do passivo e do seu montante**: tem-se, nesse caso, uma *contingência*. Provavelmente, o evento contingente mais difícil de ser estimado são os processos judiciais. O SFAS 5 classifica

as contingências de acordo com a probabilidade de ocorrência provável, razoavelmente possível ou remota.

O CPC 25 (Provisão, Passivos, Contingentes e Ativos Contingentes) define provisão como um "passivo de prazo ou valor incerto". Já o passivo contingente é uma **obrigação possível**, resultante de eventos passados, cuja existência será confirmada pela ocorrência ou não de eventos futuros incertos, que não estão sob o controle da entidade. Um passivo contingente também pode existir quando uma obrigação não é reconhecida em razão da improvável saída de recursos ou pela falta de confiabilidade de medir a obrigação. Assim, uma característica fundamental do passivo contingente é o fato de não ser ele reconhecido, muito embora possa ser divulgado, por exemplo, em notas explicativas.

É importante destacar que a **contingência** não deve ser confundida com a estimativa (Díaz-Zorita, 2007). Apesar de um evento contingente geralmente necessitar de uma estimativa, nem toda estimativa contábil pode ser classificada como evento contingente. Enquadra-se nessa situação a depreciação, cujo valor é determinado por estimativa, muito embora não seja uma contingência. Recentemente, tem-se discutido a adoção do valor justo como metodologia para mensuração do passivo. Esse assunto será tema da próxima seção deste capítulo.

É importante também ressaltar a existência de uma distinção entre provisão e contingência. A provisão é um passivo incerto quanto a quantia ou data de vencimento. A contingência é um passivo que será confirmado por evento posterior.

SITUAÇÃO REAL

Uma empresa de análise de crédito dos Estados Unidos, a Equifax, sofreu um ataque de *hackers* em 2017. O fato foi divulgado no início de setembro daquele ano e foi muito grave, já que os criminosos tiveram acesso às informações pessoais dos clientes da empresa. Meses depois, a Equifax divulgou suas demonstrações contábeis e o aspecto a ser destacado é a "não informação". A empresa afirmou que não sabia se as causas do ataque foram resolvidas. Além disso, declarou não ser possível estimar os efeitos do ataque. Alguns clientes prejudicados já estavam acionando a justiça dos Estados Unidos no momento da preparação da quarta edição deste livro.

Objetivo 4: Mensuração do passivo pelo valor justo

MENSURAÇÃO DO PASSIVO PELO VALOR JUSTO (*FAIR VALUE*)

Tanto o ativo quanto o passivo podem ser mensurados pelo valor justo. Nas situações em que existe um mercado conhecido, a mensuração de um elemento patrimonial pelo valor justo é relativamente simples e fácil de ser implementada.

Entretanto, essas situações provavelmente são exceções numa entidade, estando restritas a itens como *commodities*. Apesar desse fato, tem-se discutido de forma bastante intensa a adoção da Contabilidade pelo valor justo para os itens patrimoniais, abandonando a tradicional regra do **custo como base de valor**.

Tradicionalmente, tem-se definido valor justo como aquele valor que seria obtido numa transação em que nem o comprador nem o vendedor pode impor sua vontade. Como pode ser observado, essa situação existirá somente quando houver um mercado em que o valor de saída será igual ao valor de entrada.

Nas situações em que não existe um mercado atuante do item a ser mensurado, necessita-se informação sobre o fluxo de caixa que será gerado ou pago no futuro e a determinação de uma taxa de desconto. Quando existem sinergias,[1] também é preciso determinar o efeito desses fatores no valor. Na verdade, na ausência de um mercado perfeito, o valor de uso é diferente do valor de entrada que, por sua vez, é diferente do valor de saída. Isso significa que a utilização do **valor justo** depende de qual conceito de valor está sendo tratado.

Embora cada situação mereça uma análise particular, é possível estabelecer algumas regras básicas para o processo de avaliação:

- No momento da aquisição de um ativo ou captação de um empréstimo, o valor de entrada é menor que o valor de uso. Em situação normal, uma entidade só captará um empréstimo se souber que a destinação dos recursos deverá produzir uma rentabilidade superior ao custo financeiro da transação. O mesmo ocorre com os ativos: um ativo somente será adquirido se o valor de uso estimado for maior do que o valor de aquisição; caso contrário, não existe razão para a aquisição.

- No momento da transação, o valor de saída é superior ao valor de uso. Essa relação é particularmente útil para os bens usados. Uma entidade vende um bem quando percebe que seu valor de saída é superior ao que ela poderia obter com sua utilização.

- Para as situações de liquidação, o valor de uso corresponde ao valor de saída.

- O valor de uso é diferente para cada entidade, já que depende da capacidade administrativa da entidade de extrair riquezas, inclusive por meio da exploração das sinergias existentes.

- A diferença entre o valor de uso e os valores de entrada e saída decorre da habilidade gerencial da entidade. Na realidade, essa capacidade administrativa pode ser mensurada pela diferença entre o valor de uso e o valor de saída.

- Isso significa que, quando uma entidade possui valor de uso inferior ao valor de entrada, tem-se uma habilidade negativa de criação de valor para entidade.

---

[1] Sinergia corresponde à ação conjunta das partes visando obter um desempenho melhor do que aquele que seria obtido de forma isolada.

Tendo em vista as afirmações apresentadas, o valor justo deveria ser calculado em termos do seu valor de uso. Entretanto, a opção pelo **valor de uso** na mensuração do valor justo traz um grande problema: a dificuldade de implementação. Para saber qual é o valor de uso de um ativo ou de um passivo, é necessário ter informações internas da entidade. Isso pode gerar problemas no que diz respeito à precisão da mensuração e à influência da administração na estimativa, conforme já discutido no capítulo inicial deste livro. Em outras palavras, o uso do valor de uso revela uma mensuração menos precisa porque necessita de informação interna. E essa necessidade de obter informação interna para a mensuração pelo valor justo faz com que exista um erro decorrente da mensuração relevante, devido à influência que a administração possa ter na estimativa, em especial nas situações em que não existe mercado para o item avaliado.

A avaliação do passivo pelo valor justo apresenta uma situação aparentemente estranha quando as condições de uma entidade ou do ambiente pioram. Considere um passivo com fluxo de saída de R$ 1.000 para os próximos três anos, representado graficamente na Figura 8.2.

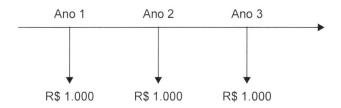

Figura 8.2 Valor justo.

Considerando uma taxa de desconto de 10%, pode-se obter um valor justo da seguinte forma:

$$\text{valor justo} = \frac{1.000}{1 + 0,1} + \frac{1.000}{(1 + 0,1)^2} + \frac{1.000}{(1 + 0,1)^3} + \frac{1.000}{1,1} + \frac{1.000}{1,21} + \frac{1.000}{1,3331}$$

valor justo = 909,09 + 826,45 + 751,31 = $ 2.486,85

Caso exista mudança na situação da entidade que coloque em dúvida sua capacidade de sobrevivência, a taxa de desconto irá aumentar para, por exemplo, 20%:

$$\text{valor justo} = \frac{1.000}{1 + 0,2} + \frac{1.000}{(1 + 0,2)^2} + \frac{1.000}{(1 + 0,2)^3} + \frac{1.000}{1,2} + \frac{1.000}{1,44} + \frac{1.000}{1,728}$$

valor justo = 833,33 + 694,44 + 578,70 = $ 2.106,48

O novo valor justo é menor que o anterior, indicando que, quando as condições da entidade ou do ambiente pioram, o valor justo do passivo se reduz. Isso pode parecer incoerente a princípio. Entretanto, considerando a situação do lado do financiador, a dívida com taxa de juros de 10% representa uma taxa reduzida em relação à realidade. Consequentemente, ocorreu, para o financiador, uma perda de valor pela dívida. Ou, de outra forma, uma transferência de riqueza do financiador para a entidade que captou o empréstimo, no valor de $ 380,37 = $ 2.486,85 − $ 2.106,48.

O uso do valor justo tem sido seriamente considerado na substituição do custo histórico como a base de avaliação contábil. Acredita-se que a informação pelo valor justo seja relevante para o usuário, muito embora as pesquisas realizadas até o momento sejam ainda pouco conclusivas, porque baseadas em situações específicas de divulgação do valor justo. Uma das vantagens dessa informação é o fato de o valor justo não depender da história passada e futura do ativo ou do passivo. O valor justo é mensurado pelo seu valor, em especial pelo seu valor de uso. Essa também tem sido a sua fraqueza: nos itens com baixa comercialização num mercado, o valor justo deve ser mensurado levando em consideração o julgamento administrativo, o que o torna sujeito a manipulação.

Outra razão para adoção do valor justo decorre da globalização do mercado de capitais. As diferenças de fuso horário entre os diversos mercados mundiais permitem que um investidor possa comprar e vender cotas de fundos de investimentos no exterior quando o mercado local está fechado. O uso do valor histórico não reflete, nesse caso, as alterações contínuas nos mercados, possibilitando que gestores financeiros utilizem esse fato para ganhar vantagem em operações externas de investimento.

O uso do custo histórico para os ativos e passivos de uma entidade apresenta um elemento de *estabilidade* para a Contabilidade das entidades: uma dívida contraída somente irá variar em virtude da incorporação dos juros ou do pagamento de parcela do passivo. O mesmo é válido para o ativo: sua variação decorrerá do seu consumo no processo produtivo ou da sua liquidação. A adoção do valor justo representa uma transformação nessa estabilidade, sendo possível existirem grandes variações nos valores reportados nas demonstrações contábeis. Isso significa que, inevitavelmente, os lucros tornam-se mais inconstantes ou *voláteis*.

Conforme discutido, existem dois tipos de itens que podem ser avaliados pelo valor justo: aqueles que possuem um mercado ativo, em que o processo de mensuração é razoavelmente automático e verificável, representado pelos investimentos no mercado acionário; e os itens que não possuem um mercado ativo, em que a mensuração depende do julgamento administrativo. Provavelmente, os itens que possuem um mercado ativo terão maior volatilidade nas demonstrações contábeis. As entidades que possuem uma proporção maior desses ativos e passivos, particularmente instituições financeiras, deverão ser mais afetadas pela adoção do valor justo do que as outras entidades.

É nas instituições financeiras que a troca do custo histórico pelo valor justo tem-se revelado um teste efetivo para os reguladores contábeis. Até em razão disso, as instituições financeiras foram, de certo modo, pioneiras na sua adoção. Isso se justifica porque bancos e instituições financeiras trabalham com títulos e valores mobiliários que possuem mercado dinâmico e, assim, propiciam valor de mercado ou valor justo confiável.

Entretanto, em situações nas quais não existe mercado para o item patrimonial, e em particular para o passivo da entidade, o uso do valor justo é complicado. A teoria econômica afirma que, nas situações em que não existe mercado para determinado bem ou em que esse mercado não está plenamente desenvolvido, tal bem costuma ser negociados com um prêmio por sua iliquidez. Em outras palavras, o uso de valor justo pode significar que a avaliação incluirá no valor esse prêmio pela iliquidez, reduzindo o passivo.

No entanto, mesmo que a percepção do risco da entidade aumente, fazendo com que o valor justo da dívida se altere, o valor pelo qual a entidade deverá quitar sua obrigação permanece o mesmo.

Outro ponto contrário à utilização do valor justo para avaliação do passivo é o fato de que a forma atual de mensuração do passivo pode ser considerada razoavelmente precisa. Considere, por exemplo, o processo de avaliação de empresas. Nessas situações, a dificuldade maior está na mensuração do valor do capital próprio, sendo que o montante contábil da dívida é considerado uma aproximação adequada do valor do capital de terceiros.

Neste sentido, as críticas ao valor justo – os ganhos são fictícios, criam incentivos adversos, são antiprudenciais, criam volatilidade no resultado contábil e geram custo de gerenciamento de resultados – também são válidas para o seu uso no passivo.

> **Objetivo 5:** Questões adicionais do passivo

SEPARAÇÃO DO PASSIVO E DO PATRIMÔNIO LÍQUIDO

Dentro da estrutura do balanço patrimonial de uma entidade, tem-se que o passivo e o patrimônio líquido são tratados de forma separada. A questão é saber se essa segregação é relevante o suficiente para continuar sendo considerada pela Contabilidade. A Contabilidade tem evidenciado os elementos da estrutura de capital de uma entidade, de modo que os usuários possam saber como a forma de financiamento influencia a distribuição dos recursos, o risco e o valor da entidade. E a teoria contábil parece apresentar uma postura diferente da prática contábil com respeito a esse assunto.

O estudioso norte-americano Robin Paton afirmava que uma fonte de recursos não interfere no desempenho de uma entidade (CLARK, 1993). Uma participação maior do capital de terceiros não gera efeito sobre o custo dos fatores de produção, não alterando, portanto, o lucro operacional da entidade. Desse modo, os índices de endividamento não influenciam o valor de uma entidade, sendo irrelevantes para o processo decisório do usuário.

Em 1958, Franco Modigliani e Merton Miller demonstraram que, sob certas condições, a estrutura de capital de uma entidade é irrelevante. Num mundo sem impostos, o valor de mercado de uma entidade não depende da forma como esta é financiada. Em outras palavras, a utilização de mais (ou menos) obrigações de terceiros não interfere no valor da entidade porque este depende somente do fluxo de caixa que a entidade vai gerar. Caso a teoria proposta por Modigliani e Miller esteja correta, a segregação da fonte de recursos segundo essa origem não é uma informação relevante e os usuários não necessitam utilizar a relação entre o passivo e o patrimônio líquido para avaliar fluxos de caixa futuros.

Tanto a posição de Paton quanto a de Modigliani e Miller são consistentes e têm consequências práticas imediatas. A demonstração dos lucros acumulados deveria demonstrar como a entidade distribui seu resultado entre os provedores de capital da entidade, incluindo as instituições financeiras. E o balanço patrimonial não deveria apresentar nenhuma distinção entre o passivo e o patrimônio líquido.

Apesar da consistência das posições de Paton e de Modigliani e Miller, as situações práticas nos levam a acreditar que a apresentação do balanço patrimonial segregando as obrigações para com terceiros das obrigações para com os acionistas seja relevante. Sabemos, por exemplo, que o nível de endividamento influencia a percepção que o usuário tem do risco da entidade e isso provavelmente afeta sua análise. Ademais, a relação entre passivo e patrimônio líquido tem sido utilizada seja na tentativa de predizer falência, seja na classificação do risco da entidade e concessão de crédito por parte das instituições financeiras. Isso significa que a distinção entre passivo e patrimônio líquido representa uma informação relevante, sendo necessário apresentá-la para o usuário.

Essa necessidade esbarra na existência de uma série de títulos cuja classificação entre passivo e patrimônio líquido é difícil de ser feita. Um exemplo são as ações preferenciais existentes nas empresas dos Estados Unidos. Essas ações preferenciais possuem direito a um dividendo fixo, assumindo características próximas ao financiamento de uma instituição financeira. Alguns autores chegam a considerar essas ações parte do capital de terceiros. O assunto será tratado na próxima seção. Mas, para que seja feita uma segregação adequada, faz-se necessária a existência de regras para possibilitar a classificação de uma obrigação como passivo ou patrimônio líquido. De maneira geral, o passivo está associado a uma obrigação com data de maturidade previamente definida em contrato. Já o patrimônio líquido não possui prazo de maturidade. Além disso, as obrigações com terceiros não significam, *a priori*, influência sobre a condução dos negócios da entidade.

DEBÊNTURES CONVERSÍVEIS EM AÇÕES

Uma situação difícil para a teoria contábil diz respeito aos modernos instrumentos financeiros, em particular aqueles que assumem uma característica híbrida. Em outras palavras, esses instrumentos são títulos financeiros que podem ser tidos tanto como passivo quanto como patrimônio líquido. Exemplo desse caso são as debêntures lançadas com cláusulas que permitem ao portador resgatá-las como uma dívida qualquer ao final do empréstimo ou, caso assim seja de interesse, transformar o valor em ações da entidade. O detentor do título poderá fazer a opção de conversão geralmente numa data previamente fixada. Existem três alternativas possíveis para o tratamento desse título: como passivo até na data da conversão, se houver; como passivo e patrimônio na proporção da conversão prevista; ou como patrimônio líquido.

A primeira alternativa reconhece o montante de debêntures como passivo até prova em contrário. Mesmo existindo grande chance de conversão do título em ação da entidade, seria feita somente a reclassificação para patrimônio líquido quando existisse o fato jurídico consumado. Essa alternativa é conservadora, uma vez que resulta em nível maior de endividamento. Entretanto, optar pelo conforto da legalidade reduz a qualidade da informação evidenciada.

A segunda alternativa é reconhecer parcialmente a conversão antes que ela ocorra legalmente. Por meio do cálculo da possibilidade, é possível determinar a proporção dos títulos que serão convertidos em ações. Nesse caso, serão considerados os valores esperados das debêntures a serem convertidos como patrimônio líquido e o restante como passivo da entidade.

Uma limitação dessa abordagem é a complexidade do processo de mensuração, que geralmente requer um modelo de avaliação baseado na teoria de opções.

A última alternativa é considerar o título como patrimônio líquido da entidade, independentemente da sua possibilidade de conversão ou não.

Essa proposta tem sido feita em decorrência da experiência prática de alguns países onde a grande maioria dos títulos conversíveis é efetivamente trocada por ações da entidade. Diante da realidade econômica de provável conversão, a entidade antecipa a data do reconhecimento, considerando as consequências econômicas futuras das demonstrações contábeis atuais. Mudanças ambientais, inclusive legais, podem fazer com que a prática atual de conversão não seja atrativa para o investidor, tornando essa opção muito agressiva.

SERVIÇOS COMO PASSIVOS

O recebimento de pagamento antecipado para a prestação de serviço no futuro tem sido apontado como passivo. Nesse caso, considera-se que a entidade tem obrigação de, no futuro, transferir caixa ou outro ativo devidamente especificado para outra entidade. Entre os exemplos, podem-se citar os casos de depósitos feitos por um cliente para garantir uma mercadoria, o aluguel recebido antecipadamente, a venda de assinaturas de jornais e revistas.

Uma situação próxima ocorre com o recebimento antecipado de sinal para um aluguel cujo locatário possui um contrato em que o valor pago não será devolvido caso ocorra desistência. No momento do pagamento, a entidade terá um acréscimo de recursos financeiros na sua conta-corrente ou no seu caixa e reconhecerá a existência da obrigação com o locatário.

Entretanto, situações de certeza são difíceis de encontrar na prática. Geralmente, os lançamentos são feitos por meio de previsões baseadas na experiência passada da empresa ou do setor.

É importante notar que, nessa situação, não existe custo de oportunidade para a entidade. O valor pago somente poderia ser considerado passivo se existisse grande possibilidade de ser devolvido ou se a entidade vendedora perdesse receita futura caso aceitasse o recebimento adiantado. Não sendo satisfeitas essas situações, o passivo deverá ser mensurado de forma independente do pagamento efetuado antecipadamente, de modo a refletir o provável sacrifício futuro para a entidade.

Situação mais complexa ocorre com os contratos de garantia estendida, comum entre os comerciantes de bens de consumo, especialmente automóveis. Ao vender o produto, a entidade permite que o cliente possa aumentar o prazo de garantia do produto pelo pagamento de um valor adicional. Não resta dúvida de que, com a "venda" desse serviço, a entidade passa a ter um passivo, muito embora permaneça a dúvida sobre a mensuração do mesmo. Um primeiro comentário importante é que esse tipo de serviço não é vendido separado da venda do produto.

A questão torna-se mais interessante quando se considera o caso da garantia estendida. Nessa situação, a empresa cobra um adicional para que o cliente possa ter um período adicional na garantia do produto. De maneira geral, a garantia estendida representa uma grande vantagem para a empresa, já que, em geral, os passivos potenciais são inferiores aos valores obtidos com a venda desse serviço. Assim, pode-se afirmar que o fluxo de caixa futuro da garantia estendida é favorável à empresa, podendo ser, neste sentido, considerado um ativo, não um passivo, da empresa.

Finalmente, outra situação em que existem problemas relacionados ao passivo ocorre nos programas de milhagem das companhias aéreas. Os clientes participantes desses programas acumulam bônus nas viagens feitas pelas companhias, que podem ser trocados por outras viagens. Os programas de milhagem podem ser vistos como uma sofisticação do tradicional "compre dois e leve três" do comércio. Esses programas apresentam dois problemas contábeis: o momento do reconhecimento do passivo e valor a ser reconhecido.

Entretanto, uma viagem feita pelo cliente não garante, por si só, a existência do passivo, porque não significa que o cliente completou os dez trechos necessários para a obtenção do brinde. Uma alternativa a essa postura conservadora seria reconhecer o passivo no momento em que o cliente completou o número de viagens necessárias para usufruir o prêmio. Finalmente, uma opção mais agressiva é considerar como passivo somente quando da utilização do bônus por parte do cliente.

ESSÊNCIA SOBRE A FORMA

Existem obrigações cuja probabilidade de ocorrência é líquida e quase inevitável. Na forma legal e jurídica, não poderiam ser assim consideradas, mas na essência seria quase impossível que fossem evitadas. Exemplo típico dessas obrigações se refere aos "dividendos propostos" pela administração, que dependem de um ato formal para sua aprovação, no caso a assembleia geral dos acionistas. Nesse sentido, por ocasião do encerramento do exercício social, a própria legislação societária brasileira determina que a parcela dos dividendos propostos pela administração, mesmo que tal decisão ainda não tenha sido homologada pelos acionistas em assembleia (o que deve ocorrer até 120 dias após a data de encerramento do exercício), seja classificada como passivo circulante.

O Financial Accounting Standards Board (Fasb), por outro lado, não adota o mesmo tratamento contábil, ou seja, os dividendos propostos só podem ser reclassificados do patrimônio líquido, mediante diminuição dos lucros acumulados, para o passivo circulante após a aprovação de tal decisão pelos acionistas.

Entretanto, temos situação inversa: imaginemos o caso de uma entidade receber adiantamento de acionistas por conta de um futuro aumento de capital. Tal recurso, em espécie ou bens, já ingressou na entidade com a finalidade de ser utilizado no funcionamento normal de suas operações, e o seu tratamento contábil legal e fiscal é o de ser classificado como passivo, circulante ou exigível a longo prazo. Entretanto, se tal decisão dos acionistas for firme e sem expectativa de alteração, em essência é quase que um patrimônio líquido e não uma exigibilidade.

Ressalte-se que, numa análise financeira, alguns índices são baseados nesses grupos (patrimônio líquido e passivo) e a inclusão num ou noutro grupo pode modificar significativamente a posição financeira para fins de decisão (endividamento, imobilizado do patrimônio líquido, liquidez, entre outros).

Outro exemplo seria a emissão de debêntures perpétuas. O CPC 09, seguindo as normas internacionais, não a considera um passivo financeiro, já que para isso teria que atender à regra de realizar pagamento e caracterizar-se como obrigação. Tais debêntures perpétuas não têm vencimento, mas remuneram seus detentores durante a vida da companhia e, portanto, em essência, seriam classificadas como patrimônio líquido, não obstante o posicionamento da Comissão de Valores Mobiliários (CVM) que exige sua classificação como passivo.

OBRIGAÇÕES NÃO FORMALIZADAS

Uma situação mais importante envolve as chamadas **obrigações não formalizadas** (*constructive obligations*). Em geral, os passivos nascem de obrigações impostas por contratos e estatutos. Entretanto, o passivo pode ter origem nas práticas normais, nos costumes ou na maneira de agir da entidade. O CPC 25 define obrigação não formalizada como aquela decorrente de práticas passadas, políticas publicadas ou declaração de que a entidade aceitará certas responsabilidades. Como consequência, cria-se uma expectativa de que a entidade irá cumprir essas obrigações. Tem-se exemplo de obrigação não formalizada quando uma empresa adota a política de efetuar a troca de um produto defeituoso mesmo que já tenha passado a garantia.

O grande problema das obrigações não formalizadas é determinar até que ponto a prática passada ou políticas publicadas são suficientes para o reconhecimento do passivo. Na prática, o uso da obrigação não formalizada pode ser muito difícil. Outro aspecto é que as obrigações não formalizadas podem se alterar com o passar do tempo. Isso pode alterar o valor do passivo, mesmo que a mudança não tenha influência direta sobre o desempenho da entidade.

O reconhecimento das obrigações não formalizadas cria um passivo não oneroso. No entanto, muitos contratos de financiamentos atrelam as obrigações contratuais a certos níveis de desempenho, incluindo a relação do passivo com o ativo. Assim, o reconhecimento pode trazer mudanças indesejáveis nesses contratos. Em razão da subjetividade do conceito de obrigações não formalizadas, isso cria um forte incentivo para não reconhecimento e mensuração.

ITENS "FORA DO BALANÇO"

Existem operações, denominadas de derivativos (ou instrumentos financeiros), que se referem a contratos cujo valor deriva do preço ou desempenho de outro ativo, o qual pode ser uma mercadoria (laranja, café, algodão etc.), ações ou uma taxa de referência (índices Bovespa, juros, dólar, depósito interfinanceiro etc.). Tais derivativos são usualmente representados nos mercados a termo, de futuros, opções e *swaps*. Mencionadas operações geralmente apresentam liquidação futura cujos valores podem sofrer oscilações conforme a variação dos ativos aos quais se encontram vinculadas, mas nem sempre são objeto de reconhecimento em contas patrimoniais, sendo tratadas como "itens fora de balanço".

> **Objetivo 6:** Definição do patrimônio líquido

PATRIMÔNIO LÍQUIDO

A palavra *patrimônio* tem sua origem na língua latina, da palavra *patrimonìum, ii* (bens, posses, haveres), cujo antecedente é o termo *pater* (século XIII), referente a "pai". Nesse sentido, pois, patrimônio está associado à paternidade de uma entidade. A expressão *patrimônio líquido* tem sido usada na língua portuguesa de forma ambígua para expressar a "participação dos proprietários".

De maneira geral, a definição mostra o patrimônio líquido em função de definições prévias, já estudadas neste livro, de **ativo** e **passivo**. Dessa forma, a rigor, não se tem uma definição, mas sim uma expressão algébrica, já conhecida desde a primeira disciplina de Contabilidade, em que Patrimônio Líquido é igual a Ativo menos Passivo. A Estrutura Conceitual do CPC, assim como a do Iasb de 2018, segue na mesma direção, ao definir patrimônio líquido como "valor residual dos ativos da entidade depois de deduzidos todos os seus passivos".

O fato de a definição do patrimônio depender de outras duas definições gera um problema prático. Se determinado item não se enquadrar na definição de passivo, teremos que, por exclusão, considerá-lo como parte do patrimônio líquido. Em outras palavras, quando analisado sob a ótica de origem de recursos, ou é próprio (patrimônio líquido) ou não é próprio (passivo ou de terceiros).

A ideia de definir o patrimônio líquido como um interesse residual surgiu na literatura norte-americana. O documento *Fasb Statement of Concepts* nº 6, referente aos elementos da contabilidade financeira, definiu o patrimônio líquido de maneira praticamente idêntica. Podemos então afirmar que a definição do patrimônio líquido é residual. Isso tem efeitos importantes sobre a mensuração e o reconhecimento dos elementos desse patrimônio.

Recentemente, com o aumento da legislação vinculada ao mercado financeiro, derivada do denominado Acordo da Basileia, além da pesquisa contábil, tem-se enfatizado a importância da questão do patrimônio líquido das instituições financeiras, assunto que será detalhado mais adiante neste capítulo.

Pela definição adotada de patrimônio líquido como valor obtido pela diferença do ativo e do passivo, a questão de mensuração e reconhecimento está também condicionada a mensuração e reconhecimento do ativo e do passivo. Entretanto, a questão da manutenção do capital é um aspecto relevante na discussão sobre o patrimônio líquido, que será tratado a seguir.

> **Objetivo 7:** Manutenção do capital

MANUTENÇÃO DO CAPITAL

Existem dois conceitos de capital que podem ser adotados por uma entidade: o capital físico e o capital financeiro. O **capital financeiro** refere-se ao recurso monetário que foi investido na entidade. Já o **capital físico** está vinculado à capacidade produtiva da entidade.

Segundo a Estrutura Conceitual, a escolha do conceito de capital a ser adotado por uma entidade depende do usuário e de suas necessidades. Quando o usuário estiver interessado na manutenção do capital nominal investido ou no seu poder de compra, a escolha será o capital financeiro. Caso a preocupação seja a capacidade operacional da entidade, o conceito de capital físico será a alternativa escolhida. A escolha do conceito de capital termina por afetar a meta que a entidade deverá atingir no seu resultado. Entretanto, nas situações práticas, podem existir divergências entre os usuários, o que significa dizer que a escolha feita pelo usuário, conforme aponta a Estrutura Conceitual, talvez não seja fácil.

A partir dos conceitos de capital apresentados, é possível determinar se uma entidade está preocupada com a manutenção do seu capital financeiro ou do seu capital físico.

A busca pela manutenção do capital financeiro significa que a entidade só terá lucro se o montante financeiro de ativos líquidos no final do período for maior que o do início, depois de excluídos os aportes de capital e as distribuições aos proprietários. Já a **manutenção do capital físico** significa que haverá lucro somente se a capacidade física produtiva da entidade no final do período for maior que a capacidade do início, também depois de excluídos os aportes e distribuições de capital.

Para mostrar a distinção entre os dois conceitos, considere a situação simples de uma entidade que iniciou suas operações com um capital social de R$ 10 mil, investido em dez unidades de estoques com valor unitário de R$ 1.000. O balanço inicial é o seguinte:

Estoques	10.000	Capital	10.000

Caso tenha havido inflação no período de 10%, para que exista a manutenção do capital financeiro, o valor do capital deverá ser de R$ 10 mil no final do período mais a inflação do período, ou seja, R$ 11 mil.[2] Neste exemplo simples, admite-se que não ocorreu distribuição de capital ou aporte. Tem-se que valores acima de R$ 11 mil expressam lucro e valores abaixo desse montante indicariam prejuízo sob a ótica do capital financeiro.

No mesmo exemplo, considere que a entidade, ao final do período, compre as mercadorias por R$ 1.200 cada. Neste caso, o capital a ser mantido corresponde a dez unidades do estoque a R$ 1.200 cada, ou R$ 12.000. Haverá manutenção do capital físico caso o valor no final do exercício corresponda a R$ 12 mil.

A escolha de um dos conceitos de manutenção de capital tem influência na mensuração do resultado. Assim, a manutenção do capital físico tem como base a adoção do custo corrente para avaliação. Na verdade, conforme define a Estrutura Conceitual da CVM e do CPC, a diferença dos conceitos "está no tratamento dos efeitos das mudanças nos preços dos ativos e passivos da entidade."

A literatura indica que a manutenção do capital deve considerar o valor mais alto para o capital, seja em termos físicos ou em termos monetários (SCHERER; MARTINS, 2003).

ANTES DE PROSSEGUIR

Você poderia imaginar a possibilidade de adoção de ambos os conceitos de manutenção de capital? Como seria estabelecida a regra para determinação do lucro nesse caso?

---

[2] R$ 10.000 × (1 + inflação) = R$ 10.000 × (1 + 0,1) = R$ 11.000.

> **Objetivo 8:** Teorias do patrimônio líquido

TEORIAS DO PATRIMÔNIO LÍQUIDO

As teorias do patrimônio líquido influenciam os procedimentos contábeis, sendo referências para a apresentação das demonstrações financeiras. Isso ocorre devido ao fato de que cada teoria interpreta a posição econômica de uma entidade de maneira diferente, interferindo na sua evidenciação.

Uma vez que a prática contábil é uma atividade típica de prestação de serviço, cabe perguntar para quem deve ser feito esse serviço. No desenvolvimento histórico da Contabilidade, prevalecia a denominada **teoria do proprietário**. Sua contraposição, a **teoria da entidade**, somente surgiu no final do século XIX e início do século XX, com a popularização do mercado acionário e das demonstrações contábeis para o usuário externo. Ainda hoje, a teoria do proprietário é predominante pela influência que os donos exercem sobre a Contabilidade, conforme comentado no Capítulo 1. Entretanto, o leque de usuários aumenta cada vez mais, tornando questionável esse predomínio.

Na realidade, a discussão sobre as teorias do patrimônio líquido apresenta como pressuposto implícito a necessidade de optar por uma das teorias. Isso garantiria consistência na apresentação das demonstrações contábeis. Entretanto, a existência de diferentes usuários, com diferentes interesses, torna difícil imaginar que a consistência venha a acontecer. Assim, nos dias de hoje, a discussão das teorias do patrimônio líquido que receberam grande atenção no passado torna-se secundária em decorrência do direcionamento das pesquisas contábeis para a área empírica.

Teoria do proprietário

A teoria do proprietário foca a atenção na figura do proprietário, sendo este o referencial dos conceitos e procedimentos contábeis (das regras) utilizados. Segundo essa teoria, a entidade existe para satisfazer aos objetivos e necessidades do dono, razão pela qual a principal finalidade da Contabilidade é a determinação da riqueza líquida do proprietário. Os passivos apurados pela Contabilidade representam, pois, obrigações do dono, de modo que é comum afirmar-se que a equação contábil, sob a ótica da teoria do proprietário, é dada por:

$$Patrimônio\ Líquido = Ativo - Passivo$$

Dentro da visão de que a Contabilidade dirige seu foco ao proprietário, essa teoria considera que as receitas e as despesas representam aumento da riqueza do dono, para o caso da receita, ou redução da sua riqueza, para as despesas. A finalidade de somar receitas e deduzir as despesas é, pois, determinar o lucro do dono.

Essa teoria tem origem nos primórdios da Contabilidade. Entretanto, no início do século XX, Charles Sprague tentou adicionar mais rigor teórico e consistência no ensino da Contabilidade, trazendo uma série de regras à Contabilidade. Foi ele que introduziu a expressão contábil em que o ativo é igual ao passivo mais patrimônio líquido. Para Sprague, o dono era o centro do interesse da Contabilidade (GAFFIKIN, 2005).

A teoria do proprietário, apesar de ser criticada por alguns autores, tornou-se a visão predominante de muitos textos publicados nas primeiras quatro décadas do século XX, exatamente no momento em que se consolidava a divulgação das demonstrações financeiras para o usuário externo. Isto fez com que a teoria do proprietário ainda exerça influência sobre a prática contábil.

Os exemplos dessa influência são os mais diversos: a apuração do resultado e sua apresentação, na demonstração do resultado, é uma situação em que prevalece a visão da teoria do proprietário, pois nessa demonstração a principal informação diz respeito à existência ou não de lucro líquido do exercício. Nessa mesma demonstração, o cálculo do lucro por ação, que consiste na divisão do lucro do exercício pelo número de ações existentes no capital social da entidade, ressalta, também, o interesse do proprietário.

Embora a discussão sobre as teorias do patrimônio muitas vezes induza a discussões vagas e meramente teóricas, é importante destacar que a validade ou não da teoria do proprietário exerce efeitos importantes sobre a própria movimentação financeira; em especial, sobre o tratamento tributário dos dividendos (GOLDBERG, 2001). Na teoria do proprietário, o dividendo é distribuição de resultado, não despesa, enquanto os juros devem ser considerados como despesas financeiras, sendo estas redutoras do resultado de cada período. A tributação do lucro por meio do Imposto de Renda é considerada, nessa teoria, uma imposição fiscal sobre o resultado residual do dono. Desse modo, quando a Receita Federal decide também tributar os dividendos que são distribuídos, existiria dupla tributação sobre o mesmo fato gerador: o resultado do proprietário. Em síntese, a aceitação da teoria do proprietário para fins fiscais significa que os dividendos não devem ser tributados quando de sua declaração ou pagamento.

A teoria do proprietário refere-se a uma visão de Contabilidade desenvolvida no momento em que a economia era composta por pequenos negócios, tornando-se inadequada com o advento da grande corporação. É nesse contexto que surge a teoria da entidade.

Teoria da entidade

A teoria da entidade surgiu no final do século XIX e início do século XX. O impulso para o surgimento dessa teoria ocorreu com o crescimento das grandes companhias e a necessidade de separar a gestão da propriedade.

O patrimônio líquido deixa, então, de ser considerado o centro da Contabilidade para ser mais uma fonte de recursos para o ativo. Em linhas gerais, essa teoria prega que o centro de interesse da Contabilidade deve ser a entidade; a visão é, pois, a de que a entidade deve ser representada pela igualdade entre o ativo e as obrigações:

Ativo = Obrigações

Apesar de estar subentendido que "obrigações" corresponde ao passivo e ao patrimônio líquido, a teoria da entidade considera que tanto os acionistas como os financiadores contribuem com recursos para a entidade, devendo esta ser separada dos interesses daquelas pessoas; e, nesse caso, o passivo representa uma obrigação da entidade. Assim, para a teoria da entidade não interessa, a rigor, a distinção entre dívida com terceiros e patrimônio líquido; razão pela qual as receitas são consideradas como da entidade, sendo compensação para os serviços prestados pela empresa, enquanto as despesas representam redução da receita.

Ao contrário da teoria do proprietário, a teoria da entidade considera os juros de um empréstimo como distribuição do capital. Sob essa ótica, a demonstração do resultado deveria focar o lucro operacional, que corresponderia ao resultado da entidade, sendo qualquer lucro obtido considerado como da entidade até ser distribuído como dividendo. O Quadro 8.1 apresenta as principais diferenças entre ambas as teorias.

Quadro 8.1 Diferenças entre a teoria do proprietário e a teoria da entidade

	Teoria do proprietário	Teoria da entidade
Expressão algébrica	Patrimônio Líquido = Ativo – Passivo	Ativo = Obrigações
Centro de interesse	Proprietário	Entidade
Passivo	Obrigações do proprietário	Obrigações da entidade
Separação do passivo e do patrimônio líquido	Importante para determinar o valor do patrimônio líquido	Pouco relevante, pois ambos são fontes de recursos para a entidade
Receitas	Aumento da riqueza do dono	Aumento da riqueza da entidade
Despesas	Redução da riqueza do dono	Redução da riqueza da entidade
Juros	Representam despesas	Constituem distribuição do resultado
Lucro	Lucro Líquido	Lucro Operacional
Tipo de empresa	Pequena empresa, onde o capital não está segregado da administração	Grande empresa, onde a administração está separada do capital
Lucro líquido	Lucro do proprietário	Lucro da entidade até o momento de sua distribuição
Taxação de dividendos	Bitributação	Tributação do resultado que será distribuído a uma das fontes de financiamento
Início	Primórdios do método das partidas dobradas (ou antes disso)	Final do século XIX e início do século XX
Autor representativo	Paccioli	Paton
Índice representativo de preços	Preço ao Consumidor	Índice Geral de Preços ou do Setor
Demonstração contábil	Balanço	Demonstração do Resultado

Em ambientes inflacionários, por exemplo, quando se utiliza um tratamento para minimizar os efeitos sobre as informações contábeis, a teoria do proprietário serve para definir indicador de preços mais adequado para revelar os efeitos inflacionários sobre a riqueza do dono da empresa; dos índices de inflação existentes, aqueles que mais se aproximam dessa situação são os índices de preços ao consumidor, que mensuram o efeito da inflação sobre a cesta básica do consumidor.

Já para a teoria da entidade, importa mensurar o efeito da variação de preços sobre a riqueza da entidade. Por essa razão, os índices gerais de preços, como o deflator das contas nacionais, os índices de preço no atacado ou os índices setoriais, são mais adequados para serem utilizados na correção monetária.

Portanto, conforme apresentado, nota-se que a teoria do proprietário exerce grande influência na prática contábil, ainda que a legislação comercial usualmente considere a entidade separada dos interesses dos acionistas; assim, mesmo numa empresa com um único acionista, a lei reconhece que existe um contrato do investidor com seus negócios. Desse modo, em situação de dificuldades financeiras, a legislação considera direitos prioritários os passivos e, quanto à presença de formas societárias, em que a responsabilidade do acionista está limitada a sua participação nos investimentos da empresa, fica demonstrada, novamente, a aceitação da teoria da entidade por parte do direito comercial.

É importante destacar que a teoria da entidade vai além do princípio da entidade, referente à separação dos negócios desta em relação aos negócios do proprietário, pois, se um proprietário mantém sua conta bancária separada da conta da empresa, isso não significa que ele terá a visão da teoria da entidade.

A teoria da entidade foi, portanto, proposta para refletir a realidade econômica e não os aspectos legais (GAFFIKIN, 2005). Neste sentido, o lucro passa a ser, nessa teoria, uma medida de eficiência gerencial, podendo ser um indicativo dos lucros futuros.

Apesar de parecer mais razoável a teoria da entidade, é importante salientar que existem restrições a essa teoria (GOLDBERG, 2001). Inicialmente, voltemos ao que foi discutido na introdução do capítulo, quando mostramos que a entidade não existe de forma objetiva, sendo uma suposição. Outro aspecto é que temos dificuldades de aplicar o ponto de vista da entidade. Na Contabilidade gerencial, por exemplo, deixamos de lado a entidade como um todo e focamos no centro de custos ou nos processos que interessam à administração interna.

Outras teorias do patrimônio

Além das teorias do proprietário e da entidade, quatro outras mereceram certo destaque na literatura: as teorias do fundo, do comandante, do empreendimento e a teoria residual.

Na **teoria do fundo**, proposta por William Vatter, a base da Contabilidade deixa de ser o proprietário ou a entidade, para considerar um grupo de ativos e suas obrigações relacionadas. Por essa razão, trata-se de uma teoria centrada no ativo, uma vez que está focada na gestão e no uso apropriado dos ativos. Um fundo é, pois, considerado um grupo homogêneo dentro da organização, que possui obrigações que lhe são específicas. Essas obrigações, por sua vez, podem ser com terceiros (passivo) ou com o capital próprio. Em certas situações, a teoria do fundo implica a existência de Contabilidade separada para cada um dos fundos existentes na entidade. Assim, pelas características dessa teoria, seu uso tem sido considerado mais apropriado para os setores governamentais e para as entidades sem fins lucrativos, organizações em que é comum a existência de recursos captados com finalidade específica, cuja aplicação pode estar sujeita a uma série de regras. Entretanto, a teoria do fundo é também importante para organizações com fins lucrativos, como em situações de falência ou de contabilidade divisional. Recentemente, a aplicação da teoria do fundo em entidades sem fins lucrativos tem sido substituída pela classificação dos ativos sem restrições, temporariamente restritos e permanentemente restritos. Exemplo clássico dessa teoria é a prestação de contas de condomínios, que evidencia a origem de recursos (dos condôminos) e sua aplicação (funcionários, energia elétrica etc.).

A **teoria do comandante**, proposta por Louis Goldberg, defende que a Contabilidade, mesmo a financeira, deve estar voltada para o gestor. Essa teoria, no entanto, apresenta alguns problemas substanciais que são difíceis de solucionar, pois, conforme discutiu-se no Capítulo 4, os administradores exercem influência substancial sobre a Contabilidade. Assim, a aceitação da teoria do comandante exacerbaria o impacto do gestor, tornando-a enviesada.

A **teoria do empreendimento**, proposta a partir da visão da organização como ente social que exerce influência sobre vários setores da sociedade, considera que a Contabilidade deve estar voltada para outros usuários, como empregados, governo, entidades reguladoras e público em geral. Essa teoria tem sido utilizada para justificar a publicação da demonstração do valor adicionado e do balanço social por parte das empresas, tendo em vista a necessidade de justificar as ações sociais da entidade. Assim, a teoria do empreendimento possui uma visão diferente de resultado, considerando juros, dividendos e salários em sua distribuição (Quadro 8.2).

Quadro 8.2 Diferenças entre as diversas teorias do patrimônio

	Teoria do proprietário	Teoria da entidade	Teoria do fundo	Teoria do empreendimento
Centrado	Proprietário	Entidade	Fundo	Sociedade
Equação	Patrimônio Líquido = Ativo − Passivo	Ativo = Obrigações	Ativo = Restrições ao Ativo	
Demonstração contábil	Balanço	Demonstração do Resultado	Fontes e usos de fundos	Valor Adicionado e Balanço Social
Tipo de organização	Pequena e média empresas	Grande empresa	Governo e entidades sem fins lucrativos	Entidade com impacto na sociedade

Finalmente, a **teoria residual** tem como foco a figura dos acionistas ordinários. Estes seriam os donos do negócio e a informação contábil deve focar a decisão desses acionistas e a previsão dos seus dividendos futuros. A equação contábil seria:

Ações Ordinárias = Ativo – Passivo – Ações Preferenciais

Essa teoria faz sentido nos países onde a figura das ações preferenciais aproxima-se do financiamento de terceiros, motivo pelo qual algumas obras de finanças têm classificado essas ações como fontes de capital de terceiros. Por essa razão, a teoria residual considera a ação ordinária como o financiador de capital com mais elevado nível de risco. Ressalte-se, no entanto, que as características do mercado financeiro no Brasil e sua legislação tornam essa teoria sem efeito no nosso país.

Uma variante dessa teoria é a que reflete o balanço consolidado, em que a participação dos minoritários vai integrar o patrimônio líquido (que pertence ao controlador), sendo classificado entre o exigível a longo prazo e o patrimônio líquido.

ANTES DE PROSSEGUIR

Com respeito aos minoritários (ou *non-controlling interests* – NCI), esse item ficava fora do passivo e do patrimônio líquido, pois entendia-se que o patrimônio líquido seria do controlador e, portanto, os minoritários não deveriam ser tratados igualmente. Na teoria do comandante, eles são substituídos pelos acionistas preferenciais, mas na contabilidade societária integra o patrimônio líquido.

EXERCÍCIOS

1. Como é chamado o lado direito do balanço? Pesquise na legislação e em algumas demonstrações contábeis publicadas e verifique como as entidades estão denominando: passivo ou passivo/patrimônio líquido ou outra alternativa. Isso se modifica quando o patrimônio líquido é negativo?

2. Para fins de análise, é usual separar o passivo em dois grupos: aquele que gera ônus para a empresa e aquele decorrente do ciclo das operações. No primeiro grupo, temos empréstimos e financiamentos; no segundo, as contas de fornecedores e salários a pagar, entre outras. Em termos analíticos, o segundo grupo pode ser considerado de forma redutora do ativo de curto prazo. Discuta esse procedimento à luz da conceituação do passivo.

3. Uma das consequências da corrupção foi a punição para empresários e empresas. Em alguns casos, um acordo foi assinado com o Ministério Público, Conselho Administrativo de Defesa Econômica (Cade), Controladoria-Geral da União (CGU) e outros órgãos oficiais. Em que momento esse passivo deveria ser reconhecido? Em alguns casos, os textos do acordo devem ser mantidos em sigilo durante a fase de investigação. Como poderiam ser a mensuração e a evidenciação?

4. Quais as possíveis maneiras de resolver o problema das obrigações não formalizadas?
5. A empresa Alpargatas evidenciou no seu passivo "tributos com exigibilidade suspensa". O governo aumentou a carga tributária, a empresa não concordou e foi para a justiça, registrando no seu passivo aquilo que deveria pagar. Em que situação esse fato seria considerado um passivo, mensurado e reconhecido?
6. A separação do passivo e do patrimônio líquido talvez seja a principal questão conceitual deste capítulo. Os *non-controlling interests* (NCI), por exemplo, não se enquadram na definição de passivo. O Iasb trata NCI como parte do patrimônio e a IAS 1 determina que sejam evidenciados de forma separada. Discuta a melhor possibilidade de classificação dos NCI.
7. Os *covenants* são itens dos contratos de empréstimos para proteger o credor. Se algumas condições forem descumpridas pela entidade, o credor pode exigir uma compensação em troca. Como isso pode afetar o reconhecimento e a mensuração de um passivo?
8. As debêntures perpétuas têm sido consideradas, na prática do mercado financeiro brasileiro, como passivo. A Comissão de Valores Mobiliários alega que, em alguns casos, o direito de recebimento de cupons não estaria sob controle da empresa. Em outros casos, o debenturista estaria em posição superior ao acionista. Finalmente, ocorreram casos em que a CVM entendeu que o diferimento não é igual à autonomia completa para o pagamento ou não pagamento (COUTO; MARTINS, 2014). Explique como isso pode ter efeito negativo sobre o mercado desse tipo de título.
9. O patrimônio de afetação consiste na separação do patrimônio de uma entidade, pela qual cada empreendimento deve ter a sua própria Contabilidade. Suponha uma construtora; cada edifício deve ter sua própria contabilidade, separada da entidade. Essa figura foi criada após a falência da Encol, que usava os recursos de um empreendimento para financiar outro, o que correspondia a uma espécie de "pedalada", em um efeito bola de neve. Entre as teorias do patrimônio líquido, qual a que mais se aproxima do patrimônio de afetação?
10. Apesar de o patrimônio líquido apresentar uma subdivisão, esse tópico não é objeto de regulação nas normas internacionais. Segundo o Iasb, isso dependerá do tipo de entidade, da demanda do usuário ou da legislação de cada país. Apesar disso, o Iasb considera importante que cada reserva criada seja descrita de maneira adequada. A legislação brasileira apresenta três aspectos que usualmente não estão presentes nas normas de outros países: (a) a obrigatoriedade de uma conta de lucros acumulados com saldo zero para certas entidades; (b) a existência dos juros sobre capital próprio na distribuição do resultado; e (c) a obrigatoriedade de distribuição de dividendos em um percentual mínimo. Discuta esses três aspectos à luz das teorias do patrimônio líquido e da posição do Iasb.
11. No final de 2017, o Superior Tribunal de Justiça decidiu que, em casos de retirada de sócio, é possível usar o valor justo e que esse aspecto não fere a

lei. A empresa (com os sócios que ficaram) pretendia pagar usando o valor patrimonial. Confronte essa situação com as críticas feitas ao uso do valor justo ao longo deste capítulo.

12. Em 2015, o banco de fomento estatal BNDES reduziu o patrimônio, de R$ 66 bilhões para 31 bilhões em razão de um erro. Uma norma do Conselho Monetário Nacional de 2013 determinava que os empréstimos do Tesouro deveriam ser considerados dívida, não patrimônio líquido. O pequeno erro não trouxe punição para os gestores ou auditores independentes, pois o governo considerou o problema apenas "contábil" e que não afetou a saúde financeira do banco. Reportagem afirma que "um dos motivos do erro é que, pelas normas internacionais de contabilidade esse dinheiro pode entrar no patrimônio do banco" (VALENTE; CUCOLO, 2015). Você concorda?

13. Em 2014, funcionários da empresa Portobello devolveram ações, assinando um termo de desistência. Isso se enquadra nas discussões realizadas no capítulo?

14. Há um subgrupo do patrimônio líquido chamado Ajuste de Avaliação Patrimonial. Pesquise as possíveis origens desse ajuste.

REFERÊNCIAS

CLARK, M. Entity theory, modern capital structure theory, and the distinction between debt and equity. *Accounting Horizons,* Sarasota: American Accounting Association, Sept. 1993.

COUTO, A.; MARTINS, R. Debêntures perpétuas e instrumentos híbridos. *Valor Econômico,* 31 out. 2014. Disponível em: https://www.valor.com.br/opiniao/3759894/debentures--perpetuas-e-instrumentos-hibridos.

DÍAZ-ZORITA, A. Provisiones y contingencias. *Expansion,* 21 abr. 2007.

GAFFIKIN, M. J. R. *Creating a science of accounting.* Wollongong: University of Wollongong, Working paper, 2005.

GOLDBERG, L. *Journey into accounting thought.* London: Routledge, 2001.

SAMUELSON, R. Accounting for liabilities to perform services. *Accounting Horizons,* Sarasota: American Accounting Association, v. 7, n. 3, Sept. 1993.

SCHERER, L. M.; MARTINS, E. Manutenção de capital e distribuição de dividendos. *Revista FAE,* Curitiba, v. 6, n. 2, p. 65-83, maio/dez. 2003.

VALENTE, R.; CUCOLO, E. Erro do BNDES levou a correção contábil bilionária. *Folha de S. Paulo,* 22 dez. 2015. Disponível em: https://www1.folha.uol.com.br/mercado/2015/12/1721876--erro-do-bndes-levou-a-correcao-contabil-bilionaria.shtml.

9
RECEITAS E DESPESAS

> **OBJETIVOS DE APRENDIZADO**
>
> Ao final deste capítulo, você conhecerá:
> 1. A definição de receita.
> 2. Os critérios de reconhecimento da receita.
> 3. As principais questões vinculadas à mensuração da receita.
> 4. A definição de despesa.
> 5. Os critérios de reconhecimento da despesa.
> 6. As principais questões vinculadas à mensuração da despesa.
> 7. Os tipos de demonstração de resultado e a evidenciação do resultado.

INTRODUÇÃO

As questões pertinentes às receitas e despesas são de interesse direto do usuário das demonstrações contábeis por afetarem a apuração do resultado do exercício. Geralmente, a apuração do resultado é a medida de desempenho da entidade ou é base de outras medidas, como o retorno do investimento. Para o estudo desse assunto, separou-se a definição do seu reconhecimento e mensuração, a exemplo do que ocorreu em capítulos anteriores. As questões referentes a reconhecimento e mensuração estão vinculadas a aspectos discutidos em outros capítulos, em particular, ao conceito de capital e sua manutenção, objeto de estudo do Capítulo 8.

Conforme será comentado adiante no capítulo, a receita e a despesa estão, conceitualmente, subordinadas aos elementos patrimoniais, em especial ao ativo e ao passivo.

O estudo das receitas e despesas torna-se importante, inclusive, pelo fato de que o usuário da informação contábil dedica atenção especial ao valor do lucro líquido obtido pela entidade.

> **Objetivo 1:** Definição da receita

RECEITA

Em 2018, o International Accounting Standards Board (Iasb), ao implementar sua nova estrutura conceitual, apresentou novidades com respeito à definição de receita. Em lugar de usar o termo *revenue*, a estrutura usou o termo *income*. Essa mudança terminológica afasta o termo que tem sido tradicionalmente usado nas demonstrações contábeis nos países de língua inglesa – *revenue* – por outro, *income*, que em língua portuguesa se aproxima muito mais do conceito de lucro. O segundo aspecto é que o Iasb definiu receita como o aumento nos ativos, ou redução nos passivos, cujo resultado aumenta o patrimônio líquido, exceto as contribuições dos detentores de capital. Essa definição resolveu um problema da definição existente antes: era longa demais. O Quadro 9.1 faz um comparativo das duas definições. A definição mais recente deixou de lado a restrição do período contábil, que parecia óbvia, assim como a associação da receita com o aumento dos benefícios econômicos, já presente adiante na própria definição. A nova definição do Iasb enfatiza a relação com a definição de ativo e passivo.

Quadro 9.1 Comparativo da definição de receita

Estrutura anterior	Estrutura Iasb 2018
Aumentos nos benefícios econômicos durante o período contábil sob forma de entrada de recursos, aumento de ativos ou diminuição de passivos que resultam em aumentos do patrimônio líquido e não se confundem com os que resultam de contribuição dos proprietários da entidade	Aumento nos ativos, ou redução nos passivos, cujo resultado aumenta o patrimônio líquido, exceto as contribuições dos detentores de capital

A nova definição mantém a associação com a sistemática contábil das partidas dobradas, já existente na definição anterior. Nesse caso, o lançamento da receita, feito por um crédito, tem correspondência com lançamento a débito de uma conta do ativo (aumento no ativo) ou do passivo (redução no passivo). O exemplo típico é a geração de receita mediante prestação de um serviço: tem-se um lançamento a débito de valores a receber ou uma conta do disponível, e uma contrapartida de receita, a crédito. Vários são os ativos que podem ser aumentados com a receita: caixa, valores a receber etc. A receita também pode resultar da liquidação do passivo como fornecimento de mercadorias em troca de um empréstimo.

Isso tende a tornar a definição circular: para o seu entendimento, é necessária a definição de patrimônio líquido, que por sua vez depende da definição de ativo e passivo.[1] O certo é que a definição de receita subordina-se às demais. Certos autores

---

[1] Baseada em Evans, 2002.

são mais extremados quando consideram que a definição de receita depende da definição de lucro.

Finalmente, a frase "não se confundem com os que resultam de contribuição dos proprietários da entidade" tem por finalidade separar a receita da mera movimentação do patrimônio líquido em decorrência, por exemplo, de aumentos no capital da entidade.

Uma consequência da definição do Iasb diz respeito à segregação entre receita e ganho. Conforme pode ser notado, a posição do Iasb, assim como as da Estrutura Conceitual da Comissão de Valores Mobiliários (CVM) e do Comitê de Pronunciamentos Contábeis (CPC), é ampla o suficiente para incluir também o que a literatura denomina de *ganho*. Há tendência a entender que o ganho deve se enquadrar na definição de receita. Um possível exemplo de ganho é aquele resultante da venda de um ativo permanente. Nesse caso, a contabilidade societária tende a considerar os valores líquidos obtidos pela entidade, separadamente da receita das atividades normais. Apesar de discutível, esse procedimento é comum. Uma vantagem de considerar um tratamento especial dos ganhos decorre do fato de que o usuário da informação contábil necessitaria saber qual o resultado obtido pela entidade com suas atividades-fim. Numa indústria, é importante para o usuário saber se a entidade está obtendo lucro com o processo industrial, segregando-o, por exemplo, da venda eventual de um imóvel.

Essa posição apresenta dois problemas. O primeiro é não ser sempre fácil distinguir o que seria a atividade operacional de uma entidade daquela considerada não operacional. No entanto, considerando que possamos entender que atividade operacional é vinculada e identificada como o propósito pelo qual a entidade foi constituída, ainda assim podemos classificar como operacional "principal" ou "acessória", à luz da teoria da Contabilidade.

No caso dos itens não operacionais, embora a norma editada pelo Iasb não faça nenhuma distinção, enquadrando tudo como ganho, segundo a teoria da Contabilidade podemos classificar em três níveis:

- Receita não operacional, que é habitual quanto a sua frequência. Exemplos nesse sentido são as receitas financeiras, receitas de aluguéis etc.
- Ganho que é eventual, mas tem-se conhecimento prévio de sua ocorrência, como os ganhos e perdas com venda de imobilizado, de participações societárias etc.
- Itens extraordinários, de cuja ocorrência não se tem conhecimento prévio, como inundações. Observe que, se a região onde está localizada a empresa tiver casos anteriores dessa natureza, não podem ser classificados como "extraordinários".

O segundo aspecto diz respeito à própria definição do que seja o objetivo de uma entidade com fins lucrativos. A adoção da ideia de atividade usual, ou similar, para a segregação do ganho em relação à receita decorre da suposição de que cada entidade possui um objetivo claro e definitivo; e que esse objetivo está associado à exploração de um setor econômico. No entanto, se a finalidade de uma entidade é agregar valor, a maneira como se faz isso não é relevante. Nesse sentido, a distinção de receita e ganho também não é importante.

Apesar desses aspectos, é razoável presumir que algumas receitas que não se repetirão em períodos futuros e as que são significativas devam ser evidenciadas à parte. Mas isso não pode ser uma desculpa para que a receita não passe pela demonstração do resultado, conforme será discutido mais adiante.

Usualmente, adota-se o método dedutivo na apresentação das receitas, sendo apresentadas inicialmente as receitas da entidade e, posteriormente, as despesas. Também é usual distinguir receitas normais das atividades das demais. Nesse caso, deve-se levar em consideração a natureza da entidade e suas operações, sendo segregados itens ordinários dos extraordinários.

Recentemente, o Iasb propôs a definição de item não usual. Esse item será qualquer evento que tenha valor preditivo limitado, já que não irá ocorrer no futuro de maneira semelhante. Nesse sentido, o item não usual assemelha-se com o evento não recorrente, exceto pela característica de não ter valor preditivo.

Mais recentemente, o Iasb começou uma discussão sobre medidas de desempenho gerencial. Essa discussão é uma tentativa de responder à crescente utilização de medidas que não respeitam as normas contábeis ou os princípios contábeis, como é o caso do lucro antes dos juros, impostos, depreciação e amortização (Lajida, ou *earnings before interests, taxes, depreciation and amortization* – Ebitda). O Iasb considera necessário ter melhores medidas de desempenho, o que implica detalhar de forma mais adequada os diversos resultados apurados pela demonstração do resultado. Nesse processo, uma definição de lucro operacional que esteja em consonância com o resultado das atividades operacionais de uma entidade poderia ser uma maneira de evitar o uso de tais medidas de desempenho gerenciais. Essa discussão pode resultar na tentativa de segregação de itens ordinários dos extraordinários.

Finalmente, é importante destacar que a definição "traduzida" pelo CPC é um pouco diferente da definição proposta pelo Iasb (veja o Quadro 9.1). Segundo o CPC, receitas são "aumentos nos ativos, ou reduções nos passivos, que resultam em aumentos no patrimônio líquido, exceto aqueles referentes a contribuições de detentores de direitos sobre o patrimônio".

ANTES DE PROSSEGUIR

Considere a prestação de serviço por parte de uma entidade. Verifique se esse evento satisfaz à definição apresentada pelo Iasb.

> **Objetivo 2:** Critérios de reconhecimento da receita

Critérios para o reconhecimento

Conforme foi discutido, a definição de receita depende da definição de ativo e passivo. De igual modo, e por estar associado ao ativo, o seu reconhecimento ocorre simultâneo ao aumento do ativo ou à redução do passivo. Considere, por exemplo, a venda de uma mercadoria ou a prestação de um serviço. Somente após existirem plenas condições de reconhecimento do ativo é que a receita também será reconhecida.

Considerando que a relação entre comprador e vendedor é específica em cada transação, a rigor não deveriam existir "padrões" ou "regras" para determinar em que momento uma transação específica será reconhecida. Isso representa um problema para os legisladores na medida em que a criação de normas contábeis terá dificuldade de enquadrar todos os casos existentes. Esse aspecto termina por fortalecer a posição daqueles que acreditam que a substância deve prevalecer sobre a forma.

Em uma empresa comercial ou industrial, o processo de reconhecimento da receita está ligado à venda. Entretanto, a venda não é o critério de reconhecimento; é o ponto de partida para o reconhecimento, por satisfazer as condições necessárias para isso. As exceções a essa regra geral ocorrem justamente quando o instante da venda não representa a base mais confiável, não é relevante como informação ou existem incertezas na mensuração. As incertezas que a Contabilidade mostra em relação a esse instante do reconhecimento têm sido objeto de fraudes e erros nas entidades. Esse tipo de erro pode-se chamar de "erro de corte", pois diz respeito ao momento em que a entidade irá considerar a receita realizada. Postergar ou antecipar a definição do "corte" temporal traz impacto ao volume de receita de determinado período.

ANTES DE PROSSEGUIR

A questão do reconhecimento implica responder a duas perguntas: quando reconhecer uma receita e por quanto. O primeiro aspecto é temporal, estando associado à data do registro; o segundo refere-se à mensuração do evento.

É importante salientar que, à luz da teoria da Contabilidade, reconhecimento pode ser também considerado como "realização". Repare que o termo *realização*, no caso brasileiro, pode ser também entendido como ativos transformados em caixa, ou seja, financeiramente realizados. Além disso, temos ainda o conceito de realização "fiscal", via depreciação para ativos imobilizados, por exemplo. A Figura 9.1 apresenta o ciclo de produção típico de uma indústria, começando na compra da matéria-prima e passando pelo processo produtivo, pela venda e pelo recebimento.

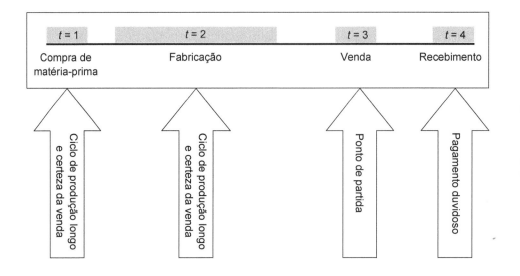

Figura 9.1 Ciclo de produção de uma indústria.

O momento $t = 3$ da Figura 9.1 representa o instante em que a Contabilidade tipicamente reconhece a receita. Entretanto, também é possível o reconhecimento em $t = 1$ (na compra de matéria-prima), em $t = 2$ (no processo de fabricação) e em $t = 4$ (no recebimento).

Para o Iasb, o reconhecimento da receita na venda deve ser a regra quando: (a) os riscos e os prêmios associados ao produto foram transferidos para o comprador; (b) a entidade já não possui o efetivo controle do produto vendido; (c) o valor da receita pode ser mensurado de forma adequada; (d) os prováveis benefícios econômicos da transação fluirão para a entidade; e (e) os custos da transação podem ser adequadamente mensurados.

A receita poderá ser reconhecida no recebimento, ou no instante $t = 4$ da Figura 9.1, quando for muito duvidoso que o cliente irá efetuar o pagamento. Em outras palavras, o esforço de receber será substancial. Como em toda transação existe o risco de não recebimento, isso não significa que situações como vendas a prazo devam ser reconhecidas quando do pagamento do cliente. Nessas operações, que geram valores a receber, o principal esforço encontra-se na venda, sendo o não pagamento um risco natural do negócio, razoavelmente estimado.

O reconhecimento da receita também pode ocorrer durante o processo de fabricação. Esses casos geralmente são considerados razoáveis quando o processo é longo e existe alguma certeza com respeito ao contrato de venda. A aceitação do instante $t = 2$ para o reconhecimento da receita originou-se na indústria de construção de aviões. Nesse setor, o prazo de fabricação é bastante amplo e o início desse processo ocorre quando existe forte intenção por parte do comprador, geralmente uma companhia aérea. Outros setores também satisfazem os requisitos para o reconhecimento nesse instante, como a construção de navios, a edificação de prédios e outros.

Pelas características desse tipo de reconhecimento da distribuição temporal da receita do contrato de longo prazo, torna-se relevante, na apuração contábil, o método a ser utilizado. Existem duas maneiras de se fazer a apuração da receita: pelo **cronograma físico** ou pelo **financeiro**. Considere o exemplo apresentado na Tabela 9.1, em que uma empresa possui contrato de longo prazo no valor de $ 1.000 mil. Fisicamente, o contrato é distribuído igualmente nos dois anos. Em termos financeiros, o contrato prevê gastos superiores no primeiro ano.

Tabela 9.1 Reconhecimento da receita

(em mil)

Tempo	Cronograma físico		Cronograma financeiro	
	%	Receita	Despesas	Receita
1	50%	$ 500	$ 600	$ 750
2	50%	$ 500	$ 200	$ 250
Total	100%	$ 1.000	$ 800	$ 1.000

Levando em consideração o *cronograma financeiro*, o reconhecimento da receita será na proporção do custo do contrato. No exemplo, suponha que a empresa necessite fazer uma grande quantidade de despesa para o contrato no primeiro ano ou 75% do total. Nesse caso, a receita lançada terá o valor nessa proporção: 75% × 1.000 mil = $ 750 mil. Deve ser notado que essa opção conduz a uma mesma margem de lucro, de 20%. Em outras palavras, o método do cronograma financeiro reduz a variação no lucro.

Já no *cronograma físico*, a receita será proporcional à realização física. No exemplo, temos receita idêntica nos dois anos de contrato. Nesse caso, o reconhecimento da receita contemplará um lançamento de $ 500 mil no primeiro ano e outro de mesmo valor no segundo. Considerando um custo de $ 600 mil no primeiro ano e de $ 200 mil no segundo, a empresa terá um prejuízo de $ 100 mil e um lucro de $ 300 mil, respectivamente.

A literatura contábil tem defendido o reconhecimento durante o processo de fabricação como uma questão de justiça, por permitir que o resultado reportado não apresente grande variação no tempo. Com efeito, caso a receita do exemplo apresentado não fosse reconhecida no momento de fabricação ($t = 2$, da Figura 9.1), o resultado seria um prejuízo de $ 600 mil no ano 1 e um lucro de $ 800 mil no ano 2. Entretanto, um efeito perverso desse reconhecimento é a possibilidade de *administração de resultados* por parte da empresa.

A questão do reconhecimento da receita tem sido considerada, mais recentemente, um item complexo. Em razão disso, o Iasb e o Financial Accounting Standards Board (Fasb) juntaram esforços no sentido de modificar as normas de Contabilidade sobre esse assunto. A proposta básica é atacar esses problemas, focando o processo de registro da receita no momento em que o produto ou serviço é transferido para o cliente. Existe um *exposure draft* em que as duas entidades reguladoras manifestaram a pretensão de modificar o critério de reconhecimento das receitas. A proposta trará significativas alterações às receitas das entidades, particularmente as entidades do setor imobiliário.

Nos últimos anos, muitas empresas passaram a oferecer produtos e/ou serviços relacionados. Um exemplo é a venda de produto e o serviço de instalação. Nesse exemplo, existem a receita da venda e a receita originária da prestação do serviço para o cliente. O crescimento desse tipo de situação levou os reguladores (Iasb e Fasb) a estudarem o assunto. No Brasil, isso resultou no CPC 30, que trouxe grande efeito para tais situações, já que passou a exigir a separação adequada de cada serviço. Assim, o serviço "gratuito" de instalação passou a ser mensurado, sendo atribuído um valor de receita e um custo respectivo. Em termos da teoria, talvez a principal questão da nova regra de reconhecimento da receita seja a relação custo-benefício da informação. Em algumas empresas, o volume de informação cresceu substancialmente, mas existem dúvidas se isso resultou em aumento na qualidade da informação.

Reconhecimento da receita nas incorporadoras de imóveis

No segundo semestre de 2017, o Iasb tomou uma decisão sobre o reconhecimento da receita por parte das empresas incorporadoras de imóveis. Com a adoção das normas internacionais de Contabilidade, o Brasil deveria passar a reconhecer a receita conforme os critérios estabelecidos pelo Iasb. Entretanto, a CVM optou por permitir que as incorporadoras passassem a usar o critério baseado no andamento da obra, denominado *percentual of completion* (POC). Isso corresponde ao momento $t = 2$ da Figura 9.1, mas tal posição diverge do Iasb, que era favorável a reconhecer na entrega das chaves.

A questão contábil decorre do elevado ciclo de produção das empresas. O POC permite o reconhecimento ao longo da construção. Pela nova interpretação do Iasb, o reconhecimento da receita será feito na entrega das chaves, em um único momento. Isso pode provocar alteração no resultado das empresas em curto e médio prazos. E fazer com que o resultado seja mais volátil.

Algumas empresas de auditoria começaram a mencionar no relatório que o reconhecimento da receita não obedecia às normas internacionais. A CVM encaminhou uma defesa do procedimento adotado no Brasil. Dois aspectos prévios precisam ser considerados sobre a filosofia do processo de interpretação. Para casos nos quais a aplicação das normas apresente dúvidas, como seria este caso, existe um comitê de interpretação, conforme estudamos no Capítulo 2. Ao colocar em debate a questão da receita na situação brasileira, o comitê teria o papel de interpretar essa situação prática. O caso também conduz à questão política da regulação contábil, conforme discutido no Capítulo 1. Um dos preços cobrados pela opção é que o país tem de se sujeitar às normas criadas pelo Iasb.

Mesmo com a interpretação do International Financial Reporting Interpretations Committee (Ifric), a CVM continuou autorizando que as incorporadoras reconhecessem a receita na construção.

ANTES DE PROSSEGUIR

Um dos problemas do reconhecimento da receita na fase de produção é a possibilidade de a empresa administrar resultados, aumentando a receita caso queira uma melhoria no resultado ou diminuindo a receita na situação inversa. Além disso, tal situação torna mais nebuloso para o usuário externo o entendimento do processo de apuração do resultado.

> **Objetivo 3:** Mensuração da receita

Tratamento da receita a prazo

Conforme já afirmado, a mensuração da receita não ocupa lugar de destaque na teoria contábil, estando subordinada à própria mensuração dos demais elementos patrimoniais. Discutimos as questões vinculadas à mensuração no Capítulo 6 deste livro. Existe, no entanto, a questão referente ao tratamento da receita a prazo. Esse aspecto foi, inclusive, objeto de regulamentação da CVM para as companhias abertas no período de hiperinflação, com a Instrução Normativa 191.

Considere, a título de exemplo, uma entidade comercial que gerou receita no momento $t1$. A empresa concedeu para seu cliente um prazo para pagamento, que será o momento $t2$. A existência de um período de tempo entre a geração da receita e o recebimento exige que essa empresa demande recursos para financiar seu capital de giro. Em certas situações, faz-se necessário trazer a receita que será recebida no instante $t2$ para valor de $t1$, mediante desconto desse valor. Em tais situações, a receita a valor presente (Rvp) no instante $t1$ seria obtida da seguinte forma: $Rvp = R / (1 + i)^{t2 - t1}$, sendo i a taxa de juros nominais da economia.

Supõe-se que a entidade, ao postergar o recebimento para $t2$, compense essa iliquidez cobrando uma taxa de juros na operação. Existiriam, então, duas transações: a venda da mercadoria e o financiamento do cliente. Ao trazer a receita a valor do instante $t1$ (venda da mercadoria), teria a receita de venda da mercadoria; a diferença entre a receita a prazo e a receita a valor presente corresponderia à receita financeira obtida com o financiamento do cliente.

Considere, agora, o seguinte exemplo: uma entidade presta um serviço a prazo no valor de $ 48,00. Suponha a taxa de juros de 10% ao mês e que o recebimento ocorrerá num período de dois meses. Tem-se:

$$R_{vp} = \frac{48,00}{(1 + 0,1)^2} = \frac{48,00}{1,21} = \$ 39,67$$

A receita financeira seria, então, obtida pela diferença: $ 48,00 − 39,67 = $ 8,33.

A relevância dessa mensuração depende das diferenças entre ambas as receitas. Em outras palavras, da taxa de juros e do prazo de recebimento da entidade. Em situações nas quais a taxa de juros da economia encontre-se em patamares elevados, a receita financeira torna-se mais representativa. Entretanto, como a geração de receita usualmente está associada ao capital de giro, que tem prazo relativamente curto, essa taxa torna o procedimento relevante somente em situações de elevados distúrbios inflacionários.

Objetivo 4: Definição da despesa

DESPESA

O Iasb define despesa como redução nos ativos ou aumento no passivo, que resultam em decréscimo do patrimônio líquido e não se confundem com os que resultam de distribuição aos proprietários da entidade. Em comparação à definição anterior, há algumas novidades, conforme pode ser visto no Quadro 9.2.

Quadro 9.2 Comparativo da definição de despesa

Estrutura anterior	Estrutura Iasb 2018
Decréscimos nos benefícios econômicos durante o período contábil sob a forma de saída de recursos ou redução dos ativos ou aumento dos passivos que resultam em redução do patrimônio líquido e não se confundem com os que resultam de distribuição aos proprietários da entidade	Redução nos ativos ou aumento nos passivos que resultam em redução do patrimônio líquido e não se confundem com os que resultam de distribuição aos proprietários da entidade

A definição afasta a ideia de que a despesa é algo negativo, que reduz o benefício econômico e tende a reduzir a riqueza da entidade. Também não associa despesa ao uso ou consumo de recursos para obtenção de receita. Desse modo, a definição evita fazer associação à receita ou ao decréscimo de benefício econômico. A associação ao período contábil, que corresponde, no caso da despesa, à questão da confrontação da despesa, deixa de existir na definição, assim como ocorreu na receita. A supressão do termo *período contábil* não significa que deixa de existir um exercício social claramente definido; apenas o normatizador decidiu considerar esse aspecto fora da definição.

Três aspectos estavam presentes na definição anterior de despesa e foram mantidos: (1) o efeito da despesa sobre o balanço, por meio de redução dos ativos ou aumento dos passivos; (2) o fato de a despesa afetar o patrimônio líquido da entidade, via resultado; e (3) preocupação em não se confundir com a distribuição do resultado. A definição de despesa por parte do Iasb fez com que esse termo ficasse muito associado ao método das partidas dobradas. É possível notar que cada um dos itens da coluna direita do Quadro 9.2 corresponde ao crédito correspondente ao lançamento do débito de uma despesa: redução nos ativos (por exemplo, no caso da venda de mercadorias), aumento no passivo (exemplo: salários do mês que serão pagos no mês seguinte). Ou que no processo de encerramento do exercício conduzirão a redução no lucro.

Com respeito ao fato da despesa não indicar que a mesma não se confunde com a distribuição aos proprietários da entidade, a definição do Iasb adota, explicitamente, a *teoria do proprietário*, conforme apresentamos no capítulo 8 deste livro. Isto também é válido para a definição da receita, apresentada anteriormente.

Nesse sentido, é importante destacar (Quadro 9.3) a aproximação das definições da receita e da despesa.[2]

Quadro 9.3 Definições de receita e despesa

Definição de receita	Definição de despesa
Aumento nos ativos ou **redução** nos passivos que resultam no **aumento** do patrimônio líquido exceto as **contribuições** dos detentores de capital	**Redução** nos ativos ou **aumento** nos passivos que resultam em **redução** do patrimônio líquido exceto as **distribuições** aos detentores de capital

Embora o conceito de despesa (e receita) seja bastante operacional, existem dúvidas sobre alguns tipos de lucros. Chama a atenção, especialmente, o fato de que os valores são registrados após a demonstração do resultado e incluem as transações com moedas, os resultados com pensões, os resultados de investimentos disponíveis para venda e outros itens. Isso irá compor a demonstração do resultado abrangente. O aspecto conceitual é se tais itens devem ser considerados como receitas ou despesas. Pela definição proposta, sim; mas o normatizador indica que se podem considerar algumas exceções, com receitas e despesas consideradas à parte, se isso resultar em melhor representação fidedigna da realidade da empresa. Importante salientar que analistas de mercado podem ajustar o resultado obtido na demonstração do resultado, incluindo valores lançados na demonstração do resultado abrangente, para melhor avaliação do desempenho da entidade.

Objetivo 5: Reconhecimento da despesa

RECONHECIMENTO DA DESPESA

O reconhecimento da despesa está associado ao reconhecimento de uma redução do ativo ou de um aumento de um passivo, conforme está explícito na definição de despesa. Desse modo, a constatação da existência de uma obrigação numa entidade, por exemplo, um passivo trabalhista, leva ao lançamento da despesa no período contábil em que isso ocorrer.

---

[2] O CPC, na versão aprovada ao final de 2019, define despesas como "reduções nos ativos, ou aumentos nos passivos, que resultam em reduções no patrimônio líquido, exceto aqueles referentes a distribuições aos detentores de direitos sobre o patrimônio".

Apesar da relevância do tema, na estrutura conceitual de 2018 o Iasb é claro em afirmar que o processo de reconhecimento não é o objetivo do documento. Mesmo assim, faz uma série de vinculações com as características da informação contábil, em especial a relevância e a representação fidedigna, e chama atenção para a importância da restrição do custo da informação nas escolhas do reconhecimento.

É possível classificar o reconhecimento da despesa em três grupos: a associação entre receita e despesa ou confrontação; a alocação sistemática e racional; e o reconhecimento de imediato. Detalharemos cada um a seguir.

A **associação direta** com a receita é o principal critério no reconhecimento. Recebe o nome de confrontação da despesa com a receita. Isso significa que se se devem reconhecer ao mesmo tempo as receitas e as despesas resultantes do mesmo evento. Quando uma entidade vende uma mercadoria, o lançamento da receita leva ao reconhecimento de todas as despesas vinculadas a essa mercadoria. Essa é a base do princípio de competência, que envolve o reconhecimento simultâneo da receita e da despesa.

Existem situações em que é difícil a associação direta da despesa com a receita. Esse é o caso de um ativo permanente, como uma máquina que contribui para a geração de benefícios econômicos durante um período longo de tempo. Nesse caso, a despesa é denominada depreciação e deve ser reconhecida nos períodos de tempo em que os benefícios decorrentes do ativo são gerados.

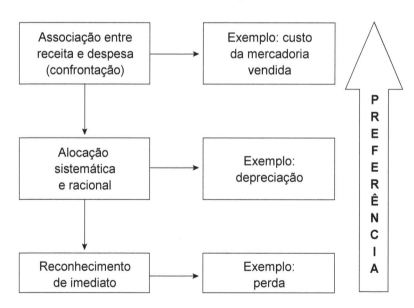

Figura 9.2 Reconhecimento da despesa.

Finalmente, uma despesa poderá ser reconhecida de imediato quando não existir perspectiva de gerar benefícios econômicos, impedindo que seja considerada um ativo. É o caso de uma perda que não transita pelo balanço patrimonial. A Figura 9.2 apresenta didaticamente esses critérios de reconhecimento. É importante salientar que a ordem da Figura 9.2 deve ser observada. Em outras palavras, uma despesa somente será reconhecida quando não for possível associá-la com uma receita ou quando não existir critério de alocação sistemática e racional.

Maxidesvalorização da moeda[3]

Em 1999, a maxidesvalorização despertou um debate no Brasil sobre o seu reconhecimento. Naquele momento, a moeda brasileira – o real – foi desvalorizada, sofrendo uma grande perda em poucos dias. As empresas nacionais com dívida em moeda estrangeira estavam no dilema sobre como reconhecer esse fato.[4]

A Tabela 9.2 apresenta um exemplo ilustrativo. Conforme pode ser constatado, a diferença no tratamento poderá ser relevante na apresentação do desempenho se a dívida em dólar também for significativa. No primeiro balanço patrimonial representado, o valor é considerado despesa do exercício, reduzindo de imediato, e de forma total, o patrimônio líquido. No segundo caso, o valor é considerado diferido, aumentando o ativo, mas não reduzindo o patrimônio líquido. Em ambos os casos, o valor da dívida sofre aumento.

Tabela 9.2 Efeito da desvalorização cambial

	Despesa		
	Balanço patrimonial – 31-12-99		
	Bancos R$ 1.000,00	Dívida	R$ 4.250,00
	Terrenos R$ 9.000,00	P. líquido	R$ 5.750,00
	R$ 10.000,00		R$ 10.000,00

Balanço patrimonial – 31-12-98			
Bancos	R$ 1.000,00	Dívida	R$ 3.000,00
Terrenos	R$ 9.000,00	P. líquido	R$ 7.000,00
	R$ 10.000,00		R$ 10.000,00

	Diferido		
	Balanço patrimonial – 31-12-99		
	Bancos R$ 1.000,00	Dívida	R$ 4.250,00
	Terrenos R$ 9.000,00	P. líquido	R$ 7.000,00
	Diferido R$ 1.250,00		
	R$ 11.250,00		R$ 11.250,00

31-12-1998	1 US$ = 1,2 R$ (aprox.)
31-12-1999	1 US$ = 1,7 R$ (aprox.)

---

[3] Ver Decreto-lei nº 1.733/1979.
[4] O grave disso é que o contribuinte foi duplamente prejudicado. Primeiro, pelo aspecto financeiro, por ter que desembolsar um passivo a maior. E, segundo, porque a dedutibilidade não foi permitida imediatamente após as despesas que deram origem ao passivo, mas em até cinco anos.

Hedge

Quando uma empresa tem algum tipo de contato com mercados de outros países, o seu resultado passa a depender do comportamento da taxa de câmbio. A valorização ou desvalorização da moeda afeta o lucro. Veja a Figura 9.3. A empresa vende seu produto no exterior. Recebe em dólar e tem despesas em reais. Quando o real se desvaloriza, isso significa que ela consegue receber mais por cada dólar vendido. Por exemplo, se vende US$ 10 e a taxa está R$ 2 por dólar, a receita é de R$ 20. Se o real se desvaloriza, valendo agora R$ 3 por dólar, a empresa irá receber R$ 30. Um aumento de R$ 10 na receita.

Mas tudo que funciona numa direção tem seu efeito contrário. Quando o real se valoriza, a empresa recebe menos a cada dólar vendido. No exemplo, se R$ 1 é igual a um dólar, a receita reduzirá de R$ 20, na situação original, para R$ 10. Um grande problema disso tudo é que passa a existir mais um risco para a empresa: da variação do câmbio (Figura 9.3).

Figura 9.3 Efeitos da desvalorização ou valorização do real.

Para evitar esse problema, existem algumas soluções possíveis. Uma delas é a empresa converter algumas despesas para a moeda da sua receita. Isso pode ser feito captando empréstimos em dólar. Dessa forma, a despesa financeira também será em dólar. Se o real valorizar, a empresa terá receita menor, mas também pagará menos juros. Se o real desvalorizar, haverá aumento da receita em reais, mas também as despesas financeiras serão maiores.

Para o investidor, interessa saber se a empresa está adotando uma dessas soluções. Se não está, o lucro pode variar muito. Em outras palavras, o risco aumenta. Mas, mesmo quando a empresa adota, o risco pode continuar existindo.

ANTES DE PROSSEGUIR

Das situações representadas na Figura 9.2, em sua opinião, qual é mais comum numa entidade comercial?

> **Objetivo 6:** Mensuração da despesa

MENSURAÇÃO DA DESPESA

Três aspectos são relevantes na mensuração da despesa: a questão da despesa a prazo, o conservadorismo e o impacto do sistema de custeio.

Em situações de instabilidade, a mensuração da despesa, a exemplo do que ocorre com a receita, deve levar em consideração o valor do dinheiro no tempo. Seja, a título de exemplo, uma empresa com despesa que será paga a prazo. A data da sua realização – momento $t1$, – não corresponde à data do pagamento – momento $t2$. Nessa situação, quanto maior a diferença entre os momentos $t1$ e $t2$, maior o ganho obtido pela empresa. Da mesma forma que na receita, a relevância dessa mensuração depende do nível de distúrbio existente na economia.

Um segundo aspecto vinculado à mensuração da despesa diz respeito ao conservadorismo (KAM, 1990, p. 527-531). Essa "filosofia" indica que, existindo dúvidas, deve-se ser conservador, antecipando o registro da despesa. Em outras palavras, deve-se adotar o terceiro procedimento da Figura 9.2 (reconhecimento de imediato). As críticas ao conservadorismo são, no entanto, contundentes. O conservadorismo gera inconsistência na mensuração de um evento, pois sua aplicação hoje pode subestimar o resultado; no futuro, quando se confirmar o cenário, poderá existir um resultado a maior em decorrência do conservadorismo passado. Outro aspecto destacado na literatura é que o conservadorismo permite certo grau de arbítrio. Um mesmo evento pode ser objeto de reconhecimento da despesa dependendo da política contábil da entidade. Para o usuário externo, o conservadorismo pode diminuir a clareza da divulgação dos resultados para o público externo, pois fica difícil saber qual o nível de conservadorismo adotado pela entidade; ao contrário, o usuário interno usualmente conhece esse nível, sabendo precisar seu efeito sobre o resultado. Apesar de ser considerado por alguns autores como uma convenção, o conservadorismo termina por prevalecer sobre os "princípios" contábeis, aos quais deve, a rigor, estar subordinado. A utilização excessiva do conservadorismo termina por gerar demonstrações enviesadas, com pouca vinculação com a realidade da empresa. Finalmente, a literatura considera que o conservadorismo é muito mais uma atitude dos contadores do que uma resposta efetiva à incerteza do ambiente.

Inicialmente, o conservadorismo fez parte da estrutura conceitual do Iasb. Depois, a sua aplicação foi negada em favor da representação fidedigna e da neutralidade. Mais recentemente, em 2018, em nova guinada, o Iasb passou a contemplar esse aspecto. Na estrutura, a entidade afirma que o uso da prudência não é contrário às características qualitativas. Segundo o Iasb, "a neutralidade é apoiada pelo exercício da prudência". A prudência seria então "o exercício de cautela ao fazer julgamentos em condições de incerteza". Talvez, em vez de tentar enquadrar a prudência nas características qualitativas, em primeira instância, e dentro da estrutura conceitual, talvez a entidade tivesse sido mais feliz em considerar a prudência como uma restrição – assim como fez com o custo da informação – em situações de incerteza.

O terceiro aspecto concernente à mensuração da despesa diz respeito ao sistema de custo adotado. Esse aspecto é pouco debatido na literatura vinculada à teoria contábil, não talvez pela sua irrelevância, mas pelos aspectos de confidencialidade dessa informação. Com efeito, a divulgação do custo de uma entidade, ou mesmo de um produto ou serviço, tem sido considerada impraticável pela característica estratégica dessa informação. Os esforços dos reguladores em obter informação mais detalhada, geralmente, enfrentam resistência dos administradores, como, aliás, ocorreu no Brasil com a tentativa de mudança da Lei nº 6.404.

Entretanto, a constatação de que a teoria tem-se dedicado pouco a essa discussão não significa que seja de pouca relevância. A literatura de custos afirma que o custeio por absorção é defendido pela teoria contábil. A razão disso pode ser encontrada na Figura 9.2, em que a confrontação é considerada – de forma controversa – o critério mais desejável de reconhecimento de despesa. Já o custeio variável, que para alguns autores é preferível no processo decisório, afasta-se da situação desejada pela teoria. A questão da contabilidade de custo não se resume, no entanto, ao tipo de custeio adotado. Pelo contrário, outros aspectos discutidos também sofrem impacto da teoria. Por exemplo, a classificação de perdas terá impacto decisivo no processo de reconhecimento da despesa.

> **Objetivo 7:** Tipos de demonstração do resultado e a evidenciação do resultado

TIPOS DE DEMONSTRAÇÃO DO RESULTADO

Subjacente à discussão de receita e despesa, tem-se a questão sobre o que incluir na demonstração do resultado. Existem, basicamente, duas posturas. A primeira, que recebe o nome de "tudo incluído" ou *all inclusive*, é considerar que todas as receitas e despesas devem transitar pela demonstração. A escolha dessa postura apresenta duas vantagens que devem ser ressalvadas. Em primeiro lugar, exigir que todas as receitas e todas as despesas sejam consideradas no resultado promove e garante a evidenciação dos eventos que ocorrem na entidade. A possibilidade de que certas receitas e certas despesas sejam lançadas diretamente no patrimônio líquido implica aumento no grau de possível manipulação contábil. Em segundo lugar, pesquisas realizadas nas últimas décadas mostraram ser possível avaliar uma entidade com base em seu lucro, uma vez que todos os eventos – com exceção do aumento de capital ou distribuição de resultados aos acionistas – devem passar pela demonstração do resultado.

Entretanto, existe quem defenda que a demonstração do resultado deveria contemplar os eventos essenciais relacionados às atividades operacionais da entidade. Em outras palavras, receitas e despesas não recorrentes poderiam ser desconsideradas para fins da apuração do resultado. Essa postura recebe o nome, inapropriado, de **demonstração limpa**. A Lei nº 6.404/1976, ao criar "Ajustes de Exercícios Anteriores", aproxima-se desse conceito de "lucro limpo", mas as modificações previstas na lei direcionam para inclusão desses efeitos no próprio resultado do exercício. A principal vantagem seria a possibilidade de mostrar para o usuário o desempenho da entidade no seu foco de atuação. Entretanto, a possibilidade de manipulação é significativa para que essa postura seja adotada.

QUALIDADE DO LUCRO

Toda discussão sobre receita e despesa tem relação com a qualidade do lucro. Esse é um conceito "ilusório", já que é quase impossível saber se o lucro apurado por uma entidade tem relação com o seu desempenho. A qualidade do lucro está associada a sua não manipulação, fazendo com que o resultado apresentado seja a melhor representação do desempenho da entidade. Isso também tem relação com a discussão sobre a **suavização** do resultado, praticada por algumas empresas para evitar o aumento da variabilidade excessiva do resultado. Também tem relação com a relevância do resultado quando este reflete o valor de uma empresa, muito embora não seja essa a finalidade da demonstração do resultado.

Diversas pesquisas sobre a qualidade do lucro enfrentam este problema: a qualidade não pode ser medida diretamente. As pesquisas contábeis procuram verificar isso de maneira indireta e o modelo de Basu, de 1997, talvez seja um dos mais usados na área acadêmica. Um grupo de pesquisa refere-se à administração do resultado, em que a gestão usa as diversas possibilidades admitidas no processo de mensuração para aumentar, diminuir ou mudar o resultado para que o valor apurado não apresente uma variação elevada em relação ao exercício anterior. Outra possibilidade é verificar o descolamento entre o resultado e o fluxo de caixa, permitido pelos denominados *accruals*.

EXERCÍCIOS

1. Em 2013, o São Paulo FC, clube de futebol brasileiro, apresentou receitas de R$ 363 milhões, uma grande evolução em relação ao ano anterior (283 milhões de reais). Esse aumento pode ser explicado pela negociação de atletas, cujo valor

aumentou de R$ 46 milhões para R$ 148 milhões, em razão da negociação de um jogador, Lucas Moura, por R$ 86 milhões. Discuta se isso corresponde a uma receita recorrente ou a uma receita de item não usual.

2. Em determinado ano, a moeda brasileira apresentou forte valorização. Diante disso, as empresas que tinham empréstimo em dólar tiveram uma grande surpresa: ao converterem o empréstimo para moeda no final do ano, as empresas notaram que em muitos casos o valor do passivo diminuiu. Tal redução pode ser considerada despesa financeira?

3. Nos últimos anos, o setor de entretenimento apresentou uma mudança substancial em virtude da ascensão dos serviços de *streaming*. Quando uma produtora desenvolve um filme, os custos de produção são capitalizados e a receita reconhecida com a bilheteria e venda posterior para a televisão por assinatura ou serviço de *streaming*. No caso de uma série, com episódios regulares, a receita paga por um canal de televisão ou serviço de *streaming* pode variar conforme o contrato entre produtor e exibidor. E, se for o canal de televisão ou o serviço o produtor da série, a receita será baseada na assinatura. Discuta o reconhecimento e mensuração da despesa e receita para esses casos.

4. A demonstração do resultado abrangente foi discutida no capítulo. Em termos práticos, em muitos casos, não há diferença expressiva. Mas, no segundo trimestre de 2014, o lucro líquido da Petrobras foi de 4,94 bilhões de reais *versus* um resultado abrangente de R$ 6,176 bilhões. A principal razão foi a proteção (*hedge*) do fluxo de caixa, que gerou um resultado de R$ 2,8 bilhões. Discuta qual seria a melhor opção para analisar o desempenho da empresa.

5. A receita é uma medida de desempenho que tem sido usada como aproximação da participação de uma empresa em determinado mercado e do peso que ela tem na economia. É muito comum, especialmente em pequenos negócios, usar a receita para estimar o valor de uma empresa. Discuta as vantagens e desvantagens da receita como desempenho de uma entidade.

6. Em 1823, o Imperial Collegio de São Joaquim divulga seu resultado com a seguinte informação:[5]

Como seja do primeiro dever de qualquer Cidadão, encarregado de administrar Estabelecimentos Públicos, o darem provas de sua conducta, honra, e inteireza no bem servir a essa administração; vamos por isso rogar-lhes queiram VV.M. fazer publico pela sua folha a conta demonstrativa da Receita, e Despeza que temos feito na administração do Imperial Collegio de S Joaquim, a fim de que ella vejam os nossos Concidadãos, o quanto se faz digno do Publico socorro este Estabelecimento [...].

A preocupação com a evidenciação do resultado tem qual finalidade? Você saberia explicar a razão de a divulgação ter sido somente da demonstração do resultado, mas não do balanço da entidade?

---

[5] IMPÉRIO DO BRASIL. *Diário do Governo*, 1823, edição 2, p. 316. Grafia da época. Transformou-se mais tarde no Colégio Dom Pedro II.

7. A demonstração do valor adicionado não consta nas normas internacionais de contabilidade. Entretanto, as grandes empresas brasileiras divulgam essa informação. Qual a razão dessa divulgação? Qual a diferença entre essa demonstração e a demonstração do resultado? O auditor geralmente opina sobre a demonstração? Você saberia dizer se existe outro país onde esta demonstração é adotada?
8. Em 2018, a Empresa Brasileira de Correios e Telégrafos apresentou lucro de R$ 667 milhões. Ao divulgar o número, um ministro do governo afirmou que o resultado demonstrava que a entidade era viável como empresa pública, tendo superado a crise dos anos anteriores: prejuízo de R$ 2,1 bilhões em 2015 e de R$ 1,5 bilhão em 2016. No entanto, até outubro de 2017 a entidade tinha déficit de 2 bilhões de reais, mas uma mudança das premissas atuariais reduziu uma despesa (RITTNER, 2018). Na sua opinião, é possível afirmar que a entidade é viável baseando-se nos números apresentados?

REFERÊNCIAS

BASU, S. The conservatism principle and the asymmetric timeliness of earnings. *Journal of Accounting and Economics*, v. 24, p. 3-37, 1997.

EVANS, T. *Accounting theory.* Cincinnati: South-Western, 2002.

KAM, V. *Accounting theory.* New York: Wiley, 1990.

RITTNER, D. Virada súbita no balanço dos correios cria polêmica. *Valor Econômico*, 10 maio 2018, p. B6. Disponível em: http://www.adcap.org.br/index.php/adcap-net-10052018--virada-subita-no-balanco-dos-correios-cria-polemica-veja-mais/.

10
SETOR PÚBLICO

> **OBJETIVOS DE APRENDIZADO**
>
> Ao final deste capítulo, você conhecerá:
> 1. Os motivos que tornam a contabilidade pública diferente da contabilidade de uma empresa com fins lucrativos.
> 2. A aplicabilidade da teoria do fundo na contabilidade pública.
> 3. A Contabilidade do setor público no Brasil.
> 4. A questão do regime de competência na contabilidade pública.

INTRODUÇÃO

A contabilidade pública é responsável por volume significativo de transações dentro de um país. Apesar disso, a maioria das normas contábeis e a maior parte da própria discussão da teoria contábil focam o setor privado com fins lucrativos, sendo que a atenção para o setor público é residual, a exemplo do que ocorre com as organizações sem fins lucrativos. Este capítulo irá discutir a teoria contábil sob a ótica do setor público. Usaremos aqui a expressão *setor público* abrangendo as unidades dos poderes Executivo, Legislativo e Judiciário, assim como entidades descentralizadas que se utilizam da contabilidade pública.

Uma característica marcante dessa discussão é a grande presença de normatização. Efetivamente, enquanto existe certa flexibilidade nas normas contábeis para o setor privado, mesmo num país *code law*, o mesmo, geralmente, não ocorre com o setor público. Em outras palavras, o grau de *discricionariedade*, ou seja, a possibilidade de fazer escolhas contábeis, é muito menor no setor público. Este capítulo não terá como foco a normatização, explorando com maior profundidade os aspectos conceituais desta Contabilidade, inclusive aqueles decorrentes da adaptação para o Brasil de diversas normas internacionais de Contabilidade.

Objetivo 1: As razões pelas quais a contabilidade pública é diferente

POR QUE A CONTABILIDADE PÚBLICA É DIFERENTE?

Ao estudarmos a contabilidade pública, percebemos a existência de diferenças em relação à contabilidade financeira. Essas diferenças vão desde o tipo de demonstração utilizada até o processo contábil.

Existem diversas razões[1] para tais divergências, entre as quais citamos as características do governo; as características dos serviços prestados; as características do processo administrativo do governo; a ênfase na teoria do fundo, em detrimento das teorias da entidade e do proprietário; o volume expressivo de investimento em ativos que não produzem receita; a natureza do processo decisório; o uso das informações contábeis; os usuários das informações. A essa listagem, a International Federation of Accountants (Ifac), na estrutura conceitual, lembra a natureza dos programas e da longevidade do setor público. Discutiremos cada um desses aspectos a seguir.

CARACTERÍSTICAS DO GOVERNO

O governo dispõe da autoridade que é delegada pelos cidadãos. A organização do governo é completamente diferente de uma empresa ou uma entidade sem fins lucrativos. Um governo, geralmente, está dividido em poderes Executivo, Legislativo e Judiciário. O governo pode assumir a forma de uma monarquia ou república e ter divisões administrativas diversas (estados, municípios, vilas etc.). No caso do Brasil, já fomos colônia de Portugal, depois fomos elevados a categoria de reinado e república desde 1889.

Existem pelo menos cinco características básicas exclusivas do governo em termos do seu aspecto econômico. Em primeiro lugar, a fonte de receita pode ser obrigatória (como é o caso de um tributo); enquanto isso, numa empresa a fonte de receita é opcional, resultado da vontade do cliente. Em entidades do setor público internacional, a receita de financiamento ocorre por transferências do próprio governo e, em muitos casos, essas transferências são regidas por tratados e convenções. Em segundo lugar, a receita do governo pode ser baseada nas características do serviço prestado, nas características do contribuinte ou em outros fatores. No setor privado, o único critério para determinação do preço é o valor dos serviços colocados à disposição. Terceiro, não existe, no governo, uma relação direta e clara entre o pagamento e o serviço recebido.[2] O indivíduo pode consumir um bem do Estado sem ter feito nenhum pagamento de imposto. Em quarto lugar, o governo é geralmente monopolista nos serviços que fornece à população. E esse monopólio

---

[1] Baseado em Ruppel, 2004.
[2] Volume e significância das transações em contraprestações, segundo os termos da Ifac.

não é questionado, ao contrário do que ocorre com a iniciativa privada. Finalmente, e em virtude do exposto, é difícil medir qualidade e quantidade dos serviços prestados pelo governo.

A forma de organização do governo é única e não encontra paralelo nas empresas. Admitindo que a Contabilidade se adapta ao ambiente no qual se encontra, é natural considerar que a contabilidade pública seja única também.

Características dos serviços prestados

O governo atua em áreas da economia e da sociedade como segurança, educação, saúde, entre outras. Além disso, cabe ao governo estruturar e permitir o funcionamento da sociedade de maneira adequada, pela manutenção de uma infraestrutura administrativa e de um sistema legal. Em outras palavras, alguns dos serviços prestados pelo governo formam a base da estrutura da sociedade, o que gera necessidade de alocação em certas atividades que irão compor o serviço público.

Costuma-se dizer que as atribuições do governo estão divididas em três grandes grupos: funções distributiva, alocativa e estabilizadora. Na função distributiva, o governo pode utilizar programas sociais para permitir melhores condições de vida para a população mais necessitada, quando realiza as despesas governamentais e, pelo lado da receita, quando tributa de forma diferenciada a renda ou produtos não essenciais. Na função alocativa, a vocação do governo é colocar à disposição de parcela da população certos serviços, como investimentos em infraestrutura econômica, segurança pública, saúde e educação. Finalmente, a função estabilizadora mantém a economia funcionando por meio de mecanismos que proporcionam estabilidade nos níveis de preços, no equilíbrio da balança de pagamentos, no incentivo ao crescimento econômico e na criação de mecanismos para aumentar o nível de emprego da população.

Características do processo administrativo

O processo administrativo de uma organização é composto por planejamento, execução e controle. Numa empresa privada, a execução é o destaque, sendo, por consequência, importante a mensuração do fluxo dos recursos econômicos. Na contabilidade pública, existe foco no controle, que domina o processo administrativo. Em termos do processo de gestão financeira, este está focado no orçamento público, que é elaborado e executado tendo em vista o controle dos recursos financeiros por parte do poder Legislativo e dos órgãos de controle do Executivo. O ciclo orçamentário governamental, geralmente, exige elaboração e aprovação anual de despesas e receitas, em que a execução está condicionada a essa autorização prévia dada pelo orçamento. Por consequência, o controle do orçamento é feito por meio da relação entre o orçado e o realizado, e é o instrumento mais importante na avaliação de uma gestão pública.

Mas o ciclo orçamentário existente no Brasil também contempla uma visão de planejamento de longo prazo, pela qual o Plano Plurianual (PPA) estabelece diretrizes, objetivos e metas a serem seguidos nos próximos quatro anos. O PPA tenta garantir continuidade na administração pública, ao abranger os três últimos anos da gestão e o primeiro ano da gestão seguinte. Entretanto, a presença desses instrumentos não retira o foco no controle e no orçamento, presente na administração pública brasileira.

A Ifac, na sua estrutura conceitual, acrescenta a existência de um relacionamento com as estatísticas de finanças públicas.

INVESTIMENTO EM ATIVOS QUE NÃO PRODUZEM RECEITA

O governo aplica uma substancial quantia de recursos em ativos imobilizados, como prédios, equipamentos, veículos, parques, pontes, estradas e outros. Ao se fazerem esses investimentos, não existe preocupação de que estes venham a produzir receita. No Capítulo 5, a definição de ativo estava associada à geração de riqueza no futuro. As decisões de aplicação de recursos em ativos no setor público não levam em conta essa preocupação com a apuração do lucro líquido. Na área pública, o desafio está na mensuração dos benefícios que serão gerados pelos ativos. É muito comum, na área pública, o uso da expressão *aplicar recurso a fundo perdido*, indicando a preocupação com os benefícios sociais dos programas de governo. Isso decorre da natureza e do propósito dos ativos e passivos no setor público, segundo ressalta a Ifac. Nesse sentido, há a figura do potencial de serviços, que inclui os parques e o patrimônio cultural.

NATUREZA DO PROCESSO DECISÓRIO

O processo decisório no governo é um processo político em que estão presentes jogos de interesse, conflitos de opiniões, negociações, atendimento a demandas de comunidades mais organizadas, entre outros aspectos. Conforme já comentado, o orçamento, com seu controle, é peça fundamental no processo de gestão financeira do setor público. A inclusão de um serviço ou obra no orçamento geralmente ocorre por meio do processo político. Assim, a inclusão de uma obra no orçamento pode ser feita mediante proposta de um parlamentar (deputado ou vereador). Sua aprovação no Legislativo dependerá da negociação com os outros parlamentares e com o poder Executivo.

Além disso, os tomadores de decisão na área pública focam o curto prazo em razão do processo eleitoral. Esse fato tem sido explicado pela Teoria dos Ciclos Políticos Orçamentários (*Political Budget Cycles Theory*), cuja consequência para Contabilidade é a despreocupação com os princípios de Contabilidade (NORDHAUS, 1975).

USO DA CONTABILIDADE

Por tudo o que foi comentado, é possível perceber que o uso da Contabilidade na avaliação de desempenho leva em conta uma preocupação legalista e voltada para o controle dos gastos públicos. A contabilidade pública deve procurar responder se a execução orçamentária está de acordo com as normas, em especial com a lei que aprovou o orçamento. Somente nos últimos anos tem ocorrido maior preocupação com usar a Contabilidade para mensurar índices que possam refletir a qualidade da gestão. Isso reflete a preocupação mais recente, no caso brasileiro, de enfatizar a essência, não a forma.

Usuários da contabilidade pública

Os usuários das informações contábeis do governo são diferentes dos de empresas privadas. A rigor, o usuário final da contabilidade pública são os cidadãos, sejam eles contribuintes ou não. O interesse é verificar a qualidade da administração pública. Além desse usuário, é necessário destacar a imprensa e os grupos de pressão (conhecidos também como *lobbies*), o poder Legislativo e os órgãos de controle externo, entre outros.

Justamente pelo fato de o usuário preferencial da contabilidade pública ser o cidadão, deveria existir preocupação com a compreensão e o acesso desse usuário às informações que são produzidas. Nos últimos anos, tem sido inegável uma grande evolução desse assunto. Ao mesmo tempo em que há uma legislação que facilita o acesso à informação, conforme será comentado mais adiante, foram criados diversos incentivos para facilitar o acompanhamento das contas públicas, incluindo a consolidação de entidades sem fins lucrativos que se dedicam a fazer esse papel de fiscalização e a tentativa de melhorar a qualidade da informação.

Ênfase na teoria do fundo

Estudamos no Capítulo 8 as diversas teorias do patrimônio líquido. Destacamos, naquele momento, a teoria da entidade e a teoria do proprietário. A teoria do fundo é mais aplicada ao setor público e em menor grau às entidades sem fins lucrativos do terceiro setor, em que as necessidades de informações são diferentes das do setor privado com fins lucrativos. Detalharemos esse aspecto mais adiante.

A estrutura conceitual da Ifac, na parte preliminar, apresentou algumas características selecionadas do setor público. Essas características têm relação com o que apresentamos com base em Ruppel (2004), mas não se esgotam nisso. O Quadro 10.1 é uma tentativa de relacionar essas duas fontes. A questão dos usuários da contabilidade pública não é tratada explicitamente como características selecionadas por parte da Ifac, mas dentro do capítulo 2 da norma. Alguns itens destacados por Ruppel (2004) também não foram considerados nessa parte inicial, mas ao longo do documento.

O documento da Ifac chama atenção para um aspecto não contemplado antes: a natureza dos programas e a longevidade do setor público. Muitos programas do setor público são de longo prazo. Isso faz com que os efeitos financeiros sejam também de longo prazo. Mais ainda, apesar das eventuais mudanças políticas que podem ocorrer em um governo, ele possui duração longa, podendo sobreviver a crises financeiras, catástrofes naturais, guerras e outros eventos. Isso faz com que a continuidade seja uma fundamentação importante na elaboração das demonstrações contábeis.

Quadro 10.1 Especificidades da contabilidade pública

Por que a contabilidade pública é diferente?	Características selecionadas do setor público
Características do governo: • Fonte de receita obrigatória • Receita não depende só do valor do serviço • Não há relação entre pagamento e serviço recebido • Governo é geralmente monopolista • Dificuldade de medir o serviço prestado Características dos serviços prestados: • Função distributiva • Função alocativa • Função estabilizadora Características do processo administrativo: • Investimentos em ativos que não produzem receita • Natureza do processo decisório • Uso da contabilidade • Usuários da contabilidade • Teoria do fundo	Volume e significância das transações sem contraprestação Papel regulador do setor público Importância do setor público Natureza e propósito dos ativos e passivos Relacionamento com as estatísticas de finanças públicas Natureza dos programas e longevidade do setor público

Objetivo 2: Teoria do fundo na contabilidade pública

TEORIA DO FUNDO

A Contabilidade por fundo foi desenvolvida para responder às necessidades dos governantes no uso dos recursos públicos. Se um município recebe recursos de um fundo especial para realização de determinado serviço ou cumprimento de um objetivo, as normas de aplicação dos recursos estão determinadas pela legislação. Esse fundo não faz parte da estrutura administrativa e deverá ter Contabilidade própria, com regras específicas de controle e prestação de contas.

Entretanto, para a criação de um fundo, é importante que exista homogeneidade e um objetivo unificador. Isso significa que a existência de fundos pode levar à presença de mais de uma Contabilidade, em que cada fundo específico terá valores monetários que irão representar a aplicação de recursos.

Conforme estudamos no Capítulo 8, a teoria do fundo está centrada no ativo, cuja expressão fundamental é a seguinte:

$$\text{Ativo} = \text{Restrições ao Fundo}$$

Para cada fundo, há demonstrações independentes em que existirá igualdade entre o ativo e as restrições ao fundo. A Contabilidade separada significa a existência de obrigações legais, com responsabilidade para os executores. Mais ainda, é importante que o governo faça uma integração contábil no sentido de considerar nas informações financeiras os resultados correspondentes a cada um dos fundos. De igual modo, fundo não significa uma conta bancária, já que é possível existirem outros ativos que não sejam caixa, como computadores, móveis e outros.

Outra característica do fundo é a ênfase na informação de curto prazo. Esse foco no curto prazo também decorre do fato de que os fundos, geralmente, possuem prazo de vida. Também por essa razão, é possível afirmar que na Contabilidade por fundos a demonstração do resultado tem papel secundário e restrito, sendo a informação mais relevante o ativo.

Apesar do uso da teoria do fundo na contabilidade pública, existem críticas a ela. Talvez a principal seja a dificuldade, ou até mesmo a impossibilidade, de obter informações mais gerenciais a partir da teoria do fundo (PEDERIVA, 2004). Em especial, informações sobre custo de um serviço.

Além das críticas, percebe-se redução de sua influência, inclusive na área governamental. Isso é percebido pela tendência dos organismos internacionais que procuram desenvolver padrões de Contabilidade para o setor público, como é o caso do International Public Sector Accounting Standards Board (IPSASB), de aproximar a contabilidade pública da contabilidade praticada por outras entidades. A teoria do fundo talvez seja uma abordagem que tende a inexistir com o passar do tempo.

Apesar disso, é importante destacar que o governo brasileiro emprega a teoria do fundo na contabilidade pública.

Objetivo 3: Contabilidade pública no Brasil

EVOLUÇÃO DA CONTABILIDADE PÚBLICA NO BRASIL

A contabilidade pública brasileira está centrada na dimensão jurídica do como fazer. Isso significa que o seu estudo se resume à legislação. Dentre as diversas normas legais que disciplinam a contabilidade pública no Brasil, destacaremos duas em especial: a Lei nº 4.320, de 1964, e a Lei de Responsabilidade Fiscal (Lei Complementar nº 101/2000). Também destacaremos a criação do Sistema Integrado de Administração Financeira (Siafi) e, mais recentemente, das Normas Brasileiras de Contabilidade Aplicadas ao Setor Público, bem como o processo de convergência às normas internacionais do setor público. Com isso, será apresentada a evolução da contabilidade pública nas últimas décadas.

Há certo consenso em atribuir o início da contabilidade pública brasileira à chegada da família real portuguesa em 1808. O rei D. João VI cria o Erário Régio e o Conselho da Fazenda, por meio de um alvará. Nesse documento, o rei determina o uso do método das partidas dobradas na contabilidade pública. Outro alvará, de 23 de agosto de 1808, cria o Tribunal da Real Junta do Commercio Agricultura, Fabricas e Navegação. No ano seguinte, é instituído um orçamento próprio para esse Tribunal.

Antes disso, durante o domínio espanhol sobre Portugal, entre 1580 e 1640, tentou-se adotar as partidas dobradas, criando um livro geral de receitas e despesas para o tesouro, mas as reformas falharam, em razão de resistências e falta de recursos humanos treinados para a função. Talvez tais problemas justifiquem a falha na adoção efetiva das partidas dobradas no Brasil, mesmo após o alvará de 1808.

Nesse período, o foco era a Conta de Receita e Despesa, que correspondia muito mais ao fluxo de caixa da área pública. Em 1826, um decreto legislativo afirmava que as províncias deviam remeter à administração do reino, anualmente, essa conta, depois de fiscalizada. Em 1831, por meio de uma lei, organizava-se o tesouro e formalmente adotavam-se as partidas dobradas no setor público. Diversas declarações da época mostram já existir uma noção da importância do controle dos gastos e do papel da Contabilidade.

Com a República, o novo governo organiza o Ministério da Fazenda mediante o Decreto nº 1.166/1892. Com mais de 100 artigos, o decreto também trata, no artigo 76, da escrituração, assim como institui diversas normas orçamentárias. Alguns anos depois, em 1906, no Paraná, começa a adoção efetiva das partidas dobradas, por iniciativa do secretário de Finanças, Chichorro Junior. Logo a seguir, o método também é adotado na província de São Paulo, com Carlos de Carvalho, Levy Magano e Francisco D'Aurea. Mas somente em 1914 é que o governo central, representado por Rivadavia Correa, interessa-se por adotar as partidas dobradas na área pública. Naquela época, os estados de São Paulo e, provavelmente, Minas Gerais, Rio de Janeiro e Pernambuco adotavam o método. Paraná, o pioneiro, tinha abandonado o método, já que os resultados não foram considerados satisfatórios. Nos anos seguintes, o método passou a ser adotado por diversos estados e municípios brasileiros.

O Decreto nº 15.783, de 1922, é outro marco na contabilidade pública brasileira. Em 1903, o governo Rodrigues Alves encaminhou para o Congresso projeto para um Código de Contabilidade Pública, feito por Didimo Agapito da Veiga. O governo Wenceslau Braz fez do Código um dos itens do programa de governo em 1915, que até então não tinha sido apreciado pelo Legislativo. O Decreto nº 15.783 é bastante sucinto e é seu anexo, com o Código de Contabilidade Pública, que realmente interessa. Este, por sua vez, é muito extenso, com mais de 140 páginas e 925 artigos, tratando desde a organização do serviço de contabilidade até normas sobre o empenho da despesa. Em maio de 1923, o ministro da Fazenda remeteu a proposta orçamentária de 1924, já conforme as diretrizes desse Código, com maior discriminação das despesas orçamentária. Certamente, o Código de Contabilidade Pública representou um marco nessa área, sistematizando o trabalho na área pública. Sua relevância foi tamanha que somente em 1991 foi revogado, quase 70 anos depois.

Uma década depois, passaram a ocorrer encontros de técnicos e de secretários de Fazenda para discutir assuntos da área de contabilidade pública. Em 1939, por exemplo, com a primeira Conferência de Técnicos em Contabilidade Pública e Assuntos Fazendários, inicia-se um processo de padronização, cujo principal resultado foi a redução de mais de 2 mil rubricas de receitas para menos de 60. Esse encontro contou com a participação de 50 pessoas, que por mais de 20 dias estiveram reunidas no Rio de Janeiro.

Na década de 1950, já era perceptível a necessidade de desenvolver novas ideias e abordagens para a área. O Senado Federal começou a discutir um projeto de lei, de número 38.932, sobre a questão orçamentária e contábil. A proposta envolvia a normatização da contabilidade pública. Durante o curto governo de Jânio Quadros, realizou-se uma série de estudos no Ministério da Justiça para reformar legislações, inclusive nessa área. Esses estudos continuaram durante o parlamentarismo brasileiro. Em 1963, o então ministro da Justiça, João Mangabeira, designou Carlos José de Assis Ribeiro, Francisco Sá Filho e Amilcar de Araújo Falcão para examinarem o anteprojeto de código da contabilidade pública. Esses estudos deram origem à Lei nº 4.320/1964.

Lei nº 4.320/1964

A Lei nº 4.320, de 17 de março de 1964, é a base da contabilidade pública brasileira, apesar de ser uma legislação mais patrimonial e financeira do que contábil. Por essa lei, a contabilidade pública está dividida em sistema orçamentário, sistema financeiro, sistema patrimonial e sistema de compensação. O *sistema orçamentário* faz com que a contabilidade pública seja basicamente uma contabilidade orçamentária, com registro da receita e despesa conforme a lei orçamentária e alterações. Além disso, toda movimentação financeira do exercício deve estar contida no balanço financeiro, compondo o *sistema financeiro*. O *sistema patrimonial* registra os bens permanentes, as suas características e os responsáveis por sua guarda. Finalmente, o *sistema de compensação* registra bens, valores e obrigações que não compõem o ativo e o passivo, mas que poderão afetar o patrimônio, existindo somente para fins de controle.

Como consequência, pela Lei nº 4.320, o balanço patrimonial da entidade pública é composto por ativo financeiro, ativo permanente, passivo financeiro, passivo permanente, saldo patrimonial e contas de compensação.

Outro aspecto importante em termos das questões contábeis e objeto dessa lei é o problema do regime de contabilização. Isso será discutido mais adiante no capítulo.

Apesar de ter representado para sua época uma evolução em termos de contabilidade pública, a Lei nº 4.320 está defasada e apresenta conceitos que atualmente já não são mais usados, seja na Contabilidade de maneira geral, seja na contabilidade pública, em outros países. Enquanto esta edição estava sendo preparada, existia um projeto de lei tramitando no Legislativo federal, em fase de debate, que prevê a mudança dessa legislação.

Siafi

O Sistema Integrado de Administração Financeira do governo federal foi implantado em 1987. Apesar de ser um sistema específico do governo federal, a filosofia do Siafi também foi implantada em alguns governos estaduais e municipais.

O Siafi é um sistema de processamento, execução e controle financeiro que foi criado pelo Serpro, empresa pública de processamento de dados. O sistema permite a escrituração contábil das operações pelo uso de eventos. O Siafi enfatiza o registro dos eventos, sendo que os mais corriqueiros são padronizados.

Quando de sua criação, o Siafi representou uma evolução na contabilidade pública, por possibilitar ao governo maior padronização nos procedimentos contábeis e maior controle da movimentação financeira, com mais racionalização dos gastos públicos e transparência desses gastos. Não existia, por exemplo, uma folha única de pagamentos, o que impedia de saber quantos funcionários existiam e qual a remuneração.

Juntamente com o Siafi, outros sistemas foram criados para as unidades da federação. O Sistema Integrado de Administração Financeira para Estados e Municípios (Siafem), também desenvolvido pelo Serpro e que tem por base a Lei nº 4.320/1964, é aquele que mais se destaca, embora não alcance todos estados e municípios brasileiros.

Lei de Responsabilidade Fiscal (LRF)

Inspirada em uma legislação da Nova Zelândia, a Lei de Responsabilidade Fiscal (Lei Complementar nº 101, de 4 de maio de 2000) representou um esforço do governo em criar regras para estimular a responsabilidade fiscal, ou seja, que os governos não tomem dívidas acima da arrecadação, ferindo a regra de ouro da contabilidade pública. Para que isto fosse possível, a LRF estabeleceu diversas regras para limitar os gastos ou manipulações nas despesas. Assim, a LRF determinou, por exemplo, que os municípios não deveriam ter uma relação entre despesa total com pessoal e receita corrente líquida acima de 60%, sendo 6% para o poder Legislativo.

Apesar de ter grande influência na execução orçamentária, não se pode afirmar que a LRF seja uma inovação na contabilidade pública. A introdução de mecanismos para evitar gastos públicos excessivos não afeta diretamente a forma como se faz a contabilidade pública. Entretanto, afeta o comportamento dos administradores públicos.

Um exemplo dessa influência pode ser encontrado numa pesquisa em que se analisou o comportamento da relação entre despesa com pessoal e receita corrente líquida e dívida consolidada líquida por receita corrente líquida dos municípios, antes e depois da lei (FIORAVANTE; PINHEIRO; VIEIRA, 2006). Constatou-se que a LRF foi eficiente para os municípios que estavam acima do valor de 60%, mas induziu os municípios com índice menor a aumentarem seus gastos. Há diversos outros estudos que relacionam os limites impostos pela LRF com os impactos que esta lei trouxe à administração pública.

No entanto, Nunes, Marcelino e Silva (2019) mostraram que as interpretações dadas pelos tribunais de contas de estados e municípios fizeram com que práticas de contabilidade criativa aparecessem ao longo do tempo, reduzindo a contenção de gastos e gerando endividamento. Isso ajuda a explicar algumas das crises financeiras ocorridas em diversas unidades da federação nos últimos anos.

Normas brasileiras de Contabilidade aplicadas ao setor público

Em 2007, foram colocadas em audiência pública dez Normas Brasileiras de Contabilidade Técnicas (NBC T) sobre a contabilidade pública. Essas normas foram aprovadas no ano seguinte, com uma revisão em 2009. Adicionou-se em 2016 a estrutura conceitual para elaboração e divulgação de informação contábil de propósito geral pelas entidades do setor público. Há ainda seis normas, que não possuem correlação com as International Public Sector Accounting Standards (IPSAS): 16.6; 16.7; 16.8; 16.9; 16.10 e 16.11. Essas normas refletem o desejo das áreas técnicas do governo federal e representam um avanço importante no sentido da adoção do regime de competência e do cálculo de custos. Mais recentemente, diversas normas da Ifac foram adaptadas e incorporadas às normas brasileiras pelo Conselho Federal de Contabilidade (CFC). O Quadro 10.2 apresenta a relação de normas do setor público (CFC, 2018).[3]

Quadro 10.2 Convergência das normas internacionais no Brasil

NBC	Ano	Nome da Norma	Ifac
Estrutura conceitual	2016	Estrutura conceitual para elaboração e divulgação de informação contábil de propósito geral pelas entidades do setor público	Conceptual framework
TSP 01	2016	Receita de transação sem contraprestação	IPSAS 23
TSP 02	2016	Receita de transação sem contraprestação	IPSAS 9
TSP 03	2016	Provisões, passivos contingentes e ativos contingentes	IPSAS 19
TSP 04	2016	Estoques	IPSAS 12
TSP 05	2016	Contratos de concessão de serviços públicos: concedente	IPSAS 32
TSP 06	2017	Propriedade para investimento	IPSAS 16
TSP 07	2017	Ativo imobilizado	IPSAS 17
TSP 08	2017	Ativo intangível	IPSAS 31
TSP 09	2017	Redução ao valor recuperável de ativo não gerador de caixa	IPSAS 21
TSP 10	2017	Redução ao valor recuperável de ativo gerador de caixa	IPSAS 26
TSP 11	2018	Apresentação das demonstrações contábeis	IPSAS 1
TSP 12	2018	Demonstrações dos fluxos de caixa	IPSAS 2

---

[3] No momento da elaboração da edição, em 2021, outras normas estavam em audiência pública.

NBC	Ano	Nome da Norma	Ifac
TSP 13	2018	Apresentação de informação orçamentária nas demonstrações contábeis	IPSAS 24
TSP 14	2018	Custos de empréstimos	IPSAS 5
TSP 15	2018	Benefícios a empregados	IPSAS 39
TSP 16	2018	Demonstrações contábeis separadas	IPSAS 34
TSP 17	2018	Demonstrações contábeis consolidadas	IPSAS 35
TSP 18	2018	Investimento em coligada e em empreendimento controlado em conjunto	IPSAS 36
TSP 19	2018	Acordos em conjunto	IPSAS 37
TSP 20	2018	Divulgação de participações em outras entidades	IPSAS 38
TSP 21	2018	Combinações no setor público	IPSAS 40
TSP 22	2019	Divulgação sobre partes relacionadas	IPSAS 20
TSP 23	2019	Políticas contábeis, mudança de estimativa e retificação de erro	IPSAS 3
TSP 24	2019	Efeitos das mudanças nas taxas de câmbio e conversão de demonstrações contábeis	IPSAS 4
TSP 25	2019	Evento subsequente	IPSAS 14
TSP 26	2019	Ativo Biológico e Produto Agrícola	IPSAS 27
TSP 27	2020	Informação por segmento	IPSAS 18
NBC T 16.7	2008	Consolidação das demonstrações contábeis (revogada a partir de 1º/1/2021)	Não há
NBC T 16.11	2011	Sistema de informação de custos do setor público	Não há

Como é possível perceber, esse conjunto de normas traz avanços expressivos, como a adoção de depreciação no setor público, mas o processo de adoção aproxima-se mais do endosso do que da convergência.

Portaria 184, de 2008, e a convergência às normas internacionais

Em 2008, por meio da Portaria 184 do Ministério da Fazenda, o Brasil reconhece a necessidade de também se fazer a convergência no setor público com as normas internacionais de contabilidade. Para isso, determinou que a Secretaria do Tesouro Nacional promovesse esforços com as normas emitidas pela Ifac e com as normas do Conselho Federal de Contabilidade.

A Ifac é uma entidade da profissão contábil, com mais de 100 países associados. O IPSASB, como parte da Ifac, trata do setor público e tem como responsabilidade a promulgação de normas contábeis, denominadas de IPSAS. Essas normas inspiram-se nas diretrizes do International Accounting Standards Board (Iasb). O IPSASB já possui uma estrutura conceitual, denominada *The Conceptual Framework for General Purpose Financial Reporting by Public Sector Entities*, também inspirada na estrutura do Iasb e adaptada para o setor público. Essa abordagem conceitual corresponde ao que se conhece no Brasil como CPC 00. É a abordagem conceitual para o setor público. Isso torna o documento relevante para a área pública, principalmente pelo fato de que o documento pode ser aplicado em todas as esferas de governo. O documento, na versão adotada no Brasil, tem cerca de 60 páginas e é composto de oito capítulos: (1) função, autoridade e alcance da estrutura conceitual; (2) objetivos e usuários; (3) características qualitativas; (4) entidade; (5) elementos das demonstrações contábeis; (6) reconhecimento; (7) mensuração de ativos e passivos; (8) apresentação.

Destacamos os seguintes aspectos desse documento:

- **Objetivo e avaliação de desempenho**: o objetivo das entidades do setor público é, em geral, prestar serviços para a sociedade. Em razão disso, para a Ifac, a avaliação do desempenho só pode ser mensurada parcialmente pela situação patrimonial, pela análise do desempenho ou pelo fluxo de caixa. Assim, as informações contábeis para o setor público têm por finalidade a prestação de contas, a responsabilização (*accountability*) e o processo decisório. Isso inclui avaliar se o governo prestou serviço de forma eficiente e eficaz, se existem recursos disponíveis para serem gastos no futuro e se há restrição no seu uso, qual a evolução da carga tributária e se ocorreu ou não melhoria na capacidade de prestar serviços.
- **Regime de competência**: a posição da Ifac é clara com respeito à adoção do regime de competência na contabilidade pública. Isso será discutido mais adiante
- **Hierarquia das normas**: assim como na estrutura conceitual do Iasb, na contabilidade pública prevalece a norma específica sobre a estrutura conceitual. Na estrutura traduzida para o Brasil, acrescentou-se uma observação de que as normas tipicamente brasileiras também têm maior importância que a própria estrutura conceitual.
- **Usuários**: segundo a estrutura, as informações são preparadas para atender as demandas dos usuários dos serviços e dos que fornecem os recursos. A controvérsia está sobre ser o Legislativo um usuário; o Iasb tenta contemporizar, afirmando, de maneira questionável, que os membros do Legislativo atuam como representantes de usuários e de fornecedores. Na estrutura conceitual, chega-se a afirmar que os cidadãos, no sentido amplo, são usuários primários também. Mas nem todo cidadão é um usuário, e vice-versa.
- **Informações**: a estrutura inclui, entre as informações que a contabilidade pública deve fornecer, a situação patrimonial, desempenho e fluxos de caixa, informação orçamentária, resultado da prestação de serviço, informações prospectivas e explicativas, entre outras.
- **Características qualitativas**: no mesmo sentido da estrutura conceitual do Iasb, a estrutura do setor público também é apresentada, mas de uma forma um pouco diferente. São citadas a relevância, a representação fidedigna, a compreensibilidade, a tempestividade, a comparabilidade e a

verificabilidade, sem um agrupamento (fundamental e de melhoria) como o que se encontra no documento do Iasb. Além disso, o documento não faz referência a prudência, como se encontra no documento posterior do Iasb, de 2018, muito embora esse aspecto seja importante para as finanças públicas (SOLL, 2014). Entre as restrições, a materialidade, a relação custo-benefício da informação e o equilíbrio entre as características qualitativas.

- **Entidade**: a entidade que fornece a informação é um ente governamental ou organização ou programa, ou outra área identificável de atividade. Pode compreender duas ou mais entidades que apresentem informações, dando origem a um grupo de entidades. Deve captar recursos da sociedade ou em seu nome ou usar recursos para realizar atividades em benefício dela. Ou haver usuários dependentes de informações da entidade.

ELEMENTOS

Os elementos são as estruturas básicas para fazer a Contabilidade do setor público. A estrutura conceitual da Ifac apresenta as seguintes definições:

- **Ativo**: recurso controlado no presente pela entidade como resultado de evento passado. O recurso é um item com potencial de serviços ou com a capacidade de gerar benefícios econômicos.
- **Passivo**: obrigação presente, derivada de evento passado, cuja extinção deva resultar na saída de recursos da entidade.
- **Patrimônio líquido**: a estrutura não apresenta uma *definição de PL*.
- **Receita**: corresponde a aumentos na situação patrimonial líquida da entidade não oriundos de contribuições dos proprietários.
- **Despesa**: corresponde a diminuições na situação patrimonial líquida da entidade não oriundas de distribuições aos proprietários.

Superávit ou déficit da entidade para o exercício é a diferença entre as receitas e as despesas que constam na demonstração que evidencia o desempenho das entidades do setor público.

Contribuição dos proprietários corresponde à entrada de recursos para a entidade a título de contribuição de partes externas, que estabelece ou aumenta a participação delas no patrimônio líquido da entidade.

Distribuição aos proprietários corresponde à saída de recursos da entidade a título de distribuição a partes externas, que representa retorno sobre a participação ou a redução dessa participação no patrimônio líquido da entidade.

OUTRAS NORMAS RECENTES

Nos últimos anos, três normas não diretamente vinculadas à Contabilidade foram aprovadas. A Lei de Acesso à Informação (Lei nº 12.527/2011) facilitou o acesso de qualquer pessoa às informações públicas, incentivando a evidenciação gratuita e reduzindo as situações de sigilo. Essa lei possibilitou a divulgação dos salários dos agentes públicos, o que permite aumentar a fiscalização sobre os gastos públicos. A Lei Complementar nº 131/2009 ou Lei da Transparência obriga à divulgação em tempo real dos gastos da União, estados e municípios. Finalmente, o Decreto nº 9.203/2017 trata da governança pública na administração federal e obriga à criação de um comitê interno de governança em cada órgão.

> **Objetivo 4:** Regime de competência

REGIME DE COMPETÊNCIA NA CONTABILIDADE PÚBLICA

Conforme dito anteriormente, o regime de competência faz parte do documento da estrutura conceitual da Ifac, adotado pelo Brasil.

Para esclarecer melhor a questão do regime de caixa e regime de competência, considere o exemplo simples de um novo serviço público que irá gerar, nos próximos anos, uma receita corrente, oriunda de algumas taxas cobradas dos contribuintes, de R$ 22.000 por ano. As despesas correntes, de pagamento de funcionários, serão de R$ 20.000 por ano. Para que esse serviço seja colocado à disposição da população, é necessária a aquisição de computadores, móveis e outros ativos permanentes no valor de R$ 25.000. Para simplificar, considere que a vida útil de tais ativos será de cinco anos, que também é o prazo em que o serviço estará à disposição da população.

Usando o regime de caixa, em que a apuração do resultado considera entrada e saída de recursos, tem-se a Tabela 10.1. Nessa tabela, os valores dos computadores, móveis e outros ativos permanentes são considerados como despesa de capital no momento zero.

Tabela 10.1 Regime de caixa

	Ano 0	Ano 1	Ano 2	Ano 3	Ano 4	Ano 5	Total
Receita Corrente		22.000	22.000	22.000	22.000	22.000	110.000
Despesa Corrente		20.000	20.000	20.000	20.000	20.000	100.000
Superávit		2.000	2.000	2.000	2.000	2.000	10.000
Despesa de Capital	25.000						
Total	– 25.000	2.000	2.000	2.000	2.000	2.000	10.000

O mesmo exemplo pode ser usado para apurar o resultado pelo regime de competência, conforme mostra a Tabela 10.2. Nessa situação, considera-se que os ativos permanentes têm vida útil de cinco anos e serão depreciados de forma linear no período. Isso significa que a despesa de capital de R$ 25.000 será substituída por uma despesa de depreciação.

Tabela 10.2 Regime de competência

	Ano 0	Ano 1	Ano 2	Ano 3	Ano 4	Ano 5	Total
Receita Corrente		22.000	22.000	22.000	22.000	22.000	110.000
Despesa Corrente		20.000	20.000	20.000	20.000	20.000	100.000
Despesa de Depreciação		5.000	5.000	5.000	5.000	5.000	25.000
Total		– 3.000	– 3.000	– 3.000	– 3.000	– 3.000	– 15.000

Ao se compararem as duas tabelas, é possível perceber que os valores anuais obtidos pelo regime de caixa e pelo regime de competência são diferentes. Isso ocorre devido ao tratamento dado às despesas de capital, que pelo regime de caixa são consideradas no ano do desembolso. Outro aspecto importante da comparação é que as colunas dos totais são idênticas. Esse exemplo pode ser expandido para situações mais complexas e chegaremos à mesma conclusão. Ou seja, no curto e no médio prazos existe diferença entre o regime de caixa e o regime de competência. No entanto, a longo prazo, essa diferença desaparece.

Apesar da similaridade de valores entre o regime de caixa e o regime de competência, a diferença temporal de curto e médio prazos pode ser suficientemente importante para fazer com que a escolha do regime adotado na contabilidade pública seja extensamente discutida entre os autores da área. A opção pelo regime de competência tem um preço: aumento da incerteza na mensuração, conforme destaca a própria estrutura básica do setor público.

No Brasil, a contabilidade pública apropria a despesa com base no *empenho*. O empenho é o ato de um servidor que cria para a administração pública a obrigação do pagamento. Diversos autores de contabilidade pública concordam que a Lei nº 4.320 considera que o empenho é o fato gerador para o reconhecimento da despesa pública, pois será por meio dele que ocorrerá a obrigação do pagamento futuro para o governo (SLOMSKI, 2003). Isso decorre do enfoque da norma, essencialmente orçamentária.

Conforme estudamos no Capítulo 9, o reconhecimento da despesa na Contabilidade está associado à geração da receita. Existem aqui duas diferenças relacionadas ao reconhecimento da receita. Em primeiro lugar, na contabilidade financeira a existência da despesa está associada à obtenção da receita. Na contabilidade pública, a despesa tem por finalidade o benefício da sociedade. Em segundo lugar, na contabilidade financeira o reconhecimento ocorre no momento do consumo do bem; na contabilidade pública, conforme já comentado, será o empenho o fato gerador.

Apesar dessas diferenças, a literatura da área tende a considerar que, de certa forma, as despesas públicas estão de acordo com o regime de competência. Isso não é de todo verdadeiro, especialmente para os ativos que possuem vida longa, como é o caso de um automóvel. Na contabilidade financeira, um veículo é considerado ativo, sendo levado a resultado pelo processo da depreciação. Na contabilidade pública isso não ocorre, sendo que o momento do empenho já autoriza considerar o valor do veículo como despesa, embora no sistema patrimonial não seja considerado como despesa.

Já quanto à receita, a Lei nº 4.320/1964 afirma, no artigo 35, que "pertencem ao exercício financeiro: a) as receitas nele arrecadadas [...]". Isso significa que, para a contabilização da receita pública, observa-se o regime de caixa, sendo considerada como fato gerador a arrecadação. Estudamos no Capítulo 8 que, numa entidade privada, é possível reconhecer a receita no momento do recebimento, desde que esse seja o evento crucial, quando existe dúvida sobre o pagamento. Entretanto, isso parece não ser o caso para a maioria das receitas do Estado. Por tal razão, afirma-se que para a receita adota-se o regime de caixa.

Com as mudanças recentes na contabilidade pública, temos dois regimes: o misto, tendo como fonte a Lei nº 4.320, e o de competência.

Algumas opções adotadas na contabilidade pública geralmente têm por base o argumento da necessidade de maior controle do gasto público. Assim faz, especialmente, quem defende uma contabilidade mais próxima ao caixa. Existem quatro razões para acreditar que isso talvez não seja verdade. Em primeiro lugar, há países que possuem boa gestão dos recursos públicos e que adotam o regime de competência. Em segundo lugar, as normas internacionais de Contabilidade, além das próprias normas que são aplicadas a outras entidades, enfatizam o regime de competência. O terceiro aspecto é que, em certas situações, o efeito pode ser justamente o oposto. Finalmente, e não menos importante, existe a Nova Administração Pública, que será detalhada a seguir.

Regime de competência e incentivos

A escolha de um regime, de caixa, competência ou misto, pode afetar o comportamento do servidor público. Considere o exemplo numérico citado no capítulo (Tabelas 10.1 e 10.2) e suponha que a decisão de prestar o serviço será tomada no ano zero.

Usando o **regime de caixa**, o servidor público, no momento da decisão, sabe que o reflexo da escolha será uma despesa de capital de imediato no valor de R$ 25 mil. Esse valor aparece na contabilidade pública no ano zero, indicando um resultado negativo nesse valor. Entretanto, nos anos seguintes, a relação entre a receita corrente e a despesa corrente mostra superávit de R$ 2 mil por ano. Uma análise de cada um dos anos de operação do serviço mostraria um quadro incompleto da situação, indicando ser ele superavitário.

Considerando o **regime de competência**, a decisão de investimento somente afetará o resultado da Contabilidade a partir do primeiro ano. Pelo regime de competência, fica claro que o serviço é deficitário.

A apresentação diferenciada pelos dois regimes termina por afetar o comportamento do agente público. Têm sido muito comuns compromissos assumidos por um governante que terão reflexo no caixa de futuras administrações. Pelo regime de competência, tal efeito seria evidenciado de forma mais adequada.

NOVA ADMINISTRAÇÃO PÚBLICA

Nas últimas décadas, uma corrente de pensamento, denominada Nova Administração Pública (*New Public Management* – NPM), influenciou a discussão sobre a gestão pública em diversos países do mundo, inclusive o Brasil (MOURA, 2003). O termo é uma denominação genérica para uma série de reformas de administração que têm sido adotadas em diversos países. A finalidade tem sido a busca de melhoria do setor público, inclusive no desempenho, tendo por base a contabilidade de custos e o regime de competência. Para isso, é necessário substituir a ênfase atual na responsabilidade do processo pela responsabilidade do resultado, por meio da avaliação das atividades executadas, das unidades administrativas e dos servidores públicos.

Os países ricos, pertencentes à Organização para a Cooperação e Desenvolvimento Econômico (OCDE), apresentaram diversas experiências na adoção da Nova Administração Pública. Um desses países, a Nova Zelândia, que inspirou a nossa legislação de responsabilidade fiscal, adotou relatórios públicos de qualidade, além de informações de custos e resultados. Esse país fez a opção pelo regime de competência em 1991.

A mensuração do custo dos serviços públicos tem sido um dos aspectos destacados pela Nova Administração Pública. Espera-se que medir os custos crie forte incentivo para um comportamento mais adequado do servidor público.

EXERCÍCIOS

1. Segundo John Kay (2008), o governo é uma entidade em continuidade por razão da sua natureza, assim como da capacidade financeira oriunda da habilidade em aumentar os impostos. Nesse sentido, o balanço patrimonial do setor público não é análogo ao do setor privado. Para Kay, existem diferenças no passivo, pois é o governo que determina o que é ou não passivo. Assim, cálculos que mostram passivos enormes dos governos seriam, nas palavras de Kay, fúteis. Você concorda com esse pesquisador? Ainda segundo Kay, a resposta da contabilidade pública não passa pela mudança no regime contábil. Use o que estudou no capítulo para concordar ou discordar de Kay.

2. Misch (2018) fez um levantamento indicando que 114 países do mundo adotam o caixa puro, 28 o caixa modificado, 16 o regime de competência modificado e 41 o regime de competência. Discuta a razão de o regime de caixa ainda ser preponderante entre os governos mundiais.

3. Em 1859, o ministro e secretário de Estado dos Negócios da Fazenda afirmou que a Contabilidade é "indispensável para que possam o corpo legislativo e o governo exercer a inspeção que lhes compete sobre a maneira de arrecadar e despender as rendas nacionais".[4] Isso ainda é válido?

---

[4] *O Brasil*, 17 de janeiro de 1859, v. XII, n. 1563, p. 2. Provavelmente, trata-se de Joaquim José Rodrigues Torres ou Visconde de Itaboraí.

4. Em 1906, o *Correio Paulistano*[5] trazia a seguinte notícia:

   Em sua edição de hoje, o Times reproduz uma publicação do jornal Frankfurter Zeitung, no qual se fazem irônicos commentarios à organização do serviço de contabilidade e arrecadações de valores do Thesouro no Brasil, onde se têm dado desfalques o desvios de dinheiro. O artigo em questão alude ainda a irregularidades havidas no Thesouro e ao desaparecimento de pedras preciosas pertencentes á corôa imperial.

   Pesquise sobre o efeito demonstração e como isso pode ter ajudado na evolução da contabilidade pública brasileira a partir do exemplo citado.

5. Em 2012, a revista *The Economist* reproduziu uma frase do presidente do Iasb, Hans Hoogervorst, dizendo que a contabilidade pública era "estado de anarquia primitiva", no qual existiam truques como empurrar gastos para o futuro, endividamento oculto, antecipar receitas e passar por entidades não governamentais.[6] Uma forma de resolver isso seria adotando regras do setor privado. Neste sentido, o incentivo à harmonização contábil entre os padrões públicos e do setor privado poderia ser uma solução. Você acredita que isso seja factível?

6. A histórica criação do Siafi permitiu acesso aos dados dos gastos públicos. Em um primeiro momento, alguns deputados e senadores começaram a usar essa informação para fiscalizar o governo. Entretanto, nem sempre o uso foi pacífico. Em 1991, graças ao Siafi foi possível descobrir que o governo comprou quatro quilômetros de seda pura para cortinas que seriam usadas no Palácio do Planalto. Discuta como a evidenciação pode ajudar na qualidade dos gastos públicos a partir do exemplo do Siafi.

7. Em 2018, o então governador de Minas Gerais encaminhou projeto de lei criando um fundo extraordinário, com receitas que poderiam ingressar em outros exercícios. Nessa proposta, o recurso poderia ser considerado uma disponibilidade financeira para cobrir as despesas de 2018. Quais as motivações para tal tipo de medida? Como a Contabilidade poderia ajudar na análise dessa decisão?

8. Segundo Gama, Duque e Almeida (2014), existem duas abordagens básicas na implantação de normas: de cima para baixo (*top-down*), na qual a convergência é uma política de estado; ou *bottom-up*. Segundo esses autores, estamos adotando a abordagem *middle-up-down*. Tal tipo de modelo pode favorecer a interação entre os atores do processo, já que o conhecimento é gerado do meio para cima e para baixo. Mas essa escolha não confere legitimidade às decisões do CFC e pode adotar medidas que contrariem a Lei nº 4.320 ou que se distanciem das normas internacionais. Discuta as abordagens e a possível razão dessa escolha.

---

[5] *Correio Paulistano*, 8 de março de 1906, p. 2, ed. 15.285. Grafia da época.
[6] Texto disponível em: http://www.economist.com/node/21552221. É importante salientar que Hoogervorst foi ministro das Finanças da Holanda antes de ocupar o posto de presidente do Iasb, tendo experiência no assunto.

9. Em 2017, um estudo usando um índice de gestão fiscal dos municípios brasileiros concluiu que 86% das prefeituras estavam em situação financeira "crítica" ou "difícil".[7] Quais seriam as razões para essa situação?
10. Na contabilidade pública, como seria considerado o dinheiro (moeda corrente)? Bossone e Costa (2018) consideram como patrimônio líquido.
11. Nos Estados Unidos, a regulação da contabilidade pública é tarefa do Governmental Accounting Standards Board (Gasb), entidade coirmã do Financial Accounting Standards Board (Fasb). Em 2012, uma norma do Gasb exigia que o passivo de um fundo de pensão governamental fosse mensurado e reconhecido, mas não incluído no balanço. Discuta se a norma é adequada e como isso pode afetar a ação das pessoas.

REFERÊNCIAS

BOSSONE, B.; COSTA, M. Money (old and new) through the lenses of modern accounting. *Vox*, 25 June 2018. Disponível em: https://voxeu.org/article/monies-old-and-new-through-lenses-modern-accounting.

FIORAVANTE, D.; PINHEIRO, M.; VIEIRA, R. S. Lei de responsabilidade fiscal e finanças públicas municipais. *Texto para discussão 1223*. Brasília: IPEA, 2006.

GAMA, J. et al. Convergência brasileira aos padrões internacionais de contabilidade pública vis-à-vis estratégias top-dow e bottom-up. *Rev. Adm. Pública*, v. 48, n. 1, p. 183-206, 2014.

KAY, J. Accounting rules for public duty and private failure. *Financial Times*, 5 Aug. 2008.

MISH, F. Nowcashing. *In*: GUPTA, S.; KEEN, M.; SHAH, A.; VERDIER, G. (ed.). *Digital revolutions in public finance*. Washington: FMI, 2017.

MOURA, J. F. de M. *O sistema de contabilidade do governo federal na mensuração dos custos dos programas de governo e das unidades gestoras*. 2003. Dissertação (Mestrado) – UnB, Brasília, 2003.

NORDHAUS, W. The political business cycle. *Review of Economic Studies*, n. 42, p. 169-190, 1975.

NUNES, S. P. P.; MARCELINO, G. F.; SILVA, C. A. T. Os tribunais de contas na interpretação da Lei de Responsabilidade Fiscal. *Revista de Contabilidade e Organizações*, v. 13, 2019.

PEDERIVA, J. H. *Entidade contábil governamental*. 2004. Dissertação (Mestrado em Contabilidade) – UnB, Brasília, 2004.

RUPPEL, W. *Governmental accounting made easy*. Hoboken: Wiley, 2004.

SLOMSKI, V. *Manual de contabilidade pública*. São Paulo: Atlas, 2003.

SOLL, J. *The reckoning*. New York: Basic Books, 2014.

---

[7] Esse estudo é realizado pela Firjan, tendo por base os dados da STN.

11
CONTABILIDADE PARA O TERCEIRO SETOR

OBJETIVOS DE APRENDIZADO

Ao final deste capítulo, você conhecerá:
1. Alguns dos aspectos mais relevantes da distinção entre o terceiro setor e os outros dois setores.
2. A questão da doação na teoria contábil.
3. A contabilização da gratuidade.
4. A relação do terceiro setor com o setor público: renúncia fiscal.

INTRODUÇÃO

Quando observamos as demonstrações financeiras de uma entidade do terceiro setor, notamos algumas diferenças interessantes. Inicialmente, algumas denominações são diferentes. Assim, não temos o patrimônio líquido, mas o patrimônio social, por exemplo. O resultado da entidade não é lucro ou prejuízo, mas déficit ou superávit.

Além disso, a Contabilidade deveria mostrar, mas nem sempre o faz, a preocupação com o trabalho social da entidade, incluindo aqui os atendimentos aos carentes e os benefícios à parcela menos favorecida. Idealmente, a Contabilidade seria um importante parâmetro para que o doador de recursos pudesse avaliar se o impacto social tem sido positivo.

Objetivo 1: Caracterizar o terceiro setor

TERCEIRO SETOR

O termo *terceiro setor* tem sido utilizado em oposição aos conceitos de primeiro setor e segundo setor, que compreendem as atividades da iniciativa privada e do setor público. Esse termo tem sido usado de várias formas e, dependendo do contexto, pode englobar diferentes tipos de entidade. Basicamente, pode-se delimitar dizendo que o terceiro setor não faz parte do setor público e não possui o interesse no lucro, como ocorre numa empresa comum. Por esse motivo, o terceiro setor é constituído de entidades sem fins lucrativos, como é o caso de igrejas, hospitais, partidos políticos, clubes esportivos, museus, entre outras.

Entretanto, essa definição não é muito clara. Um hospital cujos proprietários estão interessados no retorno financeiro será classificado como entidade privada; já um hospital público será considerado um ente governamental. Finalmente, um hospital pertencente a uma entidade religiosa, que não cobra pelos serviços, será uma entidade do terceiro setor.

Verifica-se que a classificação de uma entidade no terceiro setor pode ser complicada. Por esse motivo, os assuntos discutidos neste capítulo são válidos para as entidades consideradas tipicamente do terceiro setor.

Além disso, também têm sido encontrados na literatura os termos *entidades filantrópicas*, *de interesse social*, *non-profit*, entre outros. De forma geral, essas entidades atuam no sentido de promover o bem-estar comum da sociedade. Por esse motivo, geralmente são entidades sem fins lucrativos, em que parte dos recursos é proveniente das doações do setor privado ou do governo.

Apesar das características do terceiro setor, uma das discussões da teoria contábil é se são necessárias regras específicas para o mesmo ou se as regras contábeis aplicadas ao setor privado são válidas. Nossa posição é que não existe uma teoria contábil do terceiro setor, da mesma forma que não existe uma teoria contábil do setor público. Isso não impede que alguns aspectos presentes de forma significativa nas entidades do terceiro setor recebam atenção neste capítulo, como é o caso da doação e das parcerias.

Objetivo 2: A questão da doação na teoria contábil

DOAÇÃO

As doações representam uma importante fonte de recursos para as entidades do terceiro setor. Ao receber uma doação, a entidade pode ter recursos para exercer sua função social.

As doações podem ser em dinheiro, alimentos, máquinas, roupas, brinquedos, sangue etc. Assim, uma doação pode ser para **custeio** ou até mesmo **patrimonial**, como é o caso de ativos permanentes. Uma forma de doação importante é aquela feita mediante a prestação de serviço. Desse modo, a doação pode implicar aumento do ativo ou até mesmo redução no passivo, sem que exista a necessidade de uma contrapartida por parte da entidade.

Em termos de teoria, a doação corresponde a uma receita. Conforme estudamos no Capítulo 9, receitas são *aumentos nos benefícios econômicos, sob a forma de aumento de ativos ou diminuição de passivos, e não se confundem com os que resultam de contribuição dos proprietários da entidade.* Em outras palavras, a doação satisfaz à definição de receita estudada anteriormente.

ANTES DE PROSSEGUIR

Muitas instituições podem ter problemas quando seus doadores são acusados de comportamento moralmente inadequado. Para essas instituições, ficar com o dinheiro dado por um doador pode afastar colaboradores; mas é difícil devolver recursos. Harvey Weinstein, produtor de cinema, depois de ser acusado de assédio sexual, resolveu doar 5 milhões de dólares para financiar bolsas de estudos na Universidade do Sul da Califórnia. Uma reação interna obrigou a entidade a recusar a doação.

Entretanto, para fins da teoria da Contabilidade e para fins práticos, é importante distinguir a doação de uma transação de troca qualquer. Em termos normativos, a doação segue uma orientação contábil diferente daquela usualmente apresentada no caso de uma troca. Quando existe a intenção expressa de trocar recursos, o valor da transação é proporcional ao que se pratica no mercado e as penalidades pelo não cumprimento do contrato podem ser superiores ao valor da transação, temos caracterizada uma transação. Já no caso da doação, não existe a intenção de fornecer bens ou serviços em uma quantia proporcional ao recurso do doador; há discrição no valor dos ativos transferidos; e as penalidades pela não execução do contrato geralmente estão limitadas ao montante do evento ou à devolução de valores não usados.[1]

Para a teoria contábil, é importante verificar se a doação foi condicional ou incondicional. Uma doação **condicional** é aquela em que o doador impõe algum tipo de condição que deve ser cumprida pela entidade. Considere uma situação em que o doador contribui com recursos para um projeto social de uma entidade sob a condição de que a entidade entre com uma parcela de recursos. Nesse caso, o valor somente será transferido quando a entidade cumprir sua parte. Este é um exemplo de doação condicional. Uma doação **incondicional** ou simples não impõe condições. Acredita-se que seja importante para o usuário externo saber qual o valor que corresponde à doação condicional e qual se refere à doação incondicional.

Doação incondicional

O registro contábil de uma doação é próximo ao registro do recebimento de recursos numa entidade do segundo setor. A diferença é que a contrapartida do aumento do ativo pela doação é o registro de uma conta de receita (doação).

---

[1] Essa distinção é originária da Accounting Standards Update (ASU) 2018-08 do Financial Accounting Standards Board (Fasb) – *Clarifying the Scope and the Accounting Guidance for Contributions Received and Contributions Made.*

Qualquer que seja a doação, é importante que no seu reconhecimento seja feita a mensuração do seu valor justo de mercado. Nesse caso, deve-se desconsiderar a despesa necessária para colocar o bem em funcionamento ou à venda, sendo o valor líquido registrado.

Comentou-se que a doação pode ocorrer sob a forma de redução de um passivo. Essa situação ocorre quando a entidade tem um passivo com terceiro, já anteriormente registrado na sua Contabilidade, como é o caso de uma dívida com fornecedor. Nesse caso, o fornecedor faz uma doação para a entidade, sob a forma do perdão da dívida.

A doação por meio da herança é outra situação em que o momento do reconhecimento pode gerar dúvida. Considere um milionário que fez o testamento prevendo a doação de sua fortuna para uma entidade do terceiro setor. Nesse momento, a entidade não deveria fazer o registro, já que o testamento pode ser alterado. A certeza da doação chegaria somente com a confirmação do testamento e a impossibilidade de sua mudança.

Doação condicional

A doação condicional pode estabelecer a existência de uma restrição permanente ou provisória, também conhecida como temporariamente restrita. A **restrição permanente**, conforme o próprio nome já informa, não possui prazo de validade, o que impede uma flexibilidade no uso do ativo doado. Nesse caso, o termo de doação estabelece, de forma clara e precisa, as condições para uso e as penalidades, podendo incluir a devolução do bem, caso as condições não sejam cumpridas. A **restrição temporária** impõe certas restrições que podem ser satisfeitas com o decorrer do tempo. O termo de doação também esclarece as condições para que a doação se torne sem restrição. Muito embora, para o usuário, essa distinção possa ser importante, prevalece hoje a noção de que uma entidade do terceiro setor, agindo com a devida prudência, pode resolver a restrição temporária. Com isso, a segregação usada nos dias atuais é dividir o ativo em com restrição e sem restrição somente.[2]

Uma vez que é importante evidenciar se uma doação é condicional ou não, com restrição permanente ou temporária, a mudança na classificação deve ser acompanhada do registro contábil. Assim, quando a entidade cumpre as determinações do termo de doação com restrição temporária, a Contabilidade deve fazer a reclassificação do bem.

Outro problema ocorre com a doação condicional e o instante em que se deve reconhecer a doação. A análise de cada caso poderia determinar esse instante. Uma alternativa é considerar o momento em que a doação estiver sendo usada pela entidade do terceiro setor para a finalidade à qual foi destinada. Um posicionamento conservador é considerar a doação como condicional até o instante em que a condição tenha sido realizada.

---

[2] Essa visão foi dada pela ASU 2016-14 do Fasb – *Not-for-Profit Entities (Topic 958): Presentation of Financial Statements of Not-for-Profit Entities.*

ANTES DE PROSSEGUIR

Você seria capaz de dizer a razão da existência da doação condicional? Para uma entidade que recebe, qual a melhor forma de doação?

Serviços voluntários

Os **serviços voluntários** são resultantes do trabalho de voluntários, que geralmente ou não cobram pelo serviço ou cobram um valor abaixo do mercado. Um contador que faz a contabilidade de uma entidade do terceiro setor e não cobra pelo trabalho presta um serviço voluntário. Nessa situação, se não houvesse o serviço voluntário, a entidade deveria arcar com a despesa contratando um profissional do mercado.

Pela descrição apresentada, é natural que se possa considerar o serviço voluntário como uma doação. Nesse caso, em lugar de receber um ativo, a entidade recebe a prestação de serviço como doação, mesmo que exista pagamento simbólico para o prestador de serviço. Em tais situações, o valor da doação corresponde à diferença entre o valor de mercado da mão de obra e o valor cobrado pelo prestador de serviço. Considere o exemplo do marceneiro que prestou um serviço, cobrando R$ 40,00. Por esse serviço, seria cobrado no mercado o valor de R$ 140,00. A diferença entre os valores seria o valor da doação.

Relação com o doador

Um aspecto crucial para a entidade do terceiro setor é a relação da entidade com o doador, atual ou potencial. Um aspecto importante a ser destacado é que a busca da doação implica esforço por parte da entidade em captar recursos. Um exemplo disso são as campanhas de arrecadação, comuns no setor, quando é realizado um grande esforço para incrementar a doação. Tal esforço pode significar despesas, que podem assumir diferentes formas: pagamento de propaganda, gastos com pessoal, contratação de empresa de telemarketing, entre outras.

Para o doador, é importante saber qual a relação existente entre o volume de doação e o esforço realizado nesse sentido. Em geral, tal relação é obtida mediante a relação entre receita de doação e despesa administrativa. Trata-se de um índice de eficiência, pois mede o potencial de arrecadação da entidade.

Quando o doador representa uma grande parcela dos recursos arrecadados pela entidade, o detalhamento da informação contábil poderá ser maior para esse usuário.

Em alguns casos específicos, quando existe um conjunto bem distinto de projetos, é possível adotar uma contabilidade específica para cada projeto. Nesse caso, as doações de um projeto poderão estar segregadas, assim como o desempenho social em cada projeto.

O mesmo vale para os casos das **parcerias**. Essas parcerias podem ocorrer quando duas ou mais entidades reúnem-se para implantar um projeto. Na parceria, é definida a participação de cada entidade, incluindo sua responsabilidade. Nesse caso, os recursos das parcerias devem ser contabilizados em separado, para possibilitar seu melhor controle.

A Contabilidade separada dá ensejo à possibilidade de uso da **teoria do fundo**, que já foi estudada no Capítulo 8. No passado, o uso dessa teoria na contabilidade do terceiro setor era uma visão comum. Nos dias atuais, todavia, a visão prevalecente é de que existe necessidade de aproximar da contabilidade financeira, não se considerando essa teoria para fins do terceiro setor.

> **Objetivo 3:** A contabilização da gratuidade

GRATUIDADE

A doação representa tipicamente o lado da receita numa entidade do terceiro setor. Já a gratuidade corresponde à prestação de serviço de interesse da sociedade. Considere o caso de um hospital; o atendimento a um paciente sem condições financeiras corresponde a gratuidade. No caso de uma escola, a bolsa de estudos fornecida pela instituição é a sua gratuidade.

A gratuidade, na sua forma mais pura, está associada à entrega de produtos ou serviços pela entidade do terceiro setor sem que exista uma contrapartida financeira do beneficiário.

Uma primeira questão para a teoria contábil é saber se deve ser feito o registro de algo que não possui valor explicitamente associado. Por exemplo, devem-se registrar as despesas de um paciente que é atendido num hospital filantrópico, mas que usa os serviços de internação, medicamentos, médicos, enfermeiras e outros?

Definimos despesa, no Capítulo 8, como *decréscimos nos benefícios econômicos sob a forma de redução de ativos ou aumento de passivos, que não se confundem com os que resultam de distribuição aos proprietários da entidade*. Analisando essa definição, é possível constatar que a gratuidade corresponde a uma despesa.

Dois problemas surgem com a gratuidade. O primeiro é a falta de associação com a geração de receita. Usualmente, a despesa está associada ao esforço de gerar receita, o que não é o caso da gratuidade. Isso cria um problema com a determinação do momento em que se deve fazer o seu reconhecimento. Num hospital com fins lucrativos, o registro da receita com um cliente deve estar acompanhado pelo registro do esforço realizado para sua geração, conforme estudamos no Capítulo 9. Já num hospital que atende gratuitamente seus pacientes, não existe receita para que seja feita a confrontação com a despesa. Em tal situação, o usual é adotar como critério o consumo do ativo na geração da gratuidade. Ou seja, o atendimento do paciente gera a despesa de gratuidade.

O segundo problema é que a gratuidade não explicita um valor para ser registrado por parte da Contabilidade. Para o usuário da Contabilidade de uma entidade do terceiro setor, é importante conhecer o impacto da gratuidade e da própria contribuição da entidade para a sociedade. Assim, a informação de que um hospital atendeu 100 pacientes talvez não tenha muito significado para o usuário. Mas informar que os atendimentos gratuitos correspondem a certo valor de gratuidade é relevante.

Existem várias possibilidades de determinar o valor da gratuidade. O mais recomendado é usar como parâmetro o valor que o beneficiário pagaria por um serviço de igual qualidade. Assim, o hospital que atendeu 100 pacientes poderia mensurar o valor do atendimento por meio de uma pesquisa sobre o preço cobrado no mercado para cada um dos tratamentos médicos realizados.

Nesse sentido, é possível questionar se existiria gratuidade no serviço ou produto que é cobrado. O termo *gratuidade* está associado na língua portuguesa a algo de graça. Entretanto, em algumas situações, uma entidade do terceiro setor disponibiliza um produto ou serviço por preço abaixo do mercado. Situação comum é uma escola que fornece bolsa parcial de estudos para alunos carentes. Nessa situação, a diferença entre o valor pago pelo aluno e o valor de mercado da mensalidade, geralmente, seria uma gratuidade?

A resposta a tal pergunta pode ser encontrada nas razões pelas quais uma entidade do terceiro setor fornece produto ou serviço por preço abaixo do mercado. Uma delas é cobrir parte das necessidades de recursos, evitando comprometer o volume recebido em doação e aumentando o número de pessoas que serão beneficiadas pela política social da entidade. Outra razão para se cobrar é econômica, como forma de reduzir o consumo excessivo do produto ou serviço por parte do beneficiado, mesmo que se cobre um preço simbólico por isso.

Assim, a gratuidade, no presente contexto, não pode estar associada à não cobrança e sim à existência de um benefício social, mesmo que sob a forma da cobrança por um valor subsidiado. E o valor a ser contabilizado deverá ser aquele que representa a diferença entre o preço de mercado pelo bem similar e o valor cobrado pela entidade.

De qualquer forma, fica claro que, para a apuração do valor da gratuidade, é necessário que a entidade possua uma Contabilidade que apure os custos de cada atividade ou produto de forma adequada, incluindo aqui o cálculo da depreciação. Esse é um problema comum nas entidades, que não costumam fazer tal cálculo.

> **Objetivo 4:** Relação com o poder público

RENÚNCIA FISCAL

Em razão de sua atuação, o terceiro setor possui um conjunto de normas e leis que procuram delimitar sua ação e impedir que seu propósito seja desvirtuado. Mais do que isso, algumas dessas regras têm por finalidade incentivar as entidades que atuam no setor.

Um aspecto importante na gestão financeira de uma entidade do terceiro setor é a renúncia fiscal de tributos por parte do setor público. Como forma de incentivar a atuação do terceiro setor na sociedade, é usual que o setor público reduza ou elimine a carga tributária dessas entidades. Tais incentivos podem incluir a imunidade e a isenção. A *imunidade* é proveniente da constituição e tem o caráter permanente, não existindo a obrigação tributária. A *isenção* é temporária, proveniente de lei menor, e pode ser provisória.

Geralmente, para obter esses benefícios, a entidade deve provar certos quesitos, como o seu caráter assistencial. Em alguns casos, o governo estipula certos requisitos de desempenho, como um percentual de aplicação em gratuidade sobre o valor total das receitas. Trata-se de uma função importante da Contabilidade: comprovar se a entidade atende aos requisitos exigidos pelo Poder Público.

Uma situação típica ocorre com o Certificado de Entidade Beneficente de Assistência Social, título previsto na Lei nº 12.101/2009. Esse certificado permite redução da contribuição patronal da previdência social e, para obtê-la, a entidade deve atender a uma série de quesitos, inclusive alguns que dependerão da mensuração contábil.

Posição do Conselho Federal de Contabilidade

O CFC tem uma proposta mais avançada: a evidenciação do valor da renúncia fiscal no terceiro setor. A proposta do Conselho é que o registro permita a divulgação dos benefícios recebidos pelas entidades; para esse registro, considera-se como se existisse a obrigação tributária e previdenciária. Assim, quando do encerramento do exercício, seria realizada a contabilização do Imposto de Renda, por exemplo, como se existisse tal despesa, com a contrapartida no passivo, em renúncia fiscal, em razão da isenção ou remissão (CFC, 2015). Além disso, a sugestão faria com que se o passivo aumentasse de forma contínua, sem que efetivamente existisse endividamento.

Uma possível solução para a evidenciação do volume de renúncia fiscal é a informação em notas explicativas de cada entidade, sem a necessidade do registro contábil.

De qualquer forma, esse é um problema importante para a Contabilidade brasileira. Alguns escândalos contábeis ocorridos no Brasil têm sua origem em entidades do terceiro setor. Certas entidades conseguem cumprir os requisitos legais para obter benefícios públicos sem de fato merecerem.

Iasb

É importante notar que o International Accounting Standards Board possui norma sobre a contabilização de **subvenções oficiais e assistência governamental**, a International Accounting Standards (IAS) 20 que no Brasil foi traduzida como CPC 07 – Subvenção e Assistências Governamentais. Essa norma internacional de Contabilidade (NIC) entrou em vigência no ano de 1984 e estabelece política para registro de subvenções oficiais e outras formas de assistência governamental. Apesar de não estar associada a uma entidade sem fins lucrativos, a NIC trata de um assunto importante para o terceiro setor.

A NIC 20 recomenda que as subvenções oficiais sejam registradas somente quando existir garantia razoável de que a entidade irá cumprir as exigências para o seu recebimento. Existe uma tendência a usar o valor de mercado para a mensuração das subvenções, muito embora não seja recomendável contabilizar diretamente no patrimônio líquido (ou social, no caso do terceiro setor), ao contrário do que defende o CFC.

As subvenções vinculadas aos ativos depreciáveis devem ser reconhecidas como receitas no exercício, e na proporção usada para depreciar os ativos. As subvenções recebidas de forma condicional, exigindo cumprimento de certas obrigações, devem ser consideradas como receitas quando ocorrerem os gastos necessários para se cumprir a condição exigida pelo governo. Assim, se o governo doa um terreno condicionado à construção de um edifício no local, essa subvenção será considerada receita durante o prazo de vida útil do edifício.

É importante destacar que o Iasb possui somente uma norma (*standard*) para o terceiro setor, o já citado IAS 20, indicando o foco dessa entidade nas empresas. Já o Fasb, regulador contábil dos Estados Unidos, possui comitê para o setor sem fins lucrativos, o Not-For-Profit Advisory Committee (NAC), cujas normas integram as Accounting Standards Updates (ASU), conforme destacado no Capítulo 3. Esse comitê foi estabelecido em outubro de 2009 e auxilia o Fasb no que diz respeito às entidades sem fins lucrativos.

ANTES DE PROSSEGUIR

Em sua opinião, como a Contabilidade poderia ajudar na melhor gestão dos recursos financeiros do terceiro setor?

EXERCÍCIOS

1. Um dos aspectos mais sensíveis de uma administração de entidade do terceiro setor é a gestão da sua liquidez. De um lado, a entidade deve ter recursos suficientes para garantir seu funcionamento para os próximos meses, indicando para a sociedade que é possível manter os seus programas sociais. É bom lembrar que parte das despesas são fixas. Por outro lado, muito recurso disponível pode sinalizar que a entidade não tem necessidade de receita, reduzindo as doações. Como uma entidade do terceiro setor por resolver tal dilema?

2. Ainda com respeito ao aspecto discutido na questão anterior, muitas entidades possuem diversos programas sociais. Discuta a melhor evidenciação para a sociedade do desempenho de cada programa.

3. Dahiya e Yermack (2019) estudaram as entidades sem fins lucrativos dos Estados Unidos (quase 30 mil entidades) e verificaram que o desempenho das aplicações dos recursos situa-se abaixo dos índices de ações e títulos do governo. Discuta as possíveis razões para esse desempenho.

4. A entidade Raríssimas atua em Portugal e está voltada para doenças raras. Em 2017, tornou-se público que a presidente da entidade recebia um salário de 3 mil euros mensais, além de ajudas de custo (€ 1.300) e outros benefícios (mais de € 3 mil). Além disso, ela fazia compras com o cartão de crédito da associação. Quais os efeitos desse tipo de denúncia sobre o futuro de entidade sem fins lucrativos? Como isso poderia ser informado para os doadores?

5. Em termos históricos, as entidades do terceiro setor foram pioneiras em evidenciação contábil no Brasil. Em 1812, a Livraria Publica divulgou no jornal *Idade D'Ouro* suas informações de receitas e despesas, com uma linha de recebimento dos doadores, outra de despesa de salários, outra de compras e a última de despesas diversas. A diferença entre receitas e despesas foram denominadas "balanço em dinheiro efetivo". No ano seguinte, o Theatro São João também divulgou suas informações. Em 1814, foi a vez do Hospital da Misericórdia, com informações trimestrais, incluindo o número de doentes e uma espécie de relatório da diretoria. Você saberia dizer o que justifica esse pioneirismo?

6. Um relatório sobre a Contabilidade de uma entidade apresentou a seguinte informação:

    A contabilidade não tem uma política unificada. Os relatórios anuais não são divulgados, diferentes departamentos usam diferentes princípios contábeis, as informações são inconsistentes e não comparáveis. O orçamento não existe e despesas não são detalhadas. Existe uma grande quantidade de ativos que não estão no balanço (ROCCA, 2016).

    Este é o relato das finanças da Igreja Católica. Você acredita que a contabilidade é relevante para uma entidade do terceiro setor?

7. Freire (2015) estudou as prestações de contas das paróquias da Arquidiocese de Natal, comparando-as com as exigências do CFC. Ela constatou que a maioria dos registros não atendia aos procedimentos da escrituração contábil, existindo problemas de uniformidade na denominação das contas. Como esse tipo de problema pode ser resolvido?

8. Sobre a mensuração do desempenho do terceiro setor, pode-se mensurar o valor do trabalho voluntário – trabalho feito por pessoas que não recebem, ou recebem um valor irrisório, da entidade – e as isenções fiscais usufruídas. Qual o sentido de fazer a evidenciação dessa informação?

9. Uma pesquisa com entidades do terceiro setor descobriu que o volume de erros contábeis é muito maior que o das empresas com ações em bolsa e empresas com tamanhos similares (BURKS, 2015). São muito comuns a omissão de alguma informação e as deficiências no controle interno. Qual seria a contribuição desse tipo de estudo para as entidades?

10. A Caixa de Socorros D. Pedro V foi fundada em 1863 por portugueses e descendentes que residiam no Brasil. Em 1896, a entidade publica um relatório de contas com 82 páginas, contendo o histórico das receitas e despesas desde sua fundação. Em certo trecho do parecer do conselho fiscal, comenta-se sobre o patrimônio, afirmando que está no balanço por um valor (pelo qual "foi adquirido") e que "*sem exagero vale hoje mais do dobro*". Em outro trecho, afirma-se que a entidade conseguiu obter matrículas gratuitas em uma escola durante anos, por meio de um conselheiro, e que o valor dessas matrículas foi mensurado. Em termos atuais, como seria a mensuração do imóvel, cujo valor "sem exagero vale hoje mais do que dobro"? E o valor das matrículas gratuitas?

11. Uma entidade do terceiro setor possui ativo intangível? Inclui marca? Como isso afetaria o desempenho da entidade?

REFERÊNCIAS

BURKS, J. Accounting errors in nonprofit organizations. *Accounting Horizons*, v. 29, n. 2, p. 341-361, June 2015.

CONSELHO FEDERAL DE CONTABILIDADE – CFC. *Manual de procedimentos para o terceiro setor*. Brasília: CFC, 2015.

DAHIYA, S.; YERMACK, D. Investment returns and distribution policies of non-profit endowment funds. *NBER*, n. 24323, 2019.

FREIRE, A. M. *Escrituração contábil e uniformidade das contas no processo accountability: um estudo nas igrejas católicas da arquidiocese de Natal/RN*. 2015 Dissertação (Mestrado) – Pograma Multi-institucional e Inter-regional de Pós-graduação em Ciências Contábeis, Universidade Federal do Rio Grande do Norte; Universidade Federal da Paraíba; Universidade de Brasília, Natal, 2015.

ROCCA, F. The trials and tribulations of Vatican's Finance Chief. *The Wall Street Journal*, 7 Sept. 2016.

12
LEASING[1]

> **OBJETIVOS DO APRENDIZADO**
>
> Ao final deste capítulo, você conhecerá:
> 1. A contabilização do *leasing* segundo as normas internacionais de Contabilidade com as recentes mudanças introduzidas pela IFRS 16.
> 2. A contabilização do *leasing* segundo a US GAAP.
> 3. As alterações introduzidas pelas Leis nº 11.638/2007 e nº 11.941/2009 e pela norma CPC 06 (R2).

INTRODUÇÃO

As operações de *leasing* podem ser definidas como transações celebradas entre o proprietário de determinado bem, denominado **arrendador**, que concede o uso desse bem a um terceiro, conhecido como arrendatário, por certo período de tempo, estipulado num contrato. Ao final desse prazo, o arrendatário tem a opção de adquirir o bem, devolvê-lo ou prorrogar o contrato.

A legislação brasileira utiliza o termo *arrendamento mercantil*. Neste capítulo, usaremos o anglicismo *leasing*, por ser de uso técnico corriqueiro.

O termo *leasing* apresenta desafios para a teoria da Contabilidade no que diz respeito ao seu reconhecimento (como "dentro" ou "fora" do balanço) e à sua mensuração (como aluguel ou financiamento).

Os principais organismos normatizadores – Financial Accounting Standards Board (Fasb) e International Accounting Standards Board (Iasb) – alinharam-se inicialmente na classificação dos arrendamentos em duas modalidades:

- Financeira, em que o bem arrendado deve ser capitalizado como ativo pelo arrendatário enquanto o arrendador ativa o direito a receber, oriundo do contrato no balanço.
- Operacional, em que o arrendatário trata a operação semelhantemente ao aluguel, levando a resultado as contraprestações devidas, e o arrendador capitaliza o bem com seu imobilizado.

---

[1] Este capítulo contou com a participação da pesquisadora Nyalle Barboza Matos.

No entanto, ao longo dos últimos anos, após quase 20 anos de discussão e pesquisa, que contaram inicialmente também com a participação do Fasb, o Iasb editou sua norma International Financial Reporting Standards (IFRS) 16 com significativa alteração para o arrendatário, eliminando a antiga classificação em financeiro e operacional, e a consequente capitalização de todos os arrendamentos no balanço patrimonial.

> **Objetivo 1:** Leasing segundo as normas internacionais

CONTEXTUALIZAÇÃO – MUDANÇAS INTRODUZIDAS PELA IFRS 16

A contabilização das operações de *leasing* apresentou mudanças radicais na estrutura contábil das sociedades arrendatárias por meio da IFRS 16, que entrou em vigor em janeiro de 2019, em substituição à norma International Accounting Standards (IAS) 17.

Em termos nacionais, foi editado o Pronunciamento Técnico CPC 06 (R2) pelo Comitê de Pronunciamentos Contábeis, acompanhando as normas internacionais de Contabilidade, documento que também passou a vigorar em 2019.

Segundo os representantes do Iasb, uma das justificativas para se pensar em mudanças na norma é que as empresas listadas nas bolsas que adotam IFRS ou United States' Generally Accepted Accounting Principles (US GAAP) detêm, aproximadamente, U$ 3,3 trilhões em obrigações decorrentes de arrendamento e 85% delas como "itens fora de balanço", o que conduz a uma posição financeira enganosa para os usuários das informações.

Para demonstrar esse impacto de forma mais robusta, o Iasb elaborou um documento denominado "Análise de Efeitos" (*Effects Analysis*), em que se realizou um estudo com mais de 1.500 empresas localizadas em todo o mundo para avaliar os custos e benefícios e para estimar o impacto nas demonstrações contábeis, constatando que a sua aplicação não é uniforme em todos os setores. Segundo esse estudo, o impacto maior deverá ocorrer no setor aéreo, que deverá reconhecer um acréscimo de 22% nos passivos dessas companhias (IASB, 2016).

Principais motivações para a mudança da IAS 17 para IFRS 16

Conforme os requisitos da norma anterior (IAS 17), existia a obrigatoriedade de que arrendatários e arrendadores classificassem a operação, semelhantemente ao modelo norte-americano, em financeiro e operacional, com diferentes formas de reconhecimento e mensuração. No entanto, essa distinção não atendia às necessidades dos investidores que precisavam ajustar as demonstrações financeiras das entidades arrendatárias para incluir os ativos e passivos omitidos quando o modelo era operacional (que se encontravam "fora de balanço"). Com esse balanço "ajustado", os usuários recalculavam os principais indicadores econômico-financeiros para seu processo de tomada de decisão. No entendimento do Iasb, após inúmeras pesquisas realizadas, concluiu-se que a essência do *leasing* "financeiro" poderia estar sendo mal interpretada pelos preparadores de balanço (ou, eventualmente, com intenção de melhorar seus indicadores segundo nosso entendimento), causando distorções nos indicadores e, podendo trazer como consequência uma interpretação enganosa acerca da saúde financeira das empresas.

Nesse contexto, após análise das cartas-comentário enviadas por diferentes usuários (profissionais, acadêmicos, contadores, auditores, entre outros), constatou-se que muitos deles capitalizavam bens arrendados enquadrados como *leasing* operacional, porque, na visão desses usuários, tais bens também deveriam estar refletidos nas demonstrações financeiras. Esse procedimento apresentava limitações e dificuldades práticas, pois não era possível estimar com razoável confiança o valor presente dos pagamentos futuros de arrendamento, visto que as informações disponíveis nas notas explicativas não eram suficientes para esse recálculo e poderiam criar informações assimétricas no mercado (IASB, 2016).

Impactos no arrendatário segundo a IFRS 16

A nova norma será obrigatória apenas para os novos contratos de arrendamento, não sendo necessário que as empresas reavaliem ou ajustem os contratos já existentes. A abordagem contábil da empresa arrendatária implica o reconhecimento de dois itens principais: um ativo ("direito de uso") e a contrapartida de um passivo de arrendamento.

Por outro lado, em resposta às preocupações manifestadas sobre o custo e a complexidade, a norma não exige que a arrendatária reconheça como ativo e passivo transações que:

- sejam de baixo valor (computadores, móveis de escritório), inferior a U$ 5.000,00 (transações tratadas como aluguel);
- tenham prazo de até 12 meses, ou seja, itens considerados de curta duração.

Reconhecimento e mensuração do arrendatário

Nos novos requisitos da IFRS 16, é preciso inicialmente refletir se o contrato é ou contém um arrendamento. Para que um contrato seja reconhecido como de arrendamento, devem-se observar simultaneamente as seguintes condições: o contrato deve possuir um ativo identificado, deve haver transferência dos benefícios econômicos para o arrendatário e, finalmente, o gerenciamento do uso do ativo deve ser exercido pelo arrendatário.

Para ser considerado um ativo identificado, o bem deve ser explicitamente especificado no contrato ou implicitamente quando da entrega ao arrendatário de duas formas: quando puder ser fisicamente separado de quaisquer outros componentes ou quando representar substancialmente a capacidade total do ativo. Sob esse aspecto, serão separados os contratos de *leasing* daqueles que venham a requerer a identificação da capacidade total do ativo disponibilizado ao cliente. Em nosso entendimento, no Brasil não teremos esse problema de identificação, porque todos os contratos de arrendamento mercantil devem evidenciar obrigatoriamente a identificação e a descrição do bem objeto do contrato, segundo o Banco Central. Caso não houvesse essa obrigatoriedade nas normas brasileiras, poderia haver necessidade de julgamento para determinar se é arrendamento ou não.

Em segundo lugar, e provavelmente mais importante, deve ocorrer a efetiva transferência dos benefícios econômicos para o arrendatário; esse pré-requisito é essencial para que haja o enquadramento do bem como ativo, segundo a estrutura conceitual. Sob esse aspecto, serão separados os contratos de *leasing* de simples prestação de serviços, em que não se dá substancialmente a transferência dos benefícios econômicos, que não são usufruídos pelo arrendatário. Por exemplo, se o arrendador tiver poder substantivo para substituir um ativo identificado durante o prazo de arrendamento, a entidade não terá controle sob o ativo, o que não configura um contrato de *leasing*, na medida em que é o arrendador que usufrui do benefício de substituição.

Por último, o requisito de ter o arrendatário direito de gerenciar o uso de um ativo identificado no período de vigência do contrato e quando as decisões relevantes para o seu uso são predeterminadas no contrato (sem que o arrendador tenha direito de alterar essas decisões). Esse direito de gerenciar o uso do ativo correlaciona-se com a transferência de benefícios econômicos para o arrendatário, e com a ideia de controlá-los.

Satisfeitas essas três etapas, o contrato é identificado como *leasing*; avançamos então para aspectos relevantes da mensuração inicial e subsequente dos ativos e passivos financeiros decorrentes do contrato.

O primeiro passo é mensurar o passivo de arrendamento, na data de início (data em que o ativo é disponibilizado para uso), ao valor presente dos pagamentos descontados usando a taxa implícita de juros (se esta puder ser determinada imediatamente). Se essa taxa não puder ser determinada imediatamente, o arrendatário utilizará a taxa incremental, que equivale à taxa de juros praticada no mercado em empréstimos em condições similares ao arrendamento.

Para definir o prazo de arrendamento, os preparadores das demonstrações contam com certo grau de subjetividade para determiná-lo. A norma afirma:

> uma entidade determinará o prazo de arrendamento como o prazo não cancelável de contrato, juntamente com os períodos cobertos por uma opção de prorrogar o arrendamento se a arrendatária estiver razoavelmente certo de exercer essa opção; e os períodos cobertos por uma opção de rescindir o arrendamento se a arrendatária estiver razoavelmente certa de não exercer essa opção (IASB, 2016).

Portanto, entende-se que é requerido da arrendatária um julgamento do que seja essa razoável certeza, embora seja mencionado no documento *Basis for Conclusions*

(IASB, 2016b), que se devem considerar fatos e circunstâncias relevantes que levem a empresa arrendatária a perceber que o prazo pode se estender ou não, avaliando o custo-benefício de não prorrogar o prazo de arrendamento.

Reconhecimento e mensuração do arrendador

Como já foi dito, a Contabilidade do arrendador permanece similar ao IAS 17, em que o arrendador classifica um arrendamento como financeiro ou operacional. O conceito aplicado também segue a lógica em que arrendamentos que transferem todos os riscos e benefícios são arrendamentos financeiros, e todos os outros que não se encaixam nessa transferência de risco são operacionais.

A principal diferença entre os dois modelos é que, nas modalidades de *leasing* operacional, o arrendador continua a reconhecer o ativo subjacente e não reconhece um ativo financeiro pelo seu direito de receber pagamentos do arrendamento. Diferentemente do modelo contábil da arrendatária, em que há subjetividade desde o momento de reconhecer os contratos que são ou não *leasing*, avaliar o prazo do contrato e definir a taxa, os arrendadores não alteram suas avaliações iniciais do prazo de arrendamento e das opções de compra. Arrendadores e arrendatários usam a mesma orientação para determinar o prazo sobre a razoável certeza de opções de compra. O problema é que, diferentemente dos arrendatários, os arrendadores não alteram o prazo (Quadro 12.1).

Quadro 12.1 Duplo modelo contábil do arrendador e seus reflexos nas demonstrações

Demonstração contábil	Arrendamento financeiro	Arrendamento operacional
Posição financeira	• Desreconhece o ativo subjacente • Reconhece um recebível de arrendamento	• Continua a apresentar o ativo subjacente • Adiciona custos diretos relativos ao arrendamento para o valor do ativo subjacente
Desempenho financeiro	• Reconhece a receita financeira com base na taxa efetiva • Receita com base no menor entre o valor justo do ativo e o valor presente do arrendamento • Custo de venda com base no valor contábil do ativo menos o valor presente do valor residual não garantido	• Reconhece a receita do arrendamento durante o prazo do arrendamento, em base linear • Reconhece as despesas relacionadas com o ativo – depreciação

Fonte: Matos e Niyama (2018).

Quanto aos requisitos de divulgação, a norma traz também um aumento substancial da quantidade de informações divulgadas pelos arrendadores. Nesse caso, o modelo de divulgação permanece segregado de acordo com a modalidade de *leasing*. Para arrendamentos operacionais, os arrendadores divulgarão: receita de arrendamento relativa aos pagamentos variáveis que não dependem de um índice ou uma taxa; análise detalhada dos vencimentos e divulgações referentes a reavaliação dos ativos. Para arrendamentos financeiros, os requisitos são maiores: lucro ou prejuízo na venda; receita financeira no investimento líquido; receita financeira de arrendamento dos pagamentos variáveis; alterações significativas no valor contábil do investimento e análise dos vencimentos dos pagamentos a receber.

ANTES DE PROSSEGUIR

Esclarecendo algumas dúvidas:

Para o arrendatário:

1. A segregação do *leasing* em financeiro e operacional é mantida para o arrendatário ou não?

   Não há mais a segregação/classificação do *leasing* como financeiro e operacional, devendo, como regra geral, ser capitalizado como ativo da arrendatária em contrapartida a um passivo, se atendidos três requisitos: ativo identificado, transferência dos benefícios econômicos à arrendatária e controle e gerenciamento do uso do bem arrendado pela arrendatária.

2. Opção de compra a um valor simbólico representa, ainda, base para a classificação do *leasing* como financeiro ou operacional?

   Não há mais essa classificação; logo, a existência de valor residual, base para a opção de compra a valor simbólico, não influencia a capitalização do bem arrendado.

3. A existência de prazo contratual próximo ao prazo de vida útil representa, ainda, base para a classificação do *leasing* como financeiro ou operacional?

   Esse quesito tinha por objetivo verificar se o bem arrendado seria pago mais de uma vez ou única vez (o que configuraria um financiamento). O Fasb mantém o percentual de 75%. Não há mais essa classificação, logo, não exerce influência.

4. O valor presente dos pagamentos de *leasing* representa, em essência, o valor justo do bem arrendado?

   No Fasb, representa ainda 90% do valor justo. Esse quesito tinha por objetivo verificar se os pagamentos eram suficientes para quitar o bem arrendado. Logo, era financiamento. Não há mais essa classificação, logo, não exerce influência.

5. Então, todos os contratos de *leasing*, independentemente da classificação como financeiro ou operacional, devem ser capitalizados pelo arrendatário?

   Sim, desde que atendam aos três requisitos mencionados em 1, mas essencialmente à condição de controle e de "obtenção de benefícios futuros". Os que não atenderem a tais requisitos não devem ser capitalizados na arrendatária, e, sim, na arrendadora.

6. A nova norma apresenta maior grau de subjetividade em relação à anterior?

   É importante enfatizar que o modelo único de contabilização do *leasing* envolve certo grau de subjetividade na interpretação dos termos da norma e requer um julgamento profissional cuidadoso em muitos de seus requisitos. Por exemplo, cabe ao profissional reunir informações verificáveis e exercer seu julgamento para determinar se o contrato é ou contém *leasing*; identificar e separar os componentes de *leasing* dos componentes de não *leasing*; determinar o prazo de arrendamento (que inclui a "razoável certeza" de que a arrendatária vá prorrogar o contrato ou rescindi-lo).

7. A normatização contábil mantém a abordagem por princípios ou passa a adotar a abordagem por regras?

    O julgamento é baseado não em como os procedimentos contábeis devem ser feitos, mas em como deveriam ser feitos, à luz da normatização baseada em princípios e não em regras.

8. Como fica a questão da prevalência da essência sobre a forma?

    A questão da essência sobre a forma, em que a classificação do *leasing* era feita, se financiamento ou aluguel, deixa de ter importância para a arrendatária, mas continua na arrendadora. Segundo alguns pesquisadores, a discussão da essência sobre a forma não está mais vigente na classificação em financeiro ou em operacional (porque ela deixou de existir), mas na identificação de um contrato como arrendamento ou não, avaliando, à luz da essência sobre a forma, se existe a transferência de benefícios econômicos futuros e se há controle sobre o bem objeto de arrendamento.

Para o arrendador

1. Por que modelo único para arrendatário e duplo para arrendador?

    De acordo com as cartas-comentários analisadas no *Basis for Conclusions*, os usuários estão preocupados com a inconsistência de um modelo duplo para os arrendadores e um modelo único para os arrendatários. Isso pode ser percebido quando o arrendatário reconhece um ativo de direito de uso e um passivo e o arrendador continua a reconhecer o ativo subjacente e não reconhece nenhum ativo financeiro pelo direito de receber os pagamentos. Em termos de teoria contábil, reconhecidamente, entendemos que não é uma boa solução.

2. À luz da teoria da Contabilidade, faz sentido a ausência de simetria nos balanços do arrendatário e do arrendador?

    Sobre essa falta de simetria, pode-se afirmar, com base na análise da seção intitulada "Opiniões Divergentes" do *Basis for Conclusions*, que foi o ponto mais citado (criticado) pelos usuários nas cartas-comentários. Na opinião da maioria, "um arrendador deveria reconhecer um recebível de arrendamento e um ativo residual para todos os arrendamentos para os quais uma arrendatária reconhece um passivo de arrendamento e um ativo de direito de uso". Acredita-se, também, que é conceitualmente inconsistente exigir-se um único modelo de contabilização para arrendatários e duplo modelo de contabilização para arrendadores.

3. Os balanços do arrendatário e do arrendador atendem à característica qualitativa de "representação fidedigna" ao mesmo tempo?

    Essa dupla contabilização de um mesmo bem em dois balanços diferentes gera, então, uma controvérsia para o reconhecimento de ativos, que deveria ser feito usando a mesma lógica conceitual, respeitando a representação fidedigna para o reconhecimento dos itens do balanço. Essa representação fidedigna dos elementos contábeis exige, também, o conceito de *True And Fair View*, que preceitua que, nas demonstrações financeiras, deve prevalecer uma visão verdadeira e justa da situação econômico-financeira do negócio e dos resultados, inclusive sobre os eventuais dispositivos legais e normativos (DANTAS et al., 2010). Por isso, ainda devem existir muitos questionamentos sobre a possibilidade de a IFRS 16 não resultar na forma mais justa da situação econômica das empresas arrendadoras, por exemplo, que continuam reconhecendo o bem arrendado, mesmo que ele não satisfaça mais o conceito de ativo e, ainda, sem reconhecer o direito de recebimento como ativo financeiro.

> **Objetivo 2:** *Leasing* segundo das normas do Fasb

US GAAP (PRINCÍPIOS CONTÁBEIS GERALMENTE ACEITOS NORTE-AMERICANOS)

Conforme já mencionado, o Fasb participou das discussões iniciais (*Discussion Paper* de 2009) mas, posteriormente, não mais acompanhou as discussões conduzidas pelo Iasb. No entanto, no mesmo ano em que o Iasb editou seu normativo, o Fasb editou a Accounting Standard Codification (ASC) 842, que, diferentemente do organismo internacional, manteve a classificação em dois modelos já consagrados anteriormente, mas incluindo ambos como ativos e passivos, divergindo na forma de apropriação das despesas (no operacional pelo método linear e no financeiro pelo método exponencial). Esse normativo do Fasb entrou em vigor em 2019 para companhias listadas em bolsas, para entidades que tenham emitido títulos negociáveis inclusive em mercado de balcão, e entidades que administrem plano de benefícios a empregados sujeitas à Secutities Exchange Commission (SEC).

Segundo o Fasb, um contrato de *leasing* que transfere substancialmente todos os riscos e benefícios incidentes sobre a propriedade do bem arrendado tem um efeito econômico, para as partes envolvidas, semelhante a uma operação de compra e venda a prazo. Por esse motivo, tal operação deve ser classificada, pelo arrendatário, como *leasing* financeiro. Isso significa que o Fasb determina a contabilização de um ativo pela empresa que fez o *leasing* (arrendatária), mesmo que não tenha, necessariamente, sua propriedade. Isso substitui a noção de ativo atrelada à propriedade por outra que demanda apenas o seu controle, conforme discutido no Capítulo 7. Todos os demais contratos de *leasing* devem ser considerados operacionais.

Para que o *leasing* seja classificado como financeiro, é necessário que ele não seja cancelável (*non-cancelable*), além de atender a pelo menos um dos cinco critérios a seguir no início do *leasing*:

- O *leasing* transfere a propriedade do bem para o arrendatário: se o contrato transfere, automaticamente, a propriedade do bem para o arrendatário, ao final da vigência contratual, naturalmente, não cabe discussão quanto à capitalização do bem arrendado. Trata-se, portanto, de um critério sem controvérsia e de fácil aplicação prática. No Brasil, não temos esse tipo de contrato.

- O *leasing* contém uma cláusula que confere ao arrendatário a possibilidade de comprar o bem arrendado por um valor que é razoavelmente certo que o bem valerá na data de exercício da opção. Não se utiliza mais a expressão *bargain purchase option* prevista no Statement of Financial Accounting Standards (SFAS) 13.
- O prazo do *leasing* cobre a maior parte da vida útil econômica do bem, sem identificar percentual para seu enquadramento. No entanto, ainda se considera razoável verificar se o prazo contratual é igual ou superior a 75% da vida econômica estimada do bem arrendado: justifica-se a classificação do *leasing* como financeiro nesse caso, pois, se o período do *leasing* em relação à vida econômica do ativo for elevado, certamente grande parte dos riscos e benefícios de sua propriedade será transferida para o arrendatário.
- O valor presente dos pagamentos mínimos do *leasing* a serem pagos (nele incluído o valor residual) equivale substancialmente ao valor justo do bem. Igualmente, é razoável avaliar se esse valor presente é igual ou excede a 90% do valor de mercado (*fair value*) do bem arrendado.
- O bem é de natureza especializada e não se espera que venha a ser utilizado por outra empresa ao final do prazo contratual. (Esse critério não estava previsto no SFAS 13, mas foi incluído nesse documento, seguindo a linha do Iasb.)

CONTABILIDADE DA ARRENDADORA

À luz da Teoria da Contabilidade, uma transação entre dois agentes econômicos que se caracterizam como arrendatário e arrendador deve gerar efeitos simétricos entre si, ou seja, o direito de um é a obrigação do outro. Os cinco critérios do Fasb mencionados para a classificação das operações de *leasing* como financeiro ou operacional para os arrendatários também são utilizados pelas sociedades arrendadoras. Além desses, as sociedades arrendadoras devem testar mais dois critérios complementares para enquadramento da operação como *leasing* financeiro:

- Os recebimentos do arrendador representados pelas contraprestações podem ser previamente determinados (*predictable*).
- Não há incertezas significativas em relação a custos adicionais futuros que possam ser incorridos pelo arrendador e não sejam reembolsáveis pelo arrendatário.

Sob a ótica da Contabilidade do arrendador, os contratos de *leasing* poderão receber as seguintes classificações:

- **Leasing tipo venda (*sales-type lease*)**: é o contrato que gera resultado (lucro ou prejuízo) de intermediação ou de fabricação para o arrendador e de juros durante sua vigência. Além disso, deve preencher uma ou mais das características previstas para os arrendatários e todas as previstas para arrendadores. Normalmente, essa modalidade surge quando o intermediário (distribuidor ou negociador) ou o fabricante quer usar o contrato de *leasing* como forma de divulgar seus produtos, servindo como instrumento de propaganda. Esta modalidade não é praticada no Brasil porque, obrigatoriamente, a arrendadora no Brasil tem que ser uma instituição financeira.

- *Leasing* **financeiro direto (*direct financing lease*)**: é o contrato que não gera resultado de intermediação ou de fabricação para o arrendador, porém preenche uma ou mais das características previstas para os arrendatários e todas as previstas para os arrendadores. Por não gerar resultado, o custo ou o custo não depreciado (*carrying amount*) é igual ao valor de mercado (*fair value*) do bem no início do contrato.

- *Leasing* **alavancado (*leveraged lease*)**: é o contrato que se enquadra como *leasing* financeiro direto (arrendador) e *leasing* operacional (arrendatário), envolvendo, no mínimo, três partes: o arrendatário, um financiador de longo prazo e o arrendador (chamado de *equity participant*). Tem como principal característica diferenciadora a utilização de crédito tributário de investimento pelo arrendador. Essa modalidade de *leasing* não é praticada no Brasil.

- *Leasing* **operacional (*operating lease*)**: é o contrato que não se enquadra nas classificações anteriores. Estão incluídos nessa classificação os contratos de *leasing* imobiliário e os contratos que geram lucro de fabricação e intermediação nos quais não ocorre a transferência da propriedade do bem.

> **Objetivo 3:** *Leasing* no Brasil

RETROSPECTIVA HISTÓRICA ANTES DA VIGÊNCIA DAS LEIS Nº 11.638/2007 E Nº 11.941/2009

No Brasil, as operações de *leasing* apresentam características acentuadamente financeiras. Isso significa que a operação representa na sua essência uma transação de venda financiada de um ativo. Tal afirmação é possível pelas seguintes razões:

- Transferência dos riscos e/ou benefícios decorrentes do uso do bem arrendado ao arrendatário.
- Garantia do valor residual, ou seja, um preço mínimo que contratualmente deve ser pago pelo arrendatário ao final do contrato, independentemente de haver ou não exercício da opção de compra.

- Valor residual, base para a opção de compra pelo arrendatário, é significativamente inferior ao valor de mercado do bem, representando usualmente uma parcela simbólica. Dessa forma, na prática, a aquisição do bem pelo arrendatário está assegurada desde o início da vigência contratual.
- Cláusula que permite o pagamento antecipado do valor residual pelo arrendatário, seja à vista ou parcelado. Isso equivale, na prática, a uma intenção implícita do interesse futuro de exercício da opção de compra.

No Brasil, essa modalidade foi regulamentada pela Lei nº 6.099, de 12 de novembro de 1974, com alterações introduzidas pela Lei nº 7.132, de 26 de outubro de 1983, que define o *leasing* como

> o negócio jurídico realizado entre pessoa jurídica, na qualidade de arrendadora, e pessoa física ou jurídica, na qualidade de arrendatária, que tenha por objeto o arrendamento de bens adquiridos de terceiros pela arrendadora, para fins de uso próprio da arrendatária, e que atendam às especificações dessa.

Buscou-se, com isso, especificar as condições que possibilitavam a essa modalidade o benefício do tratamento tributário, sem restringir sua prática fora de tais condições. As principais disposições dessa lei, no que se refere à Contabilidade, são:

- "Serão consideradas como custo ou despesa operacional da pessoa jurídica arrendatária as contraprestações pagas ou creditadas por força do contrato de arrendamento" (art. 11). Este artigo veio proporcionar maior segurança às operações de arrendamento mercantil, permitindo a dedutibilidade fiscal das contraprestações pagas pelo arrendatário.
- "Serão escrituradas em conta especial do livro imobilizado da arrendadora os bens destinados a arrendamento mercantil. [...] Serão admitidos como custo das pessoas jurídicas arrendadoras as cotas de depreciação do preço de aquisição do bem arrendado, calculadas de acordo com a vida útil do bem" (art. 12).

A Portaria do Ministério da Fazenda (MF) nº 140, que entrou em vigor em 28 de julho de 1984 (e ainda permanece em vigor para efeitos fiscais), desafiou o arcabouço da teoria contábil, consagrando, no Brasil, o tratamento contábil do *leasing* com características predominantemente financeiras semelhantes ao aluguel (locação), conforme pode ser constatado a seguir:

- As contraprestações de arrendamento integram o lucro líquido do arrendatário e do arrendador quando exigíveis. Ou seja, a parcela dedutível no arrendatário é tributável no arrendador no mesmo exercício fiscal.
- O bem arrendado integra o ativo permanente do arrendador pelo seu custo de aquisição e as depreciações são registradas mês a mês, segundo a competência. Admite-se a redução de 30% no prazo normal de vida útil do

bem arrendado. Esse incentivo fiscal decorre da percepção de que ninguém cuida melhor de um bem que o proprietário.

- O contrato de arrendamento é refletido no balanço do arrendador como ativo circulante ou como realizável a longo prazo com as contraprestações a receber equivalentes às receitas de arrendamento a apropriar. Isso significa que o valor líquido do ativo será sempre nulo se as contraprestações forem liquidadas pontualmente.
- O prejuízo na baixa do bem arrendado decorrente de opção de compra pelo arrendatário deve ser registrado na conta "Perdas em Arrendamento a Amortizar", no ativo diferido do arrendador, para amortização no seu prazo remanescente da vida útil. (Oportuno lembrar que o ativo diferido foi extinto pela Lei nº 11.941/2009, mas prevalece para efeitos de *reporting* determinados pelo Banco Central do Brasil.)

Contabilização segundo a Lei nº 11.638/2007

A Lei nº 11.638/2007 introduziu uma nova definição de ativo imobilizado em que passa a contemplar, os bens "inclusive aqueles decorrentes de operações que transfiram à companhia os benefícios, riscos e controles desses bens" e, segundo o Pronunciamento Técnico CPC 06, todos os contratos que transfiram os benefícios e os riscos de qualquer ativo, de arrendador para a arrendatário, exigem que o arrendador trate essa operação como financiamento e o arrendatário como uma operação de compra financiada.

Entretanto, o Banco Central não referendou o pronunciamento CPC 06 (pronunciamento específico para o *leasing*), procedimento adotado pela Comissão de Valores Mobiliários, pela Superintendência de Seguros Privados e pelo Conselho Federal de Contabilidade. Ao mesmo tempo, editou a Resolução nº 3617/2008 do Conselho Monetário Nacional, determinando que as sociedades arrendadoras incluam no seu ativo imobilizado os bens objeto de arrendamento mercantil. Isso provocou o surgimento de uma inusitada situação em que o mesmo bem arrendado pode estar refletido no imobilizado tanto do arrendatário como do arrendador.

Segundo o Banco Central, não é possível tratar a operação como financiamento e registrar os créditos a receber em vez da capitalização do bem arrendado no imobilizado do arrendador, porque existe uma expressa previsão legal no artigo 3º da Lei nº 6.099/1974 que determina para as sociedades arrendadoras a obrigação de incluir o bem arrendado no seu imobilizado. E, enquanto esse dispositivo legal não for revogado, tem prevalência sobre a lei societária, de caráter geral.

Contabilização segundo o CPC 06 (R2)

O pronunciamento CPC 06 (R2) é quase uma tradução da IFRS 16, não apresentando diferenças significativas; mas é importante ressaltar que o Banco

Central não homologou o CPC original. Sob a ótica do arrendador, ainda temos um problema não resolvido mencionado anteriormente, qual seja a inclusão dos bens arrendados (todos sem distinção) no imobilizado, em função da exigência prevista na Lei nº 6.099/1974.

EXERCÍCIOS

1. A Lei nº 11.638/2007 passou a considerar o controle e não mais a propriedade do bem como característica de um ativo. Como o bem arrendado sob *leasing* financeiro se enquadra nesse conceito (antes da vigência da IFRS 16)?
2. Com a vigência da IFRS 16 (e a equivalente CPC 06 (R2)), o direito de uso do bem arrendado, no ativo do arrendatário, deve refletir qual valor? O valor justo do bem arrendado, o que corresponda ao valor presente dos pagamentos de *leasing*, ou o da nota fiscal emitida pelo fornecedor?
3. Atualmente, qual o grande conflito na capitalização de ativos segundo a Lei nº 11.638 e a Resolução 3617 do Conselho Monetário Nacional?
4. Com a vigência da IFRS 16, não deverá ser feita a classificação do *leasing* como financeiro e operacional para o arrendatário, mas essa regra fica mantida para o arrendador. Explique se esse fato conflita com os princípios contábeis e fere a assimetria.
5. Em que situações o Iasb permite a não observância das regras previstas na IFRS 16?
6. O Fasb mantém o critério de classificar o *leasing* em financeiro e operacional. No entanto, seguindo a linha do Iasb, determina que os contratos de *leasing* operacional sejam também ativados e passivados, com amortização linear. Comente.
7. Segundo a IFRS 16, há necessidade de julgamento se o contrato contém identificação do ativo arrendado. No Brasil, não teremos esse problema. Por quê?
8. O direito de uso do ativo no arrendatário deve ser objeto de depreciação?
9. O principal impacto da IFRS 16 reside nas companhias aéreas. Por quê?

REFERÊNCIAS

DANTAS, J. A.; RODRIGUES, F. F.; NIYAMA, J. J.; MENDES, P. C. M. Normatização contábil baseada em princípios ou em regras? Benefícios, custos, oportunidades e riscos. *Revista de Contabilidade e Organizações*, v. 4, n. 9, p. 3-29, 2010.

IASB. *IFRS 16 – Leases*. 2016a. Disponível em: https://www.ifrs.org/-/media/project/leases/ifrs-published-documents/ifrs16-effects-analysis.pdf.

IASB. *Basis for Conclusions on IFRS Leases*. 2016b. Disponível em: https://library.croneri.co.uk/cch_uk/iast/ifrs16-basis-201601#toc-1.

MATOS, N. B.; NIYAMA, K. K. IFRS 16 – Leases: desafios, perspectivas e implicações à luz da essência sobre a forma. *REPeC*, Brasília, v. 12, n. 3, art. 3, p. 323-340, jul./set. 2018.

NIYAMA, J. K. *O tratamento contábil do leasing nas demonstrações financeiras das sociedades arrendadoras*. 1982. Dissertação (Mestrado) – FEA/USP, São Paulo, 1982.

NIYAMA, J. K. O leasing no Brasil é aluguel? *Revista Brasileira de Contabilidade*, Brasília: CFC, v. 53, 1985.

NIYAMA, J. K. Comparação entre os princípios contábeis dos EUA e Brasil. *Revista da Adeval*, São Paulo: Associação das Empresas Distribuidoras de Valores, v. 114/115, n. 10, 1999.

NIYAMA, J. K. *et al.* Contabilização das operações de leasing. *Revista Contabilidade Vista & Revista*, Belo Horizonte: UFMG, 2003.

NIYAMA, J. K.; GOMES, A. *Contabilidade de instituições financeiras*. São Paulo: Atlas, 2002.

NIYAMA, J. K.; GOMES, A. Contribuição aos procedimentos de evidenciação contábil de instituições do Sistema Financeiro Nacional. *In*: CONGRESSO BRASILEIRO DE CONTABILIDADE, Fortaleza, 1996. *Anais...*

ÍNDICE ALFABÉTICO

A

Abandono da objetividade, 143
Accountability, 28
Accounting
 Principles Board (APB), 54
 Research Division, 54
 Research Study (ARS 3), 128
 Series Release (ASR), 53
 Terminology Bulletins (ATB), 53
Accruals, 197
Acionista, 16
Acordo da Basileia, 171
Administração de resultados, 187
Administradores, influência na contabilidade, 2
Alcance das normas, 36
Análise
 das informações contábeis, 25
 de efeitos, 234
Arrendador, 233
 reconhecimento e mensuração do, 237
Arrendamento
 financeiro, 237
 mercantil, 233
 operacional, 237
Arrendatário, 235
 reconhecimento e mensuração do, 235
Aspecto(s)
 básicos da contabilidade, 54
 jurídicos da contabilidade, 56
 político da contabilidade, 56
Asset-liability view, 137
Assimetria da informação, 13, 14
Assistência governamental, 228
Associação
 direta com a receita, 192
 Interamericana de Contabilidade (AIC), 33
Atividade política, 18
Ativo(s), 127, 214
 como sinônimo de bens e direitos, 130
 conceito de, 129
 contingentes, 133
 críticas à definição do, 134
 definição, 128
 do CPC em 2019, 129
 desvalorizado e reconhecimento, 145
 digitais, 151
 intangível, 142
 virtuais, 151
Auditores, influência na contabilidade, 8
Auditoria, 24
Avaliação, 141

B

Balanço patrimonial, 137
Bases de avaliação do ativo, 106
Bem
 arrendado, 243
 privado, 14
Benefício(s)
 definido, 160
 econômico, 129, 136
 futuro, 130
 negativos, 129
Bens públicos, 14, 15
Board, 35

C

Capacidade de verificação, 100
Capital
　financeiro, 115, 171
　físico, 115, 171
　　manutenção do, 172
Características qualitativas, 213
Ciclo
　de produção de uma indústria, 186
　operacional, 38
Codificação das normas, 58
Comerciabilidade, 134
Comitê
　de Interpretação (*Interpretations Committee*), 35
　de pronunciamentos contábeis, 97
Comparabilidade, 100
Compreensibilidade, 100
Condorsement, 12
Confiabilidade da avaliação, 139
Conselho
　Consultivo (*Advisory Council*), 35
　de Monitoramento (*Monitoring Board*), 34
　Federal de Contabilidade, 228
Conservadorismo, 196
Contabilidade, 27
　aspectos
　　básicos da, 54
　　jurídicos da, 56
　　político da, 56
　brasileira inclusão dos princípios na, 79
　da arrendadora, 241
　dos Estados Unidos
　　evolução da, 50
　　princípios, 49
　evolução da, 28
　fiscal, 24
　gerencial, de custos e controladoria, 24
　interesses específicos da, 57
　internacional, 25
　　diferenças na, 30
　　e normas do IASB, 27
　limites associados ao conceito da entidade, 90
　no Brasil, evolução histórica da, 61
　contabilidade de custos (1995 a 2007), 77
　　curso técnico (1892 a 1924), 68
　　normatização (1947 a 1972), 72
　　estruturação do ambiente de negócios (1851 a 1891), 66
　　lei nº 6.404/1976, 76
　　normas internacionais (2008...), 78
　　período inflacionário (1973 a 1994), 74
　　primórdios (1500-1850), 63
　　regulamentação da profissão (1924 a 1945), 71
　normas brasileiras aplicadas ao setor público, 211
　objetivos qualitativos da, 54
　para o terceiro setor, 221
　premissas básicas da, 88
　pública
　　da especificidades, 206
　　diferenças, 202
　　no Brasil, 207
　　regime de competência na, 215
　　teoria do fundo na, 206
　　usuários da, 205
　questão de qualidade da, 56
　ramos aplicados da, 24
　uso da, 204
Contabilização
　da gratuidade, 226
　segundo a Lei nº 11.638/2007, 244
　segundo o CPC 06 (R2), 244
Contingência, 161
Continuidade, 90
Contraprestações de arrendamento, 243
Contrato(s)
　de arrendamento, 244
　de execução, 135
Contribuição
　definida, 160
　dos proprietários, 214
Controle, 132
Convergência, 12
CPC
　00 (R2), 4

06, 244
42, 122
Crédito tributário sobre investimentos, 54
Critérios de reconhecimento da receita, 185
Cronograma
　financeiro, 187
　físico, 187
Curadores, 34
Custo
　como base de valor, 162
　corrente, 107, 108, 110
　de agência, 8
　de reposição, 111
　envolvidos, 16
　futuro, 106
　histórico, 107, 109, 164
　　corrigido, 109

D

Debêntures conversíveis em ações, 166
Decreto nº
　1.166/1892, 208
　2.409/1896, 79
　15.783, de 1922, 208
Déficit da entidade, 214
Deflação, 116
Demanda dos usuários, 94
Demonstração(ões)
　contábil, 237
　do resultado, 196
　financeiras, 37
　limpa, 197
Depreciação, 192
Desenho, 19
Despesa, 181, 214
　definição da, 190, 191
　reconhecimento da, 191
Desreconhecimento, 141
Desvalorização
　cambial, 193
　do real, 194
Dificuldade operacional, 16
Discricionariedade, 201
Distribuição aos proprietários, 214
Divisão de pesquisas contábeis, 54

Divulgação de políticas contábeis, 37
Doação
　condicional, 223, 224
　incondicional, 223
　na teoria contábil, 222

E

Efeito demonstração, 67
Elaboração das normas de contabilidade, 9
Elementos, 214
Entidade(s), 90, 214
　de interesse social, 222
　filantrópicas, 222
　non-profit, 222
Escolhas, 17
Essência sobre a forma, 168
Estimativa, 161
　de valores, 2
Estoques, 40
Estorno, 141
Estrutura
　conceitual, 81, 87
　　básica da contabilidade, 82
　　conceitos básicos, 95
　　controvérsias sobre a, 92
　　do sistema CFC/CRCs, 82
　　mudanças na, 94
　　necessidade da, 90
　　prudência e, 96
　organizacional, 3
Evento(s), 133
　passados, 133
Evidenciação, 89
　do resultado, 196
　voluntária, 89
Exercício social, 37

F

Fasb, 55
Fonte de informação, 2
Free riders (caronas), 15
Fulfilment value, 108
Futuro benefício econômico, 129, 136

G

Ganho, 183
Garantia do valor residual, 242
Gastos com pesquisa e desenvolvimento, 39
Goodwill, 43, 134
Governo
    características do, 202
    influência na contabilidade, 10
Gratuidade, 226, 227

H

Harmonização, 12
Hedge, 194
Hierarquia das normas, 213
Hiperinflacionário, 117

I

IAS 17, 234
Iasb (International Accounting Standards Board), 49, 228
    contabilidade e, 35
    estrutura do, 34
    missão do, 33
    surgimento e objetivo do, 32
Ifac, 212
IFRS 16, 234, 235
Impairment, 143
Imposto de Renda, 51
Imunidade, 228
Incerteza, 14, 141
Inflação, 116
    impactos nas demonstrações contábeis, 122
Informação(ões), 3, 213
    assimétrica, 8
Instrução CVM 64, de 1987, 119
Interesses específicos da Contabilidade, 57
International
    Accounting Standards Board (Iasb), 49, 228
    Organization of Securities Commission (Iosco), 33
    Standards of Accounting and Reporting/Organização das Nações Unidas (Isar/ONU), 33
Intervencionismo, 12
Investidores, 4
Investimento em ativos que não produzem receita, 204
Isenção, 228
Itens
    extraordinários, 183
    fora de balanço, 170, 234

L

Laissez-faire, 12
Leasing, 233
    alavancado, 242
    financeiro, 41, 240
        direto, 242
    no Brasil, 242
    operacional, 242
    segundo as normas internacionais, 234
    segundo das normas do Fasb, 240
    tipo venda, 241
Lei
    Complementar nº 131/2009, 215
    da Transparência, 215
    de Acesso à Informação, 214
    de Responsabilidade Fiscal (LRF), 210
    nº 4.320/1964, 209
    nº 6.404/1976, 76, 120
    nº 11.638/2007, 242, 244
    nº 11.941/2009, 242
    nº 12.527/2011, 214
Lucro
    contábil, 42
    fiscal, 42

M

Manutenção do capital, 115, 171
    físico, 115
Materialidade, 37, 138
Maxidesvalorização da moeda, 193
Mensuração, 103, 104

da despesa, 195
da receita, 189
do passivo, 159
   pelo valor justo, 161
em ambientes inflacionários, 116
Mercado ativo, 143
Metodologias de avaliação, 3
Métodos de mensuração contábil, 106, 113
Minoritários, 178
Modelos de regulação, 13

N

Não acionista, 16
Natureza do processo decisório, 204
Negociabilidade, 134
Normas internacionais de contabilidade, 35
   do Iasb, 43
Normatização, 12
   contábil brasileira, 79
Nova administração pública, 218

O

Objetivo(s)
   e avaliação de desempenho, 213
   qualitativos da contabilidade, 54
Obrigação(ões)
   construtiva, 157
   não formalizadas, 169
   possível, 161
   Reajustável do Tesouro Nacional (ORTN), 118
Obsolescência, 110

P

Padronização, 12
Paradoxo da regulação, 15
Parcerias, 225
Participantes ativos no processo de regulação contábil, 3
Passivo(s), 155, 165, 214
   definição do, 155
   mensuração do, 159
   montante de, 160
   questões adicionais do, 165
   reconhecimento do, 158
   serviços como, 167
Patrimônio líquido, 155, 165, 214
   definição do, 170, 171
Peps (Primeiro que Entra, Primeiro que Sai), 40
Percentual of completion (POC), 188
Perícia, 24
Periodicidade, 89
Período contábil, 190
Pesquisas, 78
Planos de benefícios de aposentadoria para empregados, 42
Portaria 184, de 2008, 212
Práticas contábeis internacionais, 38
Prazo de arrendamento, 236
Price level accounting, 118
Primeiro que Entra, Primeiro que Sai (Peps), 40
Princípio(s)
   contábeis, 79, 80
      geralmente aceitos, 82
   da evidenciação plena, 7
   da incerteza, 105
   de contabilidade geralmente aceitos nos Estados Unidos, 49, 53, 57
   fundamentais de contabilidade, 80, 82
Probabilidade, 141
   de ocorrência, 138
Processo
   administrativo, características do 203
   de estimativa, 148
   de regulação contábil, 3
Propriedade, 132
Prudência, 96

Q

Qualidade do lucro, 197
Questão de qualidade da contabilidade, 56

R

Ramos aplicados da contabilidade, 24
Realização, 185
   "fiscal", 185

Reavaliação, 112
  de ativos, 40
Receita(s), 181, 214
  associação direta com a, 192
  definição da, 182, 191
  não operacional, 183
Reconhecimento
  da despesa, 191
  da receita, 186, 187
    das incorporadoras de imóveis, 82, 188
  do ativo, 138, 139
  do passivo, 158
Recuperabilidade, 143
Recurso econômico, 129, 130, 131
Regime
  de caixa, 217
  de competência, 37, 89, 213, 215
    e incentivos, 217
    na contabilidade pública, 215
Regra(s)
  contábeis, 10
  do custo ou mercado, 113
Regulação, 12
  contábil, 1
  da contabilidade, 11
  desvantagens da, 16
  modelos de, 13
  pode ser injusta, 17
  vantagens da, 13
Relação
  com o doador, 225
  com o poder público, 227
Relatórios intermediários, 37
Relevância, 99, 114
Renúncia fiscal, 227
Representação fidedigna, 99, 114
Reputação, 9
Restrição
  permanente, 224
  temporária, 224
Resultado
  de acordo, 3
  de eventos passados, 133

Revenue/expense view, 137
Revolução Industrial, 30
Risco de rigidez, 93

S

Segregação de ativos e passivos em corrente e não corrente, 37
Seleção do método de mensuração, 113
Separação do passivo e do patrimônio líquido, 165
Serviços
  como passivos, 167
  prestados características dos, 203
  voluntários, 225
Setor público, 13, 201
Siafi (Sistema Integrado de Administração Financeira), 210
Síndrome do custo-por-si-é-um-ativo, 136
Sinergia, 162
Sistema
  common law, 58
  de compensação, 209
  financeiro, 209
  Integrado de Administração Financeira (Siafi), 210
  orçamentário, 209
  patrimonial, 209
Subvenções oficiais, 228
Superávit, 214
Superprodução de normas, 19

T

Tempestividade, 100
Teorema
  da Impossibilidade de Arrow, 18
  de Arrow, 18, 19
Teoria
  da contabilidade, 81, 183
  da entidade, 173, 174, 175, 176
  da mensuração, 104
  do comandante, 177
  do empreendimento, 177

do fundo, 176, 205, 206, 226
do patrimônio líquido, 173, 176
do proprietário, 173, 175, 191
moderna de finanças, 143
residual, 178
Terceiro setor, 221
Texto como dado, 19
Transferência de riqueza, 16
Tratamento da receita a prazo, 189
Trustees, 34

U

Ueps (Último que Entra, Primeiro que Sai), 40
Unicidade, 105
Unidade(s)
de medida, 88
geradoras de caixa (UGC), 151
United States' Generally Accepted Accounting Principles (US GAAP), 49, 240
Usuários, 1, 213
da contabilidade pública, 205
influência na contabilidade, 2
"investidor", 5
primários, 1, 2
Utilidade da informação, 114

V

Valor
atual, 110
contábil, 145
de troca, 143
de uso, 163
em uso, 108, 111, 112, 143, 144, 145
esperado, 141
justo, 108, 111, 162, 164
líquido de venda, 144
recuperável, 145
residual, 243
Valorização do real, 194
Verificabilidade, 100
Visão ativo-passivo, 137
Vitória da regulação, 18

W

Wheat Committee, 55